JOGADA ILEGAL

Luís Aguilar

JOGADA ILEGAL

OS NEGÓCIOS DO FUTEBOL. OS GRANDES CASOS DE
CORRUPÇÃO. UMA VIAGEM AOS BASTIDORES DA FIFA

© Luís Aguilar, 2013
© A Esfera de Livros, 2013
First published in Portugal by A Esfera de Livros, 2013.
The author is represented by Bookoffice (http://bookoffice.booktailors.com/)

Editoração Eletrônica
Rejane Megale Figueiredo

Revisão
Vera Villar

Capa
Julia Neiva
Leonardo Uzai

Adequado ao novo acordo ortográfico da língua portuguesa
CIP-BRASIL. CATALOGAÇÃO-NA-FONTE
SINDICATO NACIONAL DOS EDITORES DE LIVROS, RJ

A235j

Aguilar, Luís, 1982-
    Jogada ilegal: os negócios do futebol. Os grandes casos de corrupção. Uma viagem aos bastidores da FIFA / Luís Aguilar. - 1. ed. - Rio de Janeiro : Esfera dos Livros; Lisboa, Portugal: DGLAB, 2014.

  264 p. : il. ; 23 cm.
  Inclui bibliografia
  ISBN 978-85-8311-015-6

  1. Federação Internacional de Futebol Associado. 2. Futebol - Corrupção. 3. Futebol - Aspectos políticos. 4. Futebol - Aspectos econômicos. 5. Reportagem investigativa. I. Título.

14-11082   CDD: 796.33406
                                                                    CDU: 796.332: 061.2

GRYPHUS EDITORA
Rua Major Rubens Vaz, 456 – Gávea – 22470-070
Rio de Janeiro – RJ – Tel: (0XX21) 2533-2508
www.gryphus.com.br– e-mail: gryphus@gryphus.com.br

Para os torcedores.

Para os jornalistas que tiveram a coragem de investigar e expor as histórias mais negras da família FIFA.

Para o povo brasileiro, que fez ouvir a sua voz durante a Copa das Confederações.

SUMÁRIO

APRESENTAÇÃO		9
INTRODUÇÃO		11
CAPÍTULO 1	E o vencedor é...	13
CAPÍTULO 2	A mãe do futebol	21
CAPÍTULO 3	Demônios à solta	29
CAPÍTULO 4	Um lorde contra os lordes	43
CAPÍTULO 5	Os tubarões se aposentam	55
CAPÍTULO 6	Mãos ao alto! FBI!	63
CAPÍTULO 7	Do Qatar com amor	77
CAPÍTULO 8	O avião está chegando!	91
CAPÍTULO 9	Os senhores dos ingressos	97
CAPÍTULO 10	Mourinho contra a FIFA	111
CAPÍTULO 11	Armas em troca de votos	119
CAPÍTULO 12	Investimento português em Havelange	125
CAPÍTULO 13	Uma taça e nove toneladas	137
CAPÍTULO 14	Meu querido ditador...	143
CAPÍTULO 15	FIFA contra o racismo? Nem pensar!	155
CAPÍTULO 16	Quanto custa um Mundial?	163
CAPÍTULO 17	Muda a coleira	169
ANEXOS		179
BIBLIOGRAFIA		227
AGRADECIMENTOS		230

APRESENTAÇÃO

O que você lerá aqui pode ser lido como se fosse um conto de fadas. Ou, vindo de onde vem, de fados.

Sim, pode ser lido como ficção, como obra da literatura fantástica, como uma história de mocinho e bandido, onde há muito mais bandidos que mocinhos.

Você pode ler também como o que, de fato, é: uma portentosa reportagem do jornalista português Luís Aguilar, cujo título, *Jogada ilegal*, diz muito, mas não diz tudo.

Até porque trata de um jogo legal, nos dois sentidos da palavra.

Havelange, Teixeira, Blatter, Valcke, Leoz, Grondona, Platini, desfilam com toda a grandeza (?!), e pequeneza, que os caracteriza por páginas e mais páginas, quase 300, de acordos, traições, jogadas obscuras, sede de poder, dólares, muitos dólares, euros, muitos euros.

Só não tem beijo na boca, porque esta é uma história quase exclusivamente masculina e de homens em regra homofóbicos e racistas, como se verá.

Mas tem Kadhafi, Videla, Putin, bilionários árabes, e histórias de mais de mil e uma noites, e dias, para explicar, por exemplo, como a Inglaterra deixou de ser sede da Copa do Mundo de 2018, porque o preço de uma Copa está além da imaginação.

Como não poderia deixar de ser, o país que receberá a Copa deste ano é presença constante e não porque o autor é da terra que nos descobriu: ele apenas quis nos descobrir um pouco mais e se deu bem.

Imagine que até um episódio de contrabando na bagagem do tetracampeonato ele reconta muito bem.

Ah, se você quiser ler este *Jogada Ilegal* como um romance também pode.

Porque a miséria humana é tratada com a sensibilidade que merece – e boa dose de ironia.

Ora, ora, os times já estão em campo, devidamente aquecidos.

É hora do apito inicial.

Mas saiba, de antemão, que será jogo com prorrogação.

E pênaltis. Pênaltis em profusão!

Juca Kfouri

INTRODUÇÃO

Esta história começa agora. Neste momento. Em 2013. Sepp Blatter é o presidente da FIFA. A Copa das Confederações está em andamento. Os brasileiros estão na rua. Protestam contra o dinheiro gasto com o Mundial. Contra o governo. Contra as exigências da FIFA.

Esta história começa antes. Quando Portugal e Espanha formam a candidatura ibérica para organizarem o Mundial de 2018. Não conseguem. Perdem. O evento será organizado pela Rússia. O país de Putin. O país que a FIFA considera ser ideal por não ter muita democracia.

Esta história começa mais atrás. Com as primeiras alegações de corrupção sobre a votação para estes dois Mundiais. Com as suspeitas de subornos feitos a dirigentes do comitê executivo da FIFA. Com o dinheiro que poderá ter sido pedido por esses dirigentes. Dinheiro e outros favores.

Esta história começa ainda mais atrás. Nos processos de candidatura para o Mundial de 2006, na Alemanha. Nos eventuais negócios de armas em troca de votos. Ou ainda na possível utilização do futebol para lavagem de dinheiro e tráfico de drogas. Da América do Sul à Europa.

Esta história começa em 1998. No momento em que Blatter chega à presidência da FIFA depois de derrotar o então presidente da UEFA, Lennart Johansson. Noutro processo manchado por todo o tipo de alegações de corrupção. Onde também entra o nome de Michel Platini. Como ajudante de Blatter. Como possível parceiro na utilização de ingressos do Mundial para subornar dirigentes.

Esta história começa na década de 1970. Quando João Havelange poderá ter sido ajudado por um ex-ministro de Salazar para traficar armas, enriquecer e conseguir parte do capital necessário para se candidatar à presidência da FIFA e começar a mudar o futebol internacional.

Esta história começa mais à frente. Em 1982. Ano do meu nascimento. Ano de Mundial. Vi seis Campeões do Mundo diferentes: Itália, Argentina, Alemanha, Brasil, França e Espanha. Vi oito Mundiais. Vi apenas dois presidentes da FIFA: Havelange e Blatter.

Esta história começa na minha adolescência. Quando comecei a olhar para o Mundial além do que acontecia no campo. Quando comecei a olhar para a FIFA. E para a forma como este organismo faz o que quer usando a paixão pelo esporte-rei.

Esta história começa quando senti que deveria escrever sobre os bastidores e os negócios da FIFA. Uma possibilidade enquanto escritor e jornalista. Uma vontade enquanto torcedor. Para outros torcedores. Para que possam saber a verdade sobre quem manda no nosso jogo.

Esta história começa agora!

CAPÍTULO 1

E o vencedor é…

Quartel-general da FIFA, Zurique, 2 de dezembro de 2010.
"Luz, câmera, ação!"

A cerimônia vai começar. O presidente da FIFA, Joseph Sepp Blatter, prepara-se para anunciar os países que vão organizar os Mundiais de 2018 e 2022. É um homem de baixa estatura, mas neste momento ocupa o lugar mais alto do futebol mundial. As delegações dos vários países estão em pânico enquanto olham para ele. Não conseguem disfarçar os rostos de ansiedade. Todos vidrados em Sepp (é assim que ele é conhecido no meio futebolístico). Também ali está o presidente da Federação Portuguesa de Futebol (FPF), Gilberto Madail, sentado ao lado do seu colega da federação espanhola, Ángel María Villar. Ambos estão em suspense.

Portugal e Espanha formam a candidatura ibérica para o Mundial de 2018. Andam nesta vida desde março de 2009 (assim como os outros concorrentes). Tentam convencer a FIFA de que são a escolha perfeita.

Os irmãos ibéricos…

Unidos pelo futebol…

E pela crise…

Em novembro de 2007, Madail propõe uma candidatura conjunta a Villar. Sepp Blatter gosta da ideia e encoraja os dois países a tentarem a sua sorte. Em junho de 2008, porém, o presidente da federação espanhola diz que vai concorrer sozinho, sem a ajuda dos portugueses. E confirma contatos com o seu governo, que lhe assegura todo o apoio para esta corrida solo. Villar até garante ter a ajuda de Jaime Lissavetzky, secretário de Estado do Esporte da Espanha. Mas estamos falando de futebol e política. O que hoje é verdade…

Em 23 de novembro, após ser reeleito, Villar diz que o seu grande objetivo no novo mandato será levar o Mundial novamente para Espanha (depois de o país ter organizado a competição em 1982), mas a sua posição sobre a aliança com Portugal começa a mudar. Perguntam-lhe se será boa ideia e não fecha a porta a essa possibilidade. Até que em 23 de dezembro, dois dias antes do Natal, o dirigente muda o discurso por completo e oferece uma prenda a Madail. Numa entrevista ao jornal esportivo espanhol *Marca*, pisca o olho ao presidente da FPF: "Precisamos apresentar uma candidatura forte, consistente e ganhadora. Pessoalmente, acho que deveria ser com Portugal." Tradução: Villar não acha que deveria ser com Portugal. Villar gostaria muito de ir sozinho. Quem acha isso é o governo da Espanha. A crise financeira aperta os cofres do Estado e o primeiro-ministro espanhol, José Luis Zapatero, convence Villar a aceitar a mão que Madail estende.

E assim nasce a candidatura ibérica. Com o lema "Dois povos, uma equipe". Mas uma equipe mais espanhola, uma vez que fica definido que o país de Villar será o líder desta aliança. Nada que preocupe Madail. Pelo contrário. Está tudo bem entre os dois presidentes das federações ibéricas. E tem início a campanha…

Portugal e Espanha fazem um vídeo bonito. Com aquilo que os dois países têm para oferecer. Começa pelas cidades. Portugal: Lisboa e Porto. Espanha: Madri, Barcelona, Sevilha, Saragoça e Valência (faltam ainda as cidades de Bilbao, La Coruña, Málaga, Alicante, San Sebastián, Valladolid, Elche, Múrcia, Vigo, Gijón, Oviedo, Santander e Badajoz). Ao todo, serão 21 cidades: duas portuguesas e 18 espanholas. Também aparecem figuras do futebol dos dois países.

Portugal: Miguel, Deco e Nuno Gomes.

Espanha: Casillas, Xavi, Marcos Sena, Torres e Vicente del Bosque, técnico campeão do mundo.

E ainda há espaço para muitas meninas bonitas. De um lado e de outro (embora aqui a distribuição seja mais equilibrada). Todos os entrevistados no vídeo dizem a mesma frase: "Apoiamos a candidatura ibérica."

Também é organizado um jogo amistoso, no Estádio da Luz, para promover o evento, com os melhores jogadores de ambas as partes. Portugal vence a Espanha por 4-0. Grande exibição de Cristiano Ronaldo e companhia. Os portugueses esmagam os campeões do Mundo e podem sentir um leve sabor de vingança depois de terem sido eliminados pelos espanhóis, meses antes, no Mundial da África do Sul. Mas aqui não há vencedores nem vencidos. Apenas um jogo amistoso onde o resultado é o que menos interessa (como costumam dizer os técnicos). Os países ibéricos estão do mesmo lado. Juntos pelo Mundial de 2018.

Voltamos a Zurique.

Voltamos ao dia da votação.

Continuamos na campanha ibérica.

O dia é agitado para portugueses e espanhóis. E começa bem cedo…

Às 10 da manhã, o primeiro-ministro português, José Sócrates, abre as hostilidades com um discurso de 30 minutos junto do comitê executivo da FIFA (o comitê responsável pela votação). Seguem-se Zapatero e Miguel Ángel López – este último é o diretor-geral da candidatura e o responsável por explicar todos os detalhes da proposta. Madail e Villar encerram a apresentação com um discurso intermediado pela projeção de três vídeos. Cristiano Ronaldo, Casillas, Paulo Bento, Del Bosque, Figo e Eusébio engrandecem a candidatura ibérica ao marcarem presença em Zurique.

Feito!

Agora é rezar para que o comitê executivo da FIFA fique verdadeiramente impressionado com o trabalho dos irmãos ibéricos. Mas a concorrência é forte…

Adversários: Inglaterra, Rússia e outra candidatura com dois países composta por Holanda e Bélgica. Os ingleses querem muito esta competição e levaram os seus homens mais influentes para Zurique. Entre eles estão o príncipe William, o primeiro-ministro David Cameron e ainda o David mais conhecido do mundo do futebol: David Beckham. Sempre Beckham. Embaixador do futebol mundial. O homem que abandonou o Real Madrid para se tornar uma das estrelas da Major League Soccer, dos EUA. Uma figura admirada por líderes políticos de todo o mundo e pelos homens que mandam na FIFA. Alguém que aprendeu a mexer-se junto das figuras do poder, sem perder o afeto dos fãs de futebol. Jogador consensual num esporte alimentado por rivalidades e ódios. Um dos poucos que podem orgulhar-se de ser bem-visto pelos dois lados do jogo (pelo poder dos camarotes e pela paixão das arquibancadas).

Com o esplendor da *Premier League* (considerada por muitos a melhor liga do mundo) e com Becks na bagagem, os ingleses têm muita esperança. Mas estão nervosos. Quase chegam a roer as unhas e a morder as peles dos dedos. Tal qual alguns torcedores de futebol quando o seu time está empatando ou perdendo.

Holandeses e belgas estão mais calmos. Têm quase a certeza de que não vão ganhar. Aos olhos da FIFA, portaram-se mal. Tornaram públicos documentos secretos: exigências financeiras da FIFA para os países que queiram organizar as fases finais do Mundial. Pior ainda: holandeses e belgas consideram que algumas das exigências comerciais da FIFA violam diretamente os códigos de trabalho dos dois países (mas voltaremos a esse assunto mais à frente).

Os russos estão tranquilos. Vladimir Putin ficou em casa. O seu governo disse que o primeiro-ministro não viajava para Zurique porque a sua presença poderia ser encarada como forma de pressão sobre a FIFA. Mas a imprensa russa considera a ausência como protesto pelo que seria um "jogo de cartas marcadas", numa referência à suspeita de que alguns delegados do comitê executivo da FIFA alegadamente trocam votos por dinheiro. Ainda assim, Putin promete entrar ao vivo, por videoconferência, caso o seu país ganhe.

Uns preferem a distância de comunicar por vídeo. Outros estão em Zurique. É o caso de Roman Abramovich. O milionário, dono do Chelsea, faz parte da comitiva que olha para Blatter. Está próximo de Nikolai Tolstykh, presidente da federação russa, e Vitaly Mutko, ministro do Esporte e chefe da candidatura da Rússia. Bem-dispostos, sorriem…

À espera.

À espera.

À espera.

Blatter pega um papel. O filme continua e prepara-se para chegar à cena mais aguardada. Ele vai anunciar… Os membros das delegações desencostam-se das cadeiras. Agora já ninguém consegue manter uma expressão de calma. Nem mesmo os conformados holandeses e belgas.

Nem mesmo os tranquilos e seguros russos. Madail abre bem os olhos. Sustém a respiração. Só de olhar para ele, dá para adivinhar o que lhe vai na cabeça e no coração: "Que sejamos nós. Que sejamos nós."

É agora… Blatter vai falar… Desdobra o papel e…

"Mundial de 2018… Rússia."

Gritos, histeria, saltos. Abramovich agarra-se aos outros membros da delegação. Estão todos abraçados. Homens feitos que mais parecem um time infantil a celebrar um gol. Têm razões para esta alegria. Conseguiram o que todos desejavam. Um mês de futebol, 32 equipes, 64 jogos. A Rússia será a capital do futebol mundial durante o verão de 2018. Irá organizar o segundo evento esportivo mais importante do planeta logo depois dos Jogos Olímpicos. Uma grande vitória depois de tudo o que o país sofreu, política e desportivamente.

Durante o período da União Soviética, os russos eram uma das grandes potências do futebol mundial. Mas foram perdendo fulgor após o fim da Perestroika. De tal forma que a última vez que estiveram num Mundial foi no longínquo 2002, organizado em parceria por Coreia do Sul e Japão. Tempos idos, no entanto. Tristezas que ficaram para trás. Com este anúncio, o futebol russo poderá ambicionar por dias melhores. Dias de glória!

É um momento de grande festa. Câmeras, flashes, microfones. Não escapa uma imagem, um som, um gesto. Todas as partes da festa russa ficam gravadas. Documentos preciosos na era do Youtube, das redes sociais, da informação supersônica. Uma recordação para a posteridade. Traga o futuro o que trouxer…

E os outros?

Madail e Villar conseguem disfarçar a desilusão. Aplaudem, conformados, sem mostras de grande tristeza. Reação semelhante à de holandeses e belgas: organizaram, em conjunto, o Euro-2000. Tinham essa experiência de sucesso no currículo. Mas ficaram de fora.

Os ingleses estão incrédulos. Alguns estão à beira das lágrimas. Vemos o orgulho real do príncipe William completamente machucado. Ferido! Ao mesmo tempo, David Beckham faz a sua famosa cara de cachorro abandonado. A mesma cara que usou todas as vezes que vimos a

Inglaterra ser eliminada por Portugal. São as diferentes formas de reagir ao mesmo desfecho: à derrota. Para os russos é diferente…

Festejam.

Festejam.

Festejam.

Uma grande comemoração. Só falta ali uma garrafa de vodca e a dança *kalinka*. Fica para depois. Na festa privada. Noutra sala. Basta ter calma e esperar mais alguns minutos para saber quem vai juntar-se à festa russa. Afinal, ainda falta anunciar o próximo vencedor. Ainda falta saber quem vai organizar o Mundial de 2022.

Aspirantes: Austrália, Qatar, Estados Unidos, Japão e Coreia do Sul (agora separados, ao contrário de 2002). Americanos, sul-coreanos e japoneses têm poucas chances. Já organizaram Mundiais. E sabe-se que a FIFA gosta de levar a grande festa do futebol a novas nações. A países que nunca acolheram nada. De preferência, países que estejam surgindo no futebol. Casos de Austrália e Qatar. Qual dos dois?

Blatter volta a subir ao palanque. Só falta um rufar de tambores para aumentar este misto de agonia e suspense que se apodera dos candidatos. É nesta parte que o filme mostra a mesma cena com protagonistas diferentes. Ali estão os candidatos apreensivos. Ali está o pequeno homem, calvo, de sorriso fácil e cara amigável. Pega o papel e…

"Qatar!"

Mais festa. Agora em tons árabes. Os russos já sabem com quem vão dançar esta noite. Com os grandes amigos do Qatar. Aqueles que irão sucedê-los na organização do Mundial.

São as últimas cenas de mais uma votação da FIFA. Tudo o que se seguirá vai ser privado. Longe das câmaras. Este filme chega ao fim. Não há mais nada a apurar. Os vencedores estão anunciados. Rússia: 2018. Qatar: 2022. Os vencidos estão conformados. E o sentimento "*the end*" apodera-se de todos.

"Corta!"

Os convidados começam a abandonar a sala ordeiramente. Alguns parecem sair com uma sensação de vazio. Como quem se interroga: "Só isto? Não há mais nada?"

Claro que há!

O final não passa de falso alarme. Uma pequena brincadeira. Foi apenas o início do filme. O melhor ainda está para vir. Uma produção com tudo que a FIFA tem para oferecer…

Intriga, subornos, compra de votos, venda ilegal de ingressos, dirigentes racistas, amizades com governantes violadores dos direitos humanos. Suspeitas de tráfico de droga e armas. Tudo sob a égide de lemas tão apelativos como *for the good of the game* ou *my game is fair play*. Para já, continuemos nos Mundiais de 2018 e 2022…

CAPÍTULO 2

A mãe do futebol

É o orgulho *british*. Triturado pelos chefes do futebol. Pela família FIFA. Os ingleses ficaram chocados. Facilmente se adivinhava o que lhes ia na alma: "Como foi possível termos sido derrotados?" Eles, afinal, tinham a melhor candidatura. Assim pensavam, pelo menos. E Blatter também lhes deu a entender isso mesmo.

Em março de 2009, o presidente da FIFA piscou o olho aos ingleses.

"Devo manter-me neutro, mas posso dizer que a Inglaterra é um candidato muito bom para o Mundial de 2018. Temos 11 propostas para 2018 e 2022, mas considero a Inglaterra um candidato bastante sólido."

Ao mesmo tempo, Blatter também deixou a sua opinião para as candidaturas conjuntas, antevendo vida difícil para as ambições de Portugal/Espanha e Holanda/Bélgica relativas ao Mundial de 2018.

"Para o Mundial de 2002 [Coreia do Sul/Japão], tivemos que dividir por razões políticas, mas não foi um Mundial em dois países. Foram dois Mundiais, com o dobro das despesas e as mesmas receitas."

Más notícias para os irmãos ibéricos. Valeria a pena insistir no sonho do Mundial quando o próprio presidente da FIFA falava em despesa? Afinal de contas, a redução dos lucros não é, em caso algum, algo que mereça a atenção da FIFA. É uma política contrária a toda a ideia de organizar um evento desta dimensão. Só com o Mundial de 2014, a ter lugar no Brasil, o organismo espera um lucro da ordem dos 931 milhões, de um bolo total de 2,7 bilhões de euros, tendo em conta que as despesas, segundo o secretário-geral Jérôme Valcke, devem chegar a 1,7 bilhões de euros. Um Mundial com a mesma receita e o dobro das despesas é, por isso, um evento a evitar. Em qualquer época!

Ingleses e russos pareciam, assim, os grandes candidatos a 2018. Mas com forte dose de favoritismo a cair sobre o país de Beckham e companhia. Uma ideia que Blatter reforçou em outubro de 2010, no dia seguinte ao jogo de classificação para o Euro-2012 entre Itália e Sérvia, disputado em Gênova, que teve de ser adiado devido a distúrbios nas arquibancadas provocados pelos torcedores sérvios. Blatter, ao lado do primeiro-ministro inglês David Cameron, usou esse jogo como mau exemplo para sublinhar as vantagens de um Mundial na Inglaterra.

"A candidatura de Inglaterra impressionou-me pessoalmente. O país poderia organizar o Mundial já amanhã, não existem problemas. A Inglaterra é a mãe do futebol. Os ingleses deram ao mundo a segurança nos estádios. Na Inglaterra, não há grades e os torcedores ficam sentados nos seus lugares. Se isso acontecesse noutros países, não teríamos os problemas que tivemos em Gênova."

Torcedores sentados e bem comportados. Um país que soube vencer o flagelo dos *hooligans* dentro dos estádios e tornou seguro o espetáculo do futebol. Um país que pode organizar um Mundial já amanhã…

A imprensa mundial parecia agora não ter dúvidas de que o 2018 seria jogado nos confortáveis e seguros estádios ingleses. Parecia ser essa a vontade do próprio Blatter.

O presidente da FIFA. O homem mais poderoso do mundo do futebol. Falou para a imprensa inglesa ao lado de David Cameron. Disse que os ingleses eram os melhores. E que as candidaturas conjuntas não tinham hipótese. Mas o que afirmou ele quando visitou os outros candidatos? Manteve o discurso a favor dos ingleses?

"A história mostrou, nos Europeus de 2000 [Holanda/ Bélgica] e 2008 [Áustria/Suíça], que uma organização conjunta pode ser um grande sucesso", lembrou Blatter, em janeiro de 2010, após encontrar-se em Madri com o primeiro-ministro espanhol, José Luis Zapatero.

Como assim? Não era pior em conjunto? Não era mais caro? Os ingleses não tinham impressionado? Confusos? Não fiquem.

Esta é a linha de Blatter. E o que disse ele quando foi a Moscou visitar Vladimir Putin? "A sua candidatura é muito boa. Se continuarem assim, têm grandes possibilidades de organizar o Mundial." Discursos antagônicos lançados ao mesmo tempo.

Para os líderes políticos.

Para os jornalistas.

Para os torcedores.

Blatter não se preocupa com as suas próprias contradições. Dá esperança a todos ao mesmo tempo. Como quem diz: "Tu és o melhor, mas tu ainda és melhor e tu és o melhor de todos." Uma estratégia para manter a dúvida até ao final e alimentar o suspense. Ou, se quisermos fazer outra leitura, para valorizar o que tem para vender. Para passar a ideia de que o produto Mundial continua aberto a todos os candidatos que fizerem a melhor oferta.

Não há favoritos. Não tem a ver com segurança nos estádios, melhores meios de transporte ou levar a festa do futebol a novos territórios (argumento muito utilizado quando da vitória dos russos). Tem a ver com oportunidades financeiras. Sejam para a FIFA, enquanto instituição, ou para os elementos do comitê executivo da FIFA, a nível pessoal (algo que se viria a conhecer mais tarde).

Blatter elogiou todos. E a imprensa andou ao sabor das suas declarações, alternando o favoritismo a cada vez que o presidente falava.

Primeiro: os ingleses são os preferidos.

Segundo: a candidatura ibérica é a mais bem posicionada.

Terceiro: os russos são os mais fortes.

Especulações e palpites. Sem qualquer informação privilegiada. Em 2 de dezembro de 2010 (o dia da votação), o jornalista Hugo Daniel Sousa, do jornal português *Público*, fez a análise correta do pouco (ou nada) que se sabia em relação aos possíveis vencedores dos Mundiais de 2018 e 2022.

"Teoria 1: a Rússia é a grande favorita a organizar o Mundial de 2018, porque tem mais dinheiro, até lidera nas casas de apostas e Vladimir Putin nem viajou para Zurique porque tem a vitória assegurada. Teoria 2: Putin não viajou para Zurique, sinal de que a Inglaterra tomou a dianteira, como se via ontem à noite em alguns sites de apostas. Teoria 3: a

candidatura ibérica é a que tem, de início, mais votos seguros e pode se beneficiar da divisão de votos entre russos e ingleses.

A derrota da candidatura da Holanda/Bélgica logo na primeira rodada era ontem considerada a única certeza nos bastidores, a poucas horas da escolha dos anfitriões dos Mundiais de 2018 e de 2022. Tudo mais era especulação, num dia em que o lobby se tornou o principal objetivo dos competidores."

Os ingleses, como os restantes, exerceram uma forte pressão sobre os membros do comitê executivo da FIFA (os homens que iriam votar). Estavam convencidos de que essas ações de charme, a par da força da candidatura, eram suficientes para vencer. E optaram por um discurso bastante mais otimista do que a prudência revelada pelos representantes de outros países.

David Cameron: "Temos a paixão e a competência para organizar o mais espetacular Campeonato do Mundo da história. Sabemos o que querem: uma competição fora do comum, um sucesso comercial. E nós garantimos isso." Mais ainda: "Se pensarmos em qualquer comunidade, etnia ou religião, essa está na Inglaterra, onde o futebol é uma paixão." Além da "melhor polícia do mundo" e de uma liga inglesa que conta "com jogadores do mais alto nível, estádios com prestígio, transportes e alojamentos de primeira classe."

O outro David (Beckham) preferiu um discurso de emoção e lembrou o seu avô, que falecera dias antes da sua partida para Zurique: "O meu avô estaria orgulhoso de mim e eu quero fazer algo para que os meus netos também possam orgulhar-se de mim daqui a uns anos."

Palavras mais fortes, em ambos os casos, do que o discurso do então presidente da FPF, Gilberto Madail: "Estamos moderadamente confiantes. Será uma grande alegria se ganharmos, mas não será uma grande desilusão se por acaso isso não acontecer, tendo em conta as outras candidaturas, que são bem fortes."

Quem lê estas declarações fica com a impressão de que Madail já sabia que iria perder. Parecem desprovidas de alegria quando comparadas com as intervenções britânicas.

Andy Anson, diretor-executivo da candidatura inglesa, assinalou que a FIFA, ao conceder a organização à Inglaterra, queria mostrar que "o futebol seria o anfitrião do próprio futebol", aludindo ao fato de o jogo ter sido inventado na Inglaterra e à grande paixão que ali se vive em relação a todas as equipes, venham de onde vierem: "Todas as seleções seriam apoiadas por 28 milhões de torcedores."

Os ingleses pareciam ter tudo: o apoio dos líderes do país (desde o primeiro-ministro ao príncipe William), a influência do ultramidiático David Beckham, a melhor política comercial, a melhor polícia, os melhores torcedores, os melhores estádios, lugares em que todos ficam sentados… Seria assim? A resposta da FIFA foi clara: "Podem esperar sentados!"

O resultado acabou por ser humilhante para a candidatura que constantemente apregoou ser a mais forte. A votação coube aos 22 elementos do comitê executivo da FIFA, do qual também faz parte o presidente Blatter. E Inglaterra caiu logo na primeira fase… com apenas dois votos.

A mãe do futebol!

O país que podia organizar o Mundial já amanhã!

Dois votos!

E um desses votos foi dado por Geoff Thompson, o representante inglês que pertencia ao comitê executivo da FIFA. Ou seja: é como se não contasse. Esse já estava garantido. Só se pode fazer uma leitura destes resultados: derrota pesada para Inglaterra. Uma goleada. Apesar de todos os trunfos.

Na primeira fase da votação, registraram-se nove votos para a Rússia, sete para a candidatura ibérica, quatro para Bélgica/Holanda e as tais míseras duas cruzinhas para a nação do príncipe William. À segunda fase passaram, assim, Portugal/Espanha, Bélgica/Holanda e Rússia, que viria a vencer com um total de 13 votos contra novamente sete da proposta ibérica e apenas dois da parceria entre belgas e holandeses.

A candidatura ibérica foi a segunda mais votada. Perdeu, sim, mas perdeu com honra. Uma ideia prontamente defendida por Madail: "Fizemos o que tínhamos de fazer. Não há motivos para sairmos envergonhados com o trabalho que fizemos. Temos de aceitar a opção da FIFA de ir à procura de novos mercados para o futebol."

José Sócrates, então primeiro-ministro, concordou com esta ideia do "fica para a próxima": "Temos de felicitar a Rússia e desejar-lhes sucesso. Isso em nada diminui a nossa candidatura em parceria com a Espanha. Tínhamos todas as condições para ganhar. A vida é feita de vitórias e de momentos em que não podemos vencer. Temos de partir para outra."

De Espanha, o mesmo sentimento. Ángel María Villar era uma forte esperança para a candidatura ibérica. O presidente da federação espanhola também pertence ao comité executivo da FIFA. Queria mais, disse ele, mas não deu: "Estamos tristes, mas não me sinto traído. Contava com cinco ou seis votos. Tinha a América do Sul, tentei que aumentassem, tinha esperança de que ia ser assim, e no final foram sete. Há que felicitar a Rússia."

Espanhóis e portugueses deixaram uma mensagem clara para a FIFA: "*No hard feelings.*" Imperaram as palavras que transmitem o saber perder. Villar também aproveitou para mencionar que ficou surpreendido com a eliminação inglesa logo na primeira fase. Porém não mais do que isso. Apenas surpreendido.

Gary Lineker, antiga glória do futebol inglês, mostrou-se triste, mas preferiu um discurso positivo: "Estamos, naturalmente, decepcionados. Demos tudo o que tínhamos, a nossa candidatura foi muito bem apresentada. Tudo o que podemos fazer agora é desejar sorte à Rússia e esperar que organizem um grande campeonato."

O *fair play* do antigo atacante inglês não foi partilhado por alguns dos seus compatriotas. Especialmente por Geoff Thompson. O tal membro do comité executivo da FIFA. O homem que tinha a responsabilidade de exercer uma forte pressão junto dos seus companheiros de voto. E, por isso mesmo, um dos maiores derrotados. Os dois votos mostram que falhou totalmente. "Não posso acreditar no que aconteceu e estou, naturalmente, muito, muito desapontado. Os votos prometidos não foram materializados. Nunca imaginei que ficaríamos de fora logo na primeira votação."

David Cameron foi outro que se sentiu traído com o peso da derrota. O primeiro-ministro inglês revelou à BBC que vários dirigentes faltaram à sua palavra de apoiar a candidatura inglesa: "Tínhamos uma grande candidatura. Penso que tecnicamente era de longe a melhor e acredito que a apresentação foi persuasiva. Alguns dos dirigentes da FIFA olharam-me nos olhos, deram-me a mão e disseram-me: "Não se preocupe, estamos com você." Temo que o mundo da política no futebol seja bastante turvo neste sentido."

Espanto, choque, críticas.

Os ingleses pensavam que tinham tudo. Sim, Blatter disse que a Inglaterra podia organizar um Mundial já amanhã, sem qualquer problema. Sim, Blatter disse que a Inglaterra é "a mãe do futebol". Mas ele é o pai. Ele e os restantes membros do comitê executivo da FIFA. E os pais do Mundial não deixam o seu filho sair sem enormes contrapartidas.

A escolha do país anfitrião do Mundial não é uma questão de estádios, hotéis, acessos, paixão pelo futebol, segurança e capacidade para organizar jogos. Segundo algumas fontes, é uma questão de subornos. E os ingleses foram avisados pelos seus próprios jornalistas…

CAPÍTULO 3

Demônios à solta

Faltam apenas dois meses para a votação. E a bomba explode…
Os países anfitriões dos Mundiais de 2018 e 2022 deviam ser escolhidos pelos 24 elementos do comitê executivo da FIFA. Mas desta vez a equipe ficou reduzida a 22 homens. Dois deles caíram pelo caminho. Amos Adamu (Nigéria) e Reynald Temarii (Taiti) seriam suspensos pela FIFA na sequência de vídeos publicados pelo jornal inglês *Sunday Times*. Os jornalistas usaram câmeras ocultas e fizeram-se passar por lobistas de um consórcio norte-americano interessado em pagar por votos para levar o Mundial de volta para os EUA (depois de lá ter estado na edição de 1994). Os dois oficiais da FIFA apareceram em momentos diferentes. E mostraram vontade de ajudar. Desde que…

Quanto?

Adamu pediu 800 mil dólares (cerca de 600 mil euros) em troca dos votos da região africana. Garantiu que, com esse dinheiro, teria maior facilidade em dirigir os votos da África para a candidatura americana. A verba, segundo o próprio, seria usada para investir no melhoramento de campos de futebol na Nigéria. Mas disse aos negociadores que o dinheiro devia ser depositado na sua conta pessoal.

Temarii tinha outro pedido.

Quanto?

O homem do Taiti também era presidente da Confederação de Futebol da Oceania (OFC). Pediu 2,3 milhões de dólares (cerca de 1,7 milhões de euros) que seriam canalizados para a construção de uma academia de futebol em Auckland, Nova Zelândia. Revelou também que tinha outras duas propostas de nações anfitriãs (não dizendo quais) que valiam ainda mais dinheiro. Ou seja: se os americanos o quisessem, deviam apressar-se.

Esta é a base das alegações do trabalho do *Sunday Times*. O dinheiro nunca chegou a trocar de mãos e a defesa dos dois homens utilizou precisamente esse ponto para tentar inocentá-los. A estratégia acabou por ser bem-sucedida e os dois foram apenas punidos pelo comitê de ética da FIFA. Adamu seria banido do comitê executivo e suspenso de todas as atividades relacionadas com futebol durante um período de três anos. O castigo de Temarii foi mais leve. Embora também tenha sido banido da FIFA, a sua suspensão de outras atividades no futebol foi de apenas um ano. No entanto, ambos ficaram proibidos de votar na grande decisão de 2 de dezembro que levou os Mundiais de 2018 e 2022 para Rússia e Qatar, respectivamente.

O que disseram eles? Ficaram indignados.

Adamu: "Estou profundamente desapontado com a decisão do comitê de ética da FIFA. Acredito que vou ser inocentado de todas as acusações. Refuto, completamente, a decisão que tomaram. E vou recorrer."

Cumpriu o que prometeu. Recorreu ao Tribunal Arbitral do Esporte (TAS), mas perdeu a decisão.

Temarii: "Estou confiante sobre a minha integridade, mas cometi um erro ao falar daquela maneira. (…) Vou recorrer e estou confiante de que serei absolvido. (…) Também irei processar o *Sunday Times* por ter fabricado provas contra mim."

Sim, fez tudo isto. E falhou em ambas as ocasiões. A FIFA não lhe levantou a suspensão. Mais ainda: por conta do seu "sonho" da tal academia de futebol, a Oceania perdeu o direito de votar nas decisões dos dois Mundiais. Temarii também tentou processar o *Sunday Times* através das leis da Bélgica (por ter residência em Bruxelas), mas o seu pedido foi recusado.

Estas suspensões tornaram-se o princípio do fim na carreira dos dois dirigentes. Adamu e Temarii não perderam apenas os seus lugares entre os dirigentes da FIFA. Perderam todas as posições que ocupavam no mundo do futebol e eliminaram qualquer oportunidade de futuro dentro desta modalidade. Entraram para a história como aqueles que foram apanhados em flagrante. São as figuras principais num dos maiores casos de tentativa de venda de votos para o Campeonato do Mundo. E passaram a ser cartas fora do baralho. De todos os baralhos.

A transparência no futebol é um dos termos mais usados pelos dirigentes da FIFA. Na sequência deste caso, seria natural (e desejável) que Blatter e seus pares agradecessem a investigação do *Sunday Times*. Afinal, ao expor dirigentes com queda para a corrupção, o jornal inglês ajudou a FIFA na sua missão de lutar pela honestidade e transparência. Até se pode dizer que permitiu que a FIFA tornasse a casa mais limpa. Blatter disse um profundo e sentido "obrigado"? Claro que não! Na sequência do trabalho do *Sunday Times*, optou por outro discurso numa conferência de imprensa dada na sede da FIFA, em Zurique.

"A nossa sociedade está cheia de demônios e alguns desses demônios podem ser encontrados no futebol. Temos de lutar para que aqueles que estão à frente da FIFA se comportem como devem."

Em privado, porém, a história foi outra. No livro *FIFA Máfia* (2012), o autor Thomas Kistner revela que Blatter disse aos seus dirigentes que os jornalistas foram "tipos manhosos" que atraíram ambos os membros da direção para uma ratoeira.

Claudio Sulser, então presidente do comitê de ética da FIFA, sublinhou esta ideia e não teve qualquer vergonha em dizer aos jornalistas o que pensava. Salientou que a investigação do *Sunday Times* causou "grandes danos" à imagem da FIFA, mas que o jornal usou métodos "sensacionalistas".

"O que não posso tolerar é o fato de eles terem mudado as frases, eles alteraram a forma como apresentaram a verdade. Se as filmagens são tiradas de contexto, isso é distorcer os fatos. Eles publicaram imagens que duraram quatro minutos, nós analisamos áudio e vídeo com a duração de várias horas."

Vamos tentar entender…

Eles alteraram a forma como apresentaram a verdade. Eles usaram filmagens tiradas de contexto. Eles mudaram as frases. Eles distorceram os fatos. Mas se eles fizeram tudo isto, por que é que a FIFA decidiu punir Adamu e Temarii? Afinal, os dirigentes foram apanhados numa ratoeira. Afinal, foram manipulados por técnicas de "sensacionalismo". Afinal, foram vítimas desses "tipos manhosos".

Estas declarações de Claudio Sulser são de 18 de novembro de 2010: o mesmo dia em que o seu comitê de ética decidiu suspender Adamu e Temarii…

Eles foram vítimas, mas são culpados. Eles foram enganados, mas têm de ser banidos de todas as atividades relacionadas com futebol. Eles são anjos, mas também são demônios.

Compreendem?

Faz pouco sentido?

É contraditório?

Sim! E… Não! É o estilo da FIFA! A tal grande distância entre as palavras e os gestos. Pode ser ainda resumido de uma forma mais simples: Blatter e Sulser não ficaram preocupados com as ações dos dois dirigentes. O problema de Adamu e Temarii não foi a tentativa de trocarem votos por dinheiro. O problema foi serem apanhados. As palavras de Sulser funcionaram como claro alerta a outros dirigentes. Um aviso para estarem atentos a eventuais armadilhas "sensacionalistas" até a votação de 2 de dezembro de 2010. E dentro do organismo começava a preparar-se uma estratégia para evitar mais danos provocados por jornalistas…

O *Sunday Times* foi ousado. Tramou a FIFA, apanhou a FIFA, goleou a FIFA. Obrigou a FIFA a agir. E a FIFA não gosta de ser encostada à parede. Nem iria tolerar um novo ataque. Por isso, precisava passar a mensagem de que o trabalho do *Sunday Times* incomodou bastante os restantes 22 elementos do comitê executivo e estes estariam pensando em não dar o seu voto à candidatura inglesa. E nada melhor do que transmitir essa ideia aos próprios responsáveis da candidatura inglesa para que estes mantivessem os seus jornalistas de bico fechado.

Os ingleses, claro, foram na conversa. Porque o Mundial está acima de tudo. Acima de qualquer história de corrupção. Era fundamental conseguir silenciar os jornalistas lá de casa para que ninguém seguisse o exemplo do *Sunday Times*. E começou a pressão. Uma louca pressão. Mas não adiantou.

A poucos dias da votação de Zurique, adivinha-se uma nova bomba. O programa *BBC Panorama* começa a anunciar uma reportagem sobre corrupção na FIFA que irá para o ar, precisamente, três dias antes da dupla votação dos Mundiais de 2018 e 2022. Pior ainda: a reportagem é de Andrew Jennings. O jornalista britânico é uma autoridade na investigação de corrupção na FIFA. São duas décadas de trabalho a expor os casos mais sujos deste organismo. Em 2003, tornou-se mesmo o único jornalista do mundo a ser banido das conferências de imprensa do presidente Sepp Blatter. E também está proibido de entrar no palácio de vidro de Zurique.

Um proscrito.

Um jornalista maldito.

Um homem que incomoda.

O título desta nova reportagem diz tudo: *FIFA's Dirty Secrets* (Os Segredos Sujos da FIFA). E faz jus ao nome…

A reportagem acusa três membros do comité executivo de aceitarem pagamentos ilegais (subornos) para favorecerem a ISL, uma empresa de *marketing* esportivo que, durante vários anos, conseguiu sempre os direitos comerciais relacionados com o Campeonato do Mundo. Esses homens são Issa Hayatou (Camarões), Ricardo Teixeira (Brasil) e Nicolás Leoz (Paraguai). Jennings chega mesmo a exibir documentos em que aparecem avultadas transferências para alguns dirigentes. As alegações remontam a 2001, ano em que a ISL faliu de forma surpreendente e avassaladora. Com a falência, vieram à tona várias alegações de que os elevados subornos pagos a dirigentes da FIFA tinham sido um motivo forte para o suicídio financeiro daquela que foi, durante décadas, a maior e mais conceituada empresa de *marketing* esportivo do Mundo.

Outro dos alvos da reportagem é Jack Warner (Trinidad e Tobago). Vice-presidente da FIFA, presidente da CONCACAF (Confederação da América do Norte, Central e Caribe) e, naturalmente, um dos 22 membros do comité executivo da FIFA. A reportagem alega que ele controlava um esquema de ingressos no mercado negro para as várias competições da FIFA, incluindo o Mundial de 2010, disputado na África do Sul, para o qual tinha encomendado cerca de 64 mil euros em ingressos para depois vender a preços bem mais elevados.

Michel Platini, presidente da UEFA, disse que a reportagem não iria mudar as intenções de voto, mas salientou que a difícil relação dos jornalistas ingleses com a FIFA – que já tinha começado com o caso do *Sunday Times* – poderia ter prejudicado as hipóteses de sucesso da candidatura inglesa. Resumindo: o problema não foi este *FIFA's Dirty Secrets*, mas todos os anteriores. Para Platini, o mal já estava feito.

Até pode ser verdade, mas os fatos suculentos do trabalho de Jennings colocaram em xeque novos nomes. Figuras muito mais pesadas dentro da FIFA do que Adamu e Temarii. Com outra agravante: todos estes quatro homens faziam parte do eleitorado que votou e deixou a candidatura inglesa afastada logo na primeira fase.

No meio desta história, realça-se a coragem da BBC. Não foi intimidada, apesar de toda a pressão sofrida. Inclusive, pressão governamental.

A poucos dias da exibição do *Panorama*, o jornal *The Telegraph* revelava que o governo de David Cameron tinha pressionado a BBC para cancelar a emissão do programa. O *The Telegraph* adiantava ainda que, no início dessa semana, os responsáveis pela candidatura inglesa tinham escrito a todos os membros do comitê executivo da FIFA para mostrar que nada tinham a ver com a investigação do *Panorama* e que se distanciavam da mesma, na esperança de que a proposta inglesa fosse apenas avaliada com base nos seus méritos e sem potenciais danos causados por trabalhos polêmicos de jornalistas britânicos.

Segundo as mesmas fontes do *The Telegraph*, o governo de Downing Street justificava a sua oposição ao *timing* do *Panorama* porque esta investigação não descobriu nenhuma prova fresca de corrupção relacionada com a corrida aos Mundiais 2018 e 2022, mas iria focar-se, apenas, em casos antigos que poderiam antagonizar potenciais adeptos da candidatura inglesa, como o próprio presidente Blatter ou Jack Warner, no qual os ingleses depositavam grandes esperanças para os ajudar a conseguir os votos da região da CONCACAF. Nos meandros da FIFA, aliás, Warner sempre teve a alcunha de *Three Votes Jack* ("Jack Três Votos"), por ser esse o número de votos que ele controlava diretamente no comitê executivo da FIFA. O homem das três cruzinhas não podia ficar muito contente com o conteúdo do *Panorama*, claro. Afinal, voltavam à baila os episódios sobre os seus negócios de venda ilegal de bilhetes. Uma história que já se colava ao nome de Warner ainda antes do Mundial da África do Sul.

Em setembro de 2005, o *Daily Mail* publicava uma investigação sobre os negócios de Warner relacionados com os ingressos do Mundial de 2006, disputado na Alemanha. O jornal inglês revelava que Warner tinha arrecadado perto de 1 milhão de dólares (cerca de 760 mil euros) com a venda de ingressos destinados a torcedores de Inglaterra, México e Japão. Warner e o seu filho Daryan usaram a sua agência de viagens, a Simpaul, para venderem pacotes de ingresso+quarto a agentes de vários pontos do mundo. Esses pacotes seriam depois revendidos aos clientes interessados em viajar até a Alemanha para apoiarem as suas seleções. Cerca de 900 ingressos foram vendidos a torcedores ingleses para os jogos de primeira fase da equipe. Pacotes semelhantes também foram disponibilizados para 1500 mexicanos e 3000 japoneses. O *Daily Mail* dizia ainda ter na sua posse documentos confidenciais produzidos pela Ernst & Young, empresa de auditorias contratada pela FIFA, que mostravam como Warner conseguiu uma pequena fortuna com estes negócios de 2006.

Esta conduta de Warner é uma clara violação das regras da FIFA, mas o organismo não tomou qualquer ação contra ele. Naturalmente! O presidente da FIFA é eleito pelos votos das várias federações dos diferentes países. Cada federação tem direito a um voto. Seja Malta ou Portugal. Um país, um voto. E a FIFA é composta por 209 federações. Na zona da América do Norte, Central e Caribe, Warner controlava 35 federações. Ou seja: 35 potenciais votos. Quem quer estar na presidência da FIFA precisa manter boas relações com um homem com tanto poder. E o poder, aqui, é o fator essencial.

Warner fez estes negócios, a FIFA teve conhecimento e olhou para o lado. Isamil Bhamjee, também um antigo membro do comitê executivo, não tinha o poder de Warner e não teve a mesma sorte. Em junho de 2006, foi expulso da FIFA depois de ter sido apanhado vendendo uma dúzia de ingressos para o mesmo Mundial a torcedores ingleses. Esta é a diferença.

Os grandes negócios do mercado negro só podem funcionar para alguns. E esse mercado paralelo é hoje um dos muitos flagelos dos Campeonatos do Mundo. Todos os ingressos que vão para as vendas alternativas foram, inicialmente, fornecidos pela FIFA a alguém mais interessado em fazer dinheiro em cima do jogo do que em representar esse jogo para os torcedores. São parasitas que conseguem grandes ganhos à custa da paixão dos verdadeiros fãs. Os mesmos fãs que são obrigados a aceitar esses pacotes para poderem apoiar as suas equipes. E estamos falando de algo que acontece em todos os Mundiais.

O número de ingressos colocados à venda através do *site* oficial da FIFA é sempre muito reduzido. Os restantes ingressos (a maioria) só podem ser adquiridos em pacotes especiais (como estes criados por Warner e pelo seu filho Daryan), que tornam o produto muito mais caro, prejudicando, claramente, os torcedores.

Neste caso, o *Daily Mail* assegurava que Warner começou as suas operações em junho de 2005, através da Simpaul, sediada em Trinidad e Tobago. Tudo isto poderia ter passado debaixo do radar. Porém, em dezembro de 2005, as mídias sociais de Trinidad revelaram que Warner estava exigindo fortunas pelos seus pacotes ingresso+quarto. E o organismo de Blatter foi obrigado a agir para não parecer mal...

Perante as notícias, o comitê de ética da FIFA concluiu que Warner usou a sua posição para obter benefícios pessoais e não avisou a FIFA dos negócios que estava fazendo. Em março de 2006, contudo, Warner foi absolvido porque, supostamente, tinha abandonado a Simpaul. Mas apenas no papel. Na verdade, Daryan manteve-se como diretor e Patricia Modeste, a assistente pessoal de Warner, continuou como secretária da empresa.

Em resumo: Warner estava na sombra e nunca deixou de ser o cérebro de todo este esquema. Com a permissão da FIFA. Mas o mundo tomou conhecimento deste negócio ilegal por causa da peça publicada pelo *Daily Mail*.

E quem assinou a peça?

Precisamente: Andrew Jennings. O mesmo jornalista que agora se preparava para reavivar os negócios de Warner no programa *Panorama* que iria ao ar poucos dias antes da votação para 2018/2022. Já antes da exibição desta reportagem, Jennings tinha feito outro trabalho para a BBC onde interrogou Warner sobre a venda ilegal de ingressos. A resposta do caribenho mostrou toda a sua classe: "Devia cuspir em você, mas não vou dignificá-lo com o meu cuspe!"

Portanto, Warner não gosta de Jennings por este ter exposto os seus malabarismos com os ingressos dos Mundiais. Blatter e outros membros do comitê executivo não gostam de Jennings por causa da investigação que este tinha feito de todo o caso da ISL.

Ainda antes da exibição do *Panorama* da discórdia, Jennings tinha feito perguntas sobre o colapso desta empresa, desenterrando um assunto de 2001 que a FIFA queria, a todo o custo, manter enterrado. Logo naquela época, os tribunais suíços concluíram que a ISL tinha pago subornos a dirigentes da FIFA para assegurar os contratos de televisão e *marketing* referentes a vários Mundiais. Durante o Mundial de 2010, porém, os procuradores suíços fecharam o caso e inocentavam todos os envolvidos porque nenhum deles era de nacionalidade suíça. Além disso, na época desses pagamentos da ISL (entre 1992 e 2000), a ação não era ilegal na Constituição suíça (só mais tarde a lei iria mudar). Ou seja: não eram considerados subornos, mas sim comissões. Desse modo, os dirigentes que arrecadaram alguns milhões da ISL escaparam sem qualquer pena dos tribunais civis. E, claro, sem qualquer pena da FIFA. Também ficou provado que Blatter tinha conhecimento destes negócios, mas nada fez para os impedir. E Blatter também seria inocentado pela FIFA. O caso da ISL parecia assim encerrado.

Mas Jennings iria trazer novas provas sobre velhas figuras. Além de Nicolás Leoz, Ricardo Teixeira e Isaa Hayatou (membros do comitê executivo), também havia a referência a João Havelange, antigo presidente da FIFA.

Nomes fortes.

Nomes grandes.

Nomes poderosos.

Com o anúncio desta nova reportagem de Jennings, a FIFA ficou nervosa. Sentimento partilhado por todos os elementos da candidatura inglesa para o Mundial de 2018.

Andy Anson, chefe executivo da candidatura, nem sequer escondeu que falou com a BBC antes da transmissão do *Panorama*.

"Estou incrivelmente desapontado com o momento escolhido pela BBC para transmitir este programa. Fazê-lo uma semana antes da votação não é patriótico."

Anson, que também acusou o programa de ser "sensacionalista", chegou mesmo a reunir-se com o diretor-geral da BBC, Mark Thompson. Embora tenha negado que tentou pressioná-lo a não exibir a reportagem.

"Não lhe pedi para fazer isso, apenas o alertei para as potenciais implicações que isso poderia causar."

"Parece-me que os assuntos foram coisas tratadas pelos tribunais suíços e pela FIFA no passado [ISL e o mercado negro do senhor Warner]. Eles [FIFA] não estão contentes por alguém ir buscar velhos assuntos."

Eles não estavam contentes, e Anson também não. Por um lado, afirmou que não tentou pressionar. Por outro, diz que precisou avisar a BBC sobre os riscos do que estavam correndo.

"Temos uma imprensa livre neste país e a BBC pode fazer o que quiser, eu apenas quis ter a certeza de que eles percebiam o meu ponto de vista sobre o que estão fazendo."

Sim, eles perceberam. Disseram: "Obrigado, mas não, obrigado." Cumpriram com o seu serviço público. Cumpriram com o seu serviço jornalístico. E, juntamente com o *Sunday Times*, tornaram-se os bodes expiatórios da pesada derrota inglesa. E levaram pancada de todo o lado. Até mesmo de um dos principais jogadores da liga inglesa. O homem que nessa altura era o capitão da seleção.

Rio Ferdinand usou a sua conta no Twitter para opinar: "O *timing* do *Panorama* foi de mau gosto, fato."

Aqui fica outro fato: Ferdinand devia ser um dos primeiros interessados em saber das eventuais ilegalidades do organismo que manda no seu esporte. Devia erguer a sua voz a favor de uma FIFA mais limpa, sem dirigentes com queda para a corrupção. Em vez disso, optou por criticar aqueles que denunciaram comportamentos corruptos. Perdeu uma excelente oportunidade para dar uma boa contribuição ao futebol. Mas Ferdinand falou sozinho. Por ele. Deu a sua opinião (mesmo que infeliz). Sabia o que viu no *Panorama* e leu em alguns jornais. Nada mais. Ao contrário dos homens que pertenciam à candidatura inglesa.

Esses sabiam outras coisas muito antes dos trabalhos divulgados pelo *Sunday Times* ou pela BBC. E aqui voltamos a Andy Anson…

Na ressaca da derrota, criticou a dupla votação (2018 e 2022), o que nunca tinha acontecido antes.

"Fazer duas votações de uma só vez foi, claramente, um erro. Inevitavelmente, levou as pessoas com candidaturas para 2018 a fazerem acordos com outras pessoas envolvidas nas candidaturas de 2022."

Outras pessoas, entenda-se.

Não os ingleses.

Jamais os ingleses.

E, por outras pessoas, Anson referia-se às candidaturas de Portugal/Espanha e Qatar.

A comitiva inglesa pode não ter gostado muito das repercussões do trabalho do *Sunday Times*. Especialmente por causa do incômodo que criou junto dos dirigentes do comitê executivo da FIFA. Mas aproveitou a onda para acusar Portugal e Espanha de estarem envolvidos numa troca de votos com o Qatar. Ao estilo: "Você vota em mim, eu voto em você." A esta ação dá-se o nome de conluio. Uma prática totalmente proibida pelo código de ética da FIFA. E o organismo de Blatter iniciou mesmo uma investigação à candidatura ibérica para verificar se estes rumores tinham algum fundamento. Desta vez, os ingleses usaram a força da sua imprensa "sensacionalista" para lançar gasolina na teoria que queriam fazer vingar junto à FIFA. E essa imprensa entrou de modo automático, com muita energia, sem se ouvir qualquer voz da candidatura inglesa criticar o *timing* ou o conteúdo das notícias. Quando convém… Mas a história não pegou…

Em 18 de novembro de 2010, a FIFA concluiu que não existiam provas para sustentar a acusação inglesa. Os ibéricos continuaram na corrida. E fizeram ouvir a sua indignação muito antes de saberem da decisão do comitê de ética da FIFA.

Gilberto Madail, então presidente da FPF, foi dos primeiros a reagir: "Recebemos com surpresa e indignação a análise que o comitê de ética da FIFA poderá fazer a um rumor, veiculado em setembro pela imprensa inglesa, sobre um alegado acordo estabelecido entre a candidatura ibérica e a candidatura do Qatar à organização dos Mundiais de 2018 e

2022. Desmentimos categoricamente que tenhamos feito qualquer acordo ou aliança com outra candidatura."

Ángel María Villar, membro do comitê de ética da FIFA e presidente da federação espanhola, foi mais longe. E, sem querer, até fez humor em plena apresentação da candidatura ibérica no dia da votação. Defendeu a FIFA e atacou a imprensa inglesa. Numa clara ação bajuladora para com Blatter e seus pares.

"A FIFA é limpa. Todos os que estão aqui hoje são honestos e preocupados com o futebol. E os que não estão também. Não os difamem. O processo de candidatura é limpo, digam o que disserem."

Sim, leram bem. Ele disse mesmo isto. A FIFA é limpa, todos são honestos, incluindo os dois que ali não estavam. Os dois dirigentes, pobrezinhos, apanhados pela armadilha do *Sunday Times*. E aqui Villar talvez tenha ido longe demais para a própria FIFA. Foi tocar num assunto que os dirigentes de Zurique queriam afastar. Mas não resistiu. Os espanhóis, por essa altura, já estavam irritados com os ingleses na sequência de uma história que começou bem antes destas acusações de conluio. Ainda antes do Mundial de 2010.

É aqui que entra em cena lorde David Triesman. Na altura, era o líder da *Football Association* (a federação inglesa) e presidente do comitê da candidatura do seu país ao Mundial. Teve de se demitir dos dois cargos depois de cometer uma grande asneira.

A polêmica surgiu quando o jornal inglês *Daily Mail* publicou a gravação de uma conversa privada entre Triesman e Melissa Jacob, ex-amante e secretária do dirigente. Num restaurante, o ainda presidente do comitê da candidatura inglesa sugeria que a Espanha estaria disposta a renunciar ao Mundial de 2018/2022 e a apoiar a Rússia, desde que os russos ajudassem os espanhóis a subornar árbitros no Mundial de África do Sul.

"Há provas de que as autoridades futebolísticas espanholas estão tentando identificar árbitros e pagar-lhes."

Na mesma conversa captada pelo *Daily Mail*, Triesman também falou da caminhada inglesa na candidatura para a organização do Mundial.

"Acredito que estamos bem com os africanos e também com os asiáticos. Provavelmente, bem com a América Central e do Norte [o território de Jack Warner]. A minha suspeita é que os latino-americanos, mesmo que digam que não, votarão na Espanha. Se a Espanha se retirar, é porque está à procura de ajuda dos russos para os subornos aos árbitros do Mundial de futebol e os seus votos podem ir para a Rússia."

Fato 1: a Espanha venceu o Mundial de 2010. Se comprou árbitros, como afirmava Triesman, não se notou. Jogou melhor do que os seus adversários e ganhou bem.

Fato 2: a Espanha também não retirou a sua candidatura conjunta com Portugal, embora os russos tenham ganho a organização do Mundial de 2018.

Fato 3: Triesman passou a ser mais um que acabou apanhado pelos tabloides ingleses a dizer o que não devia (muito antes de Adamu e Temarii).

Sentença: teve de ser imediatamente substituído por Geoff Thompson na presidência da candidatura inglesa. E sofreu muitas críticas dos seus compatriotas. O secretário de Estado do Esporte, Hugh Robertson, falou de um "desastre nas relações públicas entre os países". E a imprensa inglesa apelidou Triesman de "idiota" e "traidor". Por sua vez, o diretor da candidatura ibérica, Miguel Ángel López, considerou as acusações "infundadas" e "sem sentido".

Parecia o fim de Triesman em toda esta história do Mundial de 2018. Apanhado por um tabloide, desgraçado no seu próprio país, obrigado a abandonar os seus cargos sem brilho e sem charme. Mas já depois da votação, ele voltaria à carga. Com acusações bem mais graves. Dirigidas a grandes figuras da FIFA. Pondo em xeque os homens que mandaram no futebol mundial durante largas décadas.

E aqui voltamos à frase de Blatter: "A nossa sociedade está cheia de demônios e alguns desses demônios podem ser encontrados no futebol."

Alguns desses demônios foram grandes amigos de Blatter durante anos a fio. Alguns desses demônios ajudaram Blatter a manter-se na presidência da FIFA. Alguns desses demônios protegeram Blatter e foram protegidos por ele. Alguns desses demônios saíram de cena sem que nada de grave lhes acontecesse.

Nada!

CAPÍTULO 4

Um lorde contra os lordes

Parecia que a poeira começava a assentar…
Um período de paz depois da batalha. O recuperar da calma após os escândalos e as acusações. Era como se fosse o fim dos ventos fortes, das tempestades, dos vulcões que queimaram a FIFA. E agora tudo podia entrar no ciclo natural. Em silêncio. Com sossego. Sem as indesejadas agitações. Dava ideia de que a polêmica ficara resolvida. Esquecida. Coisa de um passado recente que o tempo haveria de apagar.

Mas foi apenas ilusão de ótica…

Estava acontecendo precisamente o contrário. Em vez da tranquilidade, veio uma brisa de vento que levanta a areia antes do duelo entre pistoleiros. Como nos velhos *westerns*. Só que este pistoleiro era inesperado. Alguém que já tinha sido dado como morto durante a guerra para os Mundiais de 2018 e 2022. Um tipo de má pontaria. Um lorde que apenas mostrara capacidade para dar tiros no próprio pé. Sem colher vítimas. Sem fazer amigos. Esse homem é David Triesman. E reapareceu. Pronto para jogar no ataque.

A FIFA voltava a ficar em ebulição…

Na manhã de 10 de maio de 2011, soaram os alarmes. Incêndio no mundo do futebol. Triesman, o lorde esquecido, pôs a FIFA em fogo com novas acusações de corrupção.

Perante uma comissão de inquérito do Parlamento inglês (do comitê de Cultura, Mídia e Esporte), o antigo presidente da federação inglesa (FA) acusou quatro elementos do comitê executivo da FIFA de lhe terem pedido subornos para votarem na Inglaterra na corrida à organização do Mundial de 2018. Esses subornos teriam sido solicitados na época em que Triesman também era presidente da candidatura, antes de ter de abandonar esse cargo (juntamente com a liderança da FA) por causa das suas polêmicas afirmações sobre um suposto esquema da Espanha para comprar árbitros no Mundial de 2010, com a ajuda dos russos. Desta vez, protegido pela imunidade parlamentar, Triesman deixou os árbitros fora da conversa. Também não falou nos espanhóis e nos russos. Centrou as suas declarações em quatro figurões da FIFA.

Número 1: Jack Warner.
"Fomos convidados por Jack Warner. Ele disse-nos que estava muito preocupado porque, depois de todos estes anos à frente do futebol de Trinidad e Tobago, não tinha nada que pudesse recordar como o seu legado. E queria criar uma escola no seu país que pudesse ter alguma afinidade com o futebol. Uma grande academia. Deveríamos ser nós a pagar essa obra [Warner terá afirmado que a sua escola teria um custo de 2,5 milhões de libras, quase 3 milhões de euros]. Eu disse-lhe: "Deve estar brincando, Jack. Estás falando de uma obra com um custo concreto de 2,5 milhões de libras." Jack Warner acenou positivamente e não disse nada. Mas depois afirmou que os fundos poderiam ser canalizados diretamente para si e ele garantia que seriam propriamente investidos."

Quando Triesman lembrou esta reação, ouviram-se risos entre os presentes na comissão do Parlamento inglês. Mas "Jack Três Votos" não ficou por aqui. Queria mais. Queria ajudar o povo do Haiti, um país da sua confederação que sofreu um terrível terremoto em 12 de janeiro de 2010.

"Entrou em contato comigo e disse-me que, na sua opinião, aquilo que poderia levantar o espírito das pessoas do Haiti seria possibilitar-lhes ver o Mundial de 2010. Precisava apenas de alguém que fizesse uma doação para ele comprar os direitos televisivos para o Haiti e investir em telas gigantes que seriam espalhadas pelas ruas do país."

Triesman diz que recusou sempre tudo. E lembrou: "Mais tarde disseram-me que Jack Warner já tinha os direitos de transmissão para o Haiti. Não sei se é verdade."

Segundo Triesman, a doação pedida por Warner teria o valor de 500 mil libras (perto de 600 mil euros) e também deveria ser dirigida para ele. Warner, afinal, não queria dar trabalho a ninguém. Bastava fazerem chegar-lhe o dinheiro e ele tratava de tudo. O bom e velho Jack. O solidário Jack. Sempre a pensar nos outros. Uma academia. Televisões e futebol para as vítimas do Haiti.

Número 2: Nicolás Leoz

"Em 3 de dezembro de 2009, encontramo-nos com Nicolás Leoz, em Assunção [Paraguai]." E aqui fica ainda mais refinado. O então presidente da Confederação Sul-Americana de Futebol (CONMEBOL) não queria dinheiro. Não caiu nesse clichê. Leoz entrou para a presidência da CONMEBOL em 1986 e passou a fazer parte do comitê executivo da FIFA em 1998. Teve muito tempo para fazer bons negócios no futebol. O próprio terá dito a Triesman que já era um homem rico. Mas estava farto de ser o *señor* Leoz. Ele queria ser o *sir* Leoz. Isso mesmo. Ambicionava ser condecorado pela rainha de Inglaterra com o título de *Knighthood*. O cavaleiro Leoz. Assim como Sean Connery, mas sem a parte de James Bond.

"Ele disse-me que eu, como antigo ministro inglês, deveria saber como estas coisas eram organizadas e poderia alcançá-las."

Triesman fez parte do governo de Tony Blair. Já não pertence ao governo. Leoz também continua sem o título de *sir*. Mas tentou. E não gostou da recusa do lorde inglês.

"Expliquei-lhe que no nosso país as coisas não funcionam assim. Ele encolheu os ombros, virou as costas e foi-se embora."

A atitude revela bem a importância que alguns dirigentes da FIFA julgam ter. Um voto deles vale tanto, ou mais, do que um título de nobreza de um país. Afinal, eles consideram-se a nobreza do futebol. Os lordes do futebol. Algo que, no entender dos próprios, é mais importante do que qualquer nação. Um sentimento defendido pelo anterior presidente da FIFA, João Havelange.

O livro *How They Stole The Game*, do jornalista David Yallop, publicado em Inglaterra em 1999, apresenta uma entrevista feita com o dirigente brasileiro quando este ainda ocupava o trono da FIFA. Yallop perguntou: "Considera-se o homem mais poderoso do mundo do futebol?" A resposta de Havelange foi clara.

"Estive na Rússia duas vezes, convidado pelo presidente Ieltsin. Estive na Polônia com o presidente deles. No Mundial de 1990, na Itália, estive com o papa João Paulo II três vezes. Quando vou à Arábia Saudita, o rei Fahd recebe-me em grande estilo. Na Bélgica, estive uma hora e meia com o rei Alberto. Acha que um chefe de Estado iria gastar o seu tempo com qualquer um? Isto é respeito. Isto é a força da FIFA. Posso falar com qualquer presidente, mas eles também vão estar falando com um presidente. Eles têm o seu poder e eu tenho o meu: o poder do futebol, que é o maior poder de todos."

Havelange é da velha escola. Tal como Leoz.

Número 3: Ricardo Teixeira.

"Eu estava muito contente com o claro apoio que recebemos do presidente do Brasil, Lula da Silva, perante a possibilidade de organizarmos o Mundial de 2018. O senhor Teixeira disse-me: 'O Lula não é nada. Venha falar comigo e diga o que tem para mim.'"

Presidente do Brasil? Nada! Teixeira sentia-se o grande chefe. E queria um presente em troca do seu voto e da sua influência junto a outros membros do comitê executivo da FIFA.

Esta acusação foi apenas mais uma no grande rol de casos de corrupção que envolveram Teixeira. O ex-genro de João Havelange aprendeu bem com o seu mestre e usou esse parentesco para subir de forma supersônica no mundo do futebol. Com a ajuda de Havelange, Teixeira tornou-se presidente da federação brasileira (CBD) e passou a ser uma das figuras mais poderosas dentro do aparelho da FIFA. Também construiu uma grande fortuna.

Número 4: Worawi Makudi.

"Tivemos várias conversas com o senhor Worawi Makudi. Ele desejava assegurar um jogo amistoso entre as seleções da Inglaterra e Tailândia. E queria ficar com todos os direitos televisivos desse jogo, incluindo aqueles que pertenciam ao Reino Unido." Esta era a condição para o tailandês (também presidente da federação de futebol do seu país) dar o voto aos ingleses. Não se pense que é um pedido modesto. Mesmo para um jogo amistoso, a venda de direitos televisivos a nível mundial pode render uma pequena fortuna.

Triesman descreveu estas quatro atitudes como exemplos de conduta "imprópria e antiética": "É o oposto do que se espera de um elemento do comitê executivo da FIFA."

O dirigente inglês pode ter ficado surpreendido com o teor de cada uma das exigências, mas alegou que teve algumas destas conversas mais de um ano antes da votação para 2018/2022 (realizada em 2 de dezembro de 2010). Sendo assim, a pergunta é óbvia: por que não falou antes? Por que deixou passar tanto tempo e só revelou estes pedidos de suborno em maio de 2011, quando a organização dos Mundiais já estava atribuída? O presidente da federação inglesa podia ter abandonado o jogo e denunciado todas as situações. Mas, em vez disso, continuou a gastar largas quantidades de dinheiro público para investir na candidatura.

(Em outubro de 2011, a FA revelou que o processo de corrida à organização do Mundial de 2018, com a duração de dois anos, custou perto de 25 milhões de euros. Grande parte desta verba foi bancada por dinheiros públicos, acompanhados por cerca de 5 milhões de euros que vieram de patrocinadores. A Inglaterra conseguiu dois míseros votos. Assegura não ter pago por nenhum. O mesmo é dizer que precisou de gastar 12,5 milhões de euros para alcançar cada um desses votos. Um mau negócio para a FA, para a Coroa e para os contribuintes britânicos. Foi de longe a candidatura mais cara na corrida ao Mundial de 2018. Muito acima dos cerca de 7 milhões de euros despendidos pela candidatura ibérica, divididos entre 40% para Portugal e 60% para Espanha.)

Ao mesmo tempo, a FA persuadiu o primeiro-ministro David Cameron e o príncipe William para darem as caras e, consequentemente, serem embaraçados pela estrondosa derrota. Daqui só se pode tirar uma conclusão: caso a Inglaterra tivesse ganho o direito de organizar o Mundial de 2018, nenhuma destas acusações teriam sido reveladas. A FIFA continuaria a ser uma organização maravilhosa, acima de qualquer suspeita.

O dirigente inglês confessou que devia ter levado estes casos ao comitê de ética da FIFA imediatamente. E lamentou não o ter feito. Mas insistiu que as suas acusações não seriam ouvidas na época e temia que pudessem prejudicar a campanha dos britânicos.

Não foi a melhor resposta, claro. Falar depois, quando já tudo está perdido, é muito fácil. Dizer, fora de tempo, que há corrupção na FIFA é um exercício fútil. Serve para agitar, sim. Serve para pôr novamente fogo ao organismo, verdade. Mas não passa de um gol marcado no balneário, depois do final do jogo, quando já não há ninguém assistindo. Quando o árbitro já foi para casa.

As acusações são fortes e para todos os gostos. Mas não representaram, em si mesmas, uma novidade. Triesman terá ficado espantado por haver corrupção na FIFA? Nunca tinha ouvido falar em tal coisa? Sendo ele um dirigente esportivo? Um homem que presidiu à FA durante dois anos?

A resposta é fácil: hipocrisia mascarada de inocência. Foi o que Triesman levou ao Parlamento inglês. Um exercício de *vendetta* motivado pela forma como teve de se afastar da candidatura. Uma reação tardia após o humilhante resultado de dois votos do seu país. Apenas isso.

Há muitas dúvidas sobre a legitimidade dos processos da FIFA na escolha dos Mundiais. É o que geralmente acontece quando se coloca tanto poder nas mãos de poucos homens. Se estas escolhas fossem baseadas na lógica, e unicamente nos méritos organizativos de determinada candidatura, o Mundial de 2022, que tem lugar sempre no verão, nunca seria atribuído a um pequeno país situado no deserto, como é o Qatar. Um país que, durante os meses de verão, regista temperaturas acima dos 45 graus.

A própria equipe médica da FIFA criticou esta escolha. O especialista Michel D'Hooghe mostrou-se muito desfavorável.

"Pessoalmente, acho que seria uma boa ideia se conseguíssemos realizar o Mundial em temperaturas melhores do que no auge do verão do Qatar. Do ponto de vista médico, posso dizer que estamos preocupados. Temos de pensar na vida, acima de tudo. E este problema será muito maior para as pessoas que acompanharão o Mundial, para o público que terá de viajar de cidade em cidade e viver em temperaturas muito elevadas."

Blatter não gostou das afirmações do seu médico e adiantou ser um "problema sem solução" e que a decisão precisa partir do comitê organizador da prova. Um comitê, naturalmente, composto por uma maioria de elementos do Oriente Médio que querem muito ter o Mundial.

Pelo meio também houve quem falasse em realizar a prova nos meses de inverno. Teoria lançada pelo secretário-geral da FIFA, Jérôme Valcke, e que resultaria num pesadelo logístico para todas as competições disputadas no resto do mundo, desde campeonatos a taças internacionais entre clubes. Uma ideia sem sentido. Sem lógica esportiva, organizativa, econômica ou social.

Os qataris, por sua vez, asseguram estar preparados para tudo, seja qual for a estação do ano. Os petrodólares abundam...

Em fevereiro de 2011, o embaixador do Qatar em Madri, Hamad Bin Hamad Al Ibrahim Al Attiyah, garantiu que a temperatura nos estádios será de 25 graus, apesar da média de 45 graus nos meses de junho e julho.

"Preferiríamos que o Mundial fosse realizado no inverno, mas não haverá problemas para ser disputado em julho. Faremos estádios incríveis, com ar condicionado, e depois vamos desmontá-los e daremos aos países pobres que não podem construí-los."

Fácil. Simples. Barato? Não! Mas não é problema. "Vamos investir aproximadamente 100 bilhões de dólares [cerca de 76 bilhões de euros] para a organização do Mundial."

Daqui pode fazer-se uma leitura óbvia: quem tem 100 bilhões de dólares para transformar o verão em inverno, também pode investir alguns milhões de outras formas.

O dinheiro. Sempre o dinheiro. Acima de tudo. Com a vantagem de estádios refrigerados. E os campos de treino? E as ruas? E se os jogadores e torcedores derreterem? Como estátuas de cera?

No que concerne a condições climáticas, o Qatar é um dos piores países do Mundo para receber um torneio de futebol durante os meses quentes. E jamais teria conseguido semelhante proeza se não fossem as poderosas jogadas de bastidores.

Sempre houve suspeitas de vendas de votos por dinheiro. Estas práticas são associadas à FIFA há muitas décadas. Por isso, era bom que fossem reveladas no momento certo. Triesman falhou nesse *timing*. E o *timing*, aqui, foi o mais importante. Se tivesse falado antes, como era sua obrigação, talvez os Mundiais de 2018 e 2022 não estivessem debaixo de suspeitas de uma votação tão suja. Talvez não tivessem sido atribuídos desta forma. Ainda assim, Triesman falou. Restou-lhe isso. E contou histórias que misturam drama com comédia (como o pedido de Leoz). Serviu, pelo menos, para percebermos novamente como funcionam os bastidores das votações para o Campeonato do Mundo. Mas havia mais…

Na véspera destas declarações, o *Sunday Times* voltou à carga. O jornal revelou ter provas contra outros dois membros do comitê executivo que participaram na votação.

Issa Hayatou (Camarões) e Jacques Anouma (presidente da federação da Costa do Marfim) teriam recebido mais de 1,5 milhões de libras (cerca de 1,7 milhões de euros) para votarem na candidatura do Qatar ao Mundial de 2022 (país que acabaria por ganhar essa organização depois de ter derrotado os EUA na segunda fase de votos). O Qatar, supostamente, teria empregado um lobista para conseguir atrair votos africanos. Esse homem, segundo o jornal, é Amadou Diallo, um empresário africano que ficou responsável pela negociação e pelo pagamento das verbas destinadas aos dirigentes africanos da FIFA.

O jornal terá mesmo entregue todas estas provas ao Parlamento inglês para que as mesmas pudessem seguir para análise do comitê de ética da FIFA (as provas terão sido conseguidas na sequência da investigação inicialmente feita pelo *Sunday Times* que levou à expulsão de Adamu e Temarii antes da votação para 2018/2022).

Estes novos casos (Hayatou e Anouma) juntavam-se assim aos quatro nomes apontados por Triesman. Ao todo, são seis elementos que fizeram parte dos 22 que votaram na dupla atribuição do Campeonato do Mundo. Fato que, por si só, extermina qualquer fantasia de podermos estar perante um processo ético.

Os favores são o mais importante. Tal como lembrou Triesman na frase de Ricardo Teixeira: "Venha falar comigo e diga o que tem para mim."

Não há dúvida de que a dupla votação tornou ainda mais complexo um sistema sobre o qual sempre existiram fortes suspeitas de corrupção.

Também poderá ter permitido acordos entre as candidaturas para os diferentes Mundiais e novas oportunidades para dirigentes vindas de mais de um lado. Tal como Temarii lembrou aos americanos (segundo o vídeo do *Sunday Times*): precisavam andar rápido porque ele tinha outras ofertas em mão. Podia ser mero blefe utilizado como técnica comercial. Ou não…

Tudo isto pode acontecer apenas com um Mundial em cima da mesa. Fica ainda pior com dois. E quem é o culpado?

Sepp Blatter!

Foi dele a ideia de uma dupla atribuição. Dessa forma, pôde negociar logo os direitos televisivos e comerciais a longo prazo. Resultado: fez entrar mais dinheiro na FIFA com rapidez. Dinheiro que serve, entre outras coisas, para distribuir pelas várias federações que votam no presidente. Se consegue mais dinheiro, consegue mais amigos, consegue mais poder.

Blatter talvez já nem esteja na FIFA em 2018 ou 2022. Chegou mesmo a dizer que pensava retirar-se em 2015, embora depois tenha mudado o discurso, dando a entender que talvez prolongue por mais um mandato. Mas mesmo que já não seja presidente do organismo durante os torneios de Rússia e Qatar… esses Mundiais vão continuar a ser seus. Foram escolhidos e lançados durante o seu reinado. Durante a sua dinastia. E se alguém quiser vir a seguir? E se esse alguém, por qualquer milagre, não for um presidente apoiado, preparado e escolhido pelo próprio Blatter? Então, esse alguém terá apenas margem de manobra para o Mundial de 2026…

Atenção: o Mundial do Qatar foi votado em 2010. Ou seja: 12 anos antes da sua realização. Esta foi uma aposta a longo prazo de Blatter. E, por consequência, também foi uma aposta que possibilitou o aumento de comportamentos corruptos entre os grandes senhores da FIFA. Porém, esse era um cenário previsível.

Na sequência de tantas suspeitas, de tantos escândalos, Blatter afirmou que "talvez tenha sido um erro a ideia de uma dupla votação". Claro que foi um erro. Mas um erro com vista ao tal reforço do seu próprio poder. O problema foi a ganância e a falta de cuidado de tantos homens do comité executivo da FIFA.

E o que disse Blatter sobre as acusações de Triesman e as novas revelações do *Sunday Times*?

Reagiu de imediato. Como habitualmente, ficou "muito chocado" e prometeu justiça, tolerância zero, uma FIFA limpa, transparente, e todas aquelas coisas que o ouvimos dizer sempre que o seu organismo é assolado por casos de corrupção.

"Houve uma nova leva de informações, precisamos de tempo para digerir isto e começar as investigações pedindo provas daquilo que ele [Triesman] falou. Assim que tivermos essas provas, reagiremos imediatamente contra todos os que possam ter quebrado o nosso código de ética."

E aqui voltamos às contradições: "Eu sou o presidente e tenho a minha consciência limpa, posso apenas responder por mim. Eles não são eleitos pelo mesmo congresso pelo qual eu sou eleito, eles vêm de outros lados."

Isto quer dizer o seguinte: Blatter é eleito pelas 209 federações registadas na FIFA (Portugal é uma delas). Os membros do seu comité executivo são eleitos pelas seis confederações. Essas confederações são as seguintes: Confederação Asiática (AFC); Confederação Africana (CAF); Confederação da América do Norte, Central e das Caraíbas (CONCACAF); Confederação Sul-Americana (CONMEBOL); Confederação da Oceania (OFC); Confederação da Europa (UEFA).

As palavras de Blatter podem resumir-se da seguinte forma: ele não tem nada a ver com essa gente. Com esses tipos que podem ter sido corruptos. E alguns deles foram amigos de Blatter durante décadas. Falamos de homens como Warner, Leoz, Teixeira ou Mohammed Bin Hammam (outro que teve de abandonar a FIFA por suspeitas de corrupção). Todos eles foram aliados de Blatter nas várias lutas dentro da FIFA. Responsáveis por ajudar o suíço a conservar e aumentar o seu poder desde 1998 (ano em que ascendeu à presidência sucedendo a João Havelange).

E então?

Na hora dos problemas, ele não é eleito pelas confederações. Apenas pelas federações. Como se fosse possível fazer essa separação… À época de todas estas acusações, Ricardo Teixeira, por exemplo, era membro do comité executivo da FIFA, eleito pelas confederações, e presidente da federação brasileira, uma das tais que votaram em Blatter para presidente.

Este é o tipo de divisão que só faz sentido no discurso camaleônico do suíço. Para rematar esta teoria, Blatter voltou a abrir o livro do céu e do inferno: "Não sou eleito da mesma forma que eles e, por isso, não posso dizer se eles são anjos ou demônios."

Uma vez mais, a conversa dos demônios. Ele é um anjo. Um anjo que privou com alguns dos ditadores mais sanguinários do Mundo, como Kadhafi (Líbia) ou Charles Taylor (Libéria). Será que Blatter consegue dizer se estes dois homens eram anjos ou demônios? Já lá vamos. Ainda há muito mais para falar sobre os demônios da FIFA.

Os amigos de Blatter.

Os ex-amigos de Blatter.

Os inimigos de Blatter.

CAPÍTULO 5

Os tubarões se aposentam

Os seis acusados! Podemos dividi-los em dois grupos: aqueles que nunca deixaram de ser fiéis a Blatter e aqueles que começaram a ficar irritados com o crescente autoritarismo do suíço. Os primeiros ainda estão lá. Entre eles figuram os dois elementos que foram acusados pelo *Sunday Times* de terem recebido dinheiro para votar no Qatar.

O camaronês Hayatou mantém o cargo de vice-presidente do comitê executivo; o costa-marfinense Anouma permanece como um dos membros deste grupo privilegiado. São colegas de Makudi, o dirigente que Triesman acusa de ter pedido a totalidade dos direitos televisivos de um amistoso entre as seleções de Tailândia e Inglaterra (jogo que nunca chegou a realizar-se).

Mas nem tudo são más notícias: Leoz, Teixeira, Havelange, Warner e Bin Hammam já não fazem parte do elenco. Estão fora de todas as atividades relacionadas com o futebol. Por motivos diferentes. Comecemos pelo paraguaio...

Em 23 de abril de 2013, Leoz convocou uma conferência de imprensa para dar uma informação já esperada. Anunciou que iria abandonar o comitê executivo da FIFA, bem como todas as outras posições no futebol, entre as quais o comitê organizador para o Mundial de 2014 e a presidência da CONMEBOL, que ocupou desde 1986.

Esta confederação teria agora de encontrar um sucessor. Algo estranho e totalmente desconhecido por aquelas bandas. Isto porque, em maio de 2012, Leoz chegou a anunciar que o seu cargo de presidente da confederação era vitalício, por causa de um acordo estabelecido, em

1997, envolvendo todos os presidentes das federações sul-americanas. Como Leoz concorreu sempre sozinho desde 1986, foi uma trabalheira para definir um modo de escolha para o novo presidente da entidade.

Em finais de abril, porém, lá se decidiram. A cadeira passou a ser ocupada pelo uruguaio Eugenio Figueredo. Quem? Era o vice-presidente de Leoz desde 1993. E também já estava ligado à FIFA em diversas funções da organização do futebol mundial. Continuava tudo em família.

Leoz, aos 84 anos, garantiu ter saído por motivos de saúde. Revelou que foi aconselhado pelos seus médicos a repousar e evitar viagens longas depois de ter sido submetido a uma cirurgia cardíaca em São Paulo, em 2012.

Com 84 anos, naturalmente, a saúde do paraguaio já não é o que era. Tal como ironizou Andrew Jennings, no seu blog *Transparency in Sports*: "Talvez Leoz, agora com 84, não consiga continuar a levantar aquelas pesadas malas cheias de dinheiro."

Mas terá sido apenas a fraca saúde que levou o paraguaio a sair de cena?

Já sabem a resposta…

Leoz foi um dos tubarões da FIFA. Um dos homens mais poderosos do futebol mundial. No seu longo trajeto de dirigente, envolveu-se num enorme coquetel de casos de corrupção com sabores para todos os gostos. Chegou a um ponto em que já não dava para continuar a ser encoberto. Era um dos dirigentes que faziam parte da lista de pagamentos da ISL, foi acusado por Triesman (de pedir o título de *sir*) e estava sendo investigado pela FIFA por suspeitas de vendas de votos ao Qatar. Blatter não podia continuar a esconder todo o lixo à volta de Leoz, sob pena de cair com ele. E já se sabe que o presidente da FIFA faz tudo para sobreviver.

As suspeitas de corrupção relacionadas com a atribuição dos Mundiais de 2018 e 2022 obrigaram Blatter a tomar uma posição. A voracidade da opinião pública fez com que o presidente da FIFA contratasse uma comissão de investigação independente. Essa investigação tem sido chefiada por um procurador dos EUA, Michael Garcia, e começou a fazer correr muita tinta por envolver alguns dos maiores predadores da FIFA. Leoz foi um deles. Deram-lhe a oportunidade de uma saída menos vergonhosa, sem precisar ser banido do organismo. Os seus 84 anos também ajudaram a um desfecho amigável. Na hora do adeus, agradeceu a Blatter por todo o apoio recebido durante os vários anos em que trabalharam juntos. O suíço retribuiu os elogios?

Não!

Teve vergonha e limitou-se a passar a informação: "A FIFA tomou nota da resignação de Nicolás Leoz por motivos de saúde e razões pessoais."

Uma atitude bem diferente da que teve na primeira vez em que o nome do paraguaio foi associado aos subornos da ISL, em meados de 2006: "Não há necessidade de reafirmar a minha confiança em Leoz", tinha dito à época.

Agora era diferente. Nem mais uma palavra sobre o adeus do velho amigo. Há que manter distância desses demônios. A saída do velho Leoz, afinal, foi uma vitória para Blatter. Depois de todos os escândalos era preciso mostrar serviço e cabeças tinham de rolar. Leoz foi uma dessas cabeças. Partiu e não deixou saudades. Nem em Blatter, nem nos próprios sul-americanos.

Depois de ter sido obrigado a abandonar todos os cargos no futebol, o paraguaio sofreu uma humilhação final: o seu nome foi apagado de uma avenida, junto à praia, numa modesta cidade da costa do Chile. Em 29 de maio de 2013, a autarquia de Coquimbo votou a favor de mudar o nome da Avenida Costanera Dr. Nicolás Leoz Almirón. O líder municipal Cristian Galleguillos explicou à imprensa que a decisão foi tomada por causa das alegações relacionadas com "a falta de integridade desse homem". A notícia chegou à cidade de Assunção, no Paraguai, onde Leoz goza uma luxuosa aposentadoria com os benefícios de uma vida inteira ligada ao futebol.

Fim da avenida para Leoz.

O paraguaio saiu pela porta que já tinha sido aberta por Ricardo Teixeira cerca de um ano antes. Mais precisamente em março de 2012. O homem que entrou no futebol pela mão de João Havelange, seu ex-sogro, abandonou todos os cargos de poder no mundo da bola por já não ter capacidade de esconder tantos escândalos. As alegações sobre os comportamentos antiéticos de Teixeira davam para escrever uma trilogia com o tamanho de *O Senhor dos Anéis*. Até é possível que o escritor J. R. R. Tolkien ficasse devendo umas quantas páginas a todas as polêmicas que envolvem o dirigente brasileiro. Andrew Jennings chama-o de *Tricky Rikky* (qualquer coisa como Ricardinho Trapaceiro). A alcunha assenta-lhe bem.

Teixeira entrou para a presidência da CBF em 1989 e geriu sempre o futebol brasileiro com pulso de ferro. Dominou completamente as várias vertentes do jogo no país do futebol. E também se viu samba: o samba de todos os outros que foram obrigados a dançar ao som da sua música. Os brasileiros têm uma expressão para definir os dirigentes esportivos. Chamam-nos de "cartolas". Teixeira foi o maior "cartola" do país. Depois de pôr o futebol brasileiro no bolso (literalmente), estendeu a sua influência ao resto do Mundo. Entrou para o comitê executivo da FIFA em 1994, no mesmo ano em que o Brasil ganhou o Mundial dos EUA. Se o seu poder já era grande, ficou ainda maior com o suporte dado pelas conquistas do escrete canarinho de jogadores tão talentosos como Romário, Bebeto e Cafu, entre outros. E seria mesmo o "Baixinho" Romário, agora deputado federal, um dos responsáveis pelo fim do período Teixeira. Farto da corrupção no seu esporte, a antiga estrela dos gramados usou as provas recolhidas por Jennings e fez uma forte pressão para derrubar o "cartola". Começou a alcançar o seu objetivo numa altura em que o dirigente já mantinha acesas divergências com o governo de Dilma Rousseff por causa da organização do Mundial de 2014. O enfraquecimento político, alimentado por todos os escândalos de corrupção, reduziu-lhe o espaço de manobra e obrigou-o a sair de cena.

Em março de 2012, Teixeira apresentou a sua demissão de presidente da CBF e da liderança do comitê organizador local do Mundial de 2014. Foi mais um grande gol de Romário. Um dos melhores que marcou em toda a sua vida. Mas desta vez não precisou de chuteiras. Foi um gol político que pôs fim ao pesadelo criado por Havelange.

Uma semana depois… seguiu-se a FIFA.

O "cartola" demitiu-se do comitê executivo da entidade devido a "motivos pessoais". Uma queda provocada pela pressão vinda do Brasil e por "motivos pessoais"… relacionados com subornos internacionais.

Teixeira e Havelange foram dois dos altos dirigentes que receberam aliciamentos da empresa de *marketing* ISL, entretanto falida em 2001. Na sequência desse estranho caso de bancarrota, os tribunais suíços abriram um processo. Conseguiram provar que a ISL gastou mais de 100 milhões de dólares (cerca de 76 milhões de euros) em subornos destinados a responsáveis da FIFA.

O processo mostra que Teixeira teria recebido 13 milhões de dólares (perto de 10 milhões de euros) em troca do favorecimento da ISL na venda dos direitos de transmissão televisiva dos Mundiais. Por sua vez, Havelange, que foi presidente da FIFA durante 24 anos (entre 1974 e 1998), recebeu um pagamento de 1 milhão de dólares (mais de 760 mil euros) da mesma empresa, um ano antes de deixar o cargo para se tornar presidente honorário do organismo.

A FIFA fez esta divulgação a 11 de julho de 2012, no mesmo dia em que o Supremo Tribunal da Suíça ordenou a divulgação dos documentos que revelavam os nomes dos dirigentes que tinham aceitado os pagamentos da ISL, num processo judicial que só foi encerrado em maio de 2010.

Na época, Teixeira e Havelange chegaram a acordo com a justiça e pagaram 5,5 milhões de francos suíços (cerca de 4,5 milhões de euros) para que os seus nomes não fossem divulgados. Conseguiram o anonimato por algum tempo, mas a justiça suíça – pressionada pela opinião pública – acabou por obrigar a FIFA a divulgar o documento de 42 páginas que demonstra em detalhe todos os pagamentos feitos pela ISL aos dois dirigentes brasileiros. Antigos familiares, unidos pelo futebol… e pelos casos de corrupção.

Por essa época, Teixeira já gozava a sua aposentadoria de luxo entre as várias propriedades que possui no Brasil e nos EUA. Longe dos cargos de outrora, mas ainda mais longe da prisão.

Havelange teve mais dificuldades em largar o poder. Logo em 2011, após a divulgação dos subornos da ISL, renunciou ao seu lugar no Comité Olímpico Internacional (COI), onde era o elemento mais antigo, com 48 anos de serviço, para evitar sanções. Mas manteve-se como presidente honorário da FIFA por mais dois anos. Agora o mais incrível: contra a vontade de Sepp Blatter.

"Ele tem de sair. Não pode permanecer como presidente honorário depois destes incidentes." Esta foi a reação do presidente da FIFA ao jornal suíço *SonntagsBlick* quando foi publicado o processo referente aos subornos da ISL. Ficou espantado. Como se nunca tivesse ouvido falar em tal coisa. O mesmo processo mostra que foi Blatter, na época secretário-geral da FIFA, quem encobriu o pagamento de 1 milhão de dólares feito pela ISL a Havelange, em 1998 (tal como prova o relatório deste processo). No entanto, Blatter sabia, não fez nada e agora queria que o seu velho amigo, e antigo presidente, saísse da FIFA. A todo o custo...

Apesar desse seu desejo, lembrou que a decisão de mandar embora o velho Havelange não cabia a ele, mas que iria ser levada ao congresso da FIFA para que o comitê executivo tomasse uma decisão. E mais uma vez mostrou o seu suposto espanto: "Havelange é e foi um grande dirigente. Também é multimilionário. Para mim, era inconcebível que ele recebesse subornos. Não precisava."

Sim, Havelange não precisava. Blatter também não precisava fazer todo este filme. Todo este teatro. Toda esta encenação contra o seu pai espiritual e o homem que lhe ensinou muito do que ele sabe para continuar como presidente da FIFA.

Em 18 de abril de 2013, Havelange fez-lhe, finalmente, a vontade e saiu da presidência honorária pelos seus próprios pés, mas empurrado por Blatter e por um relatório do comitê de ética da FIFA, assinado por Hans-Joachim Eckert, em que se descreve a conduta do brasileiro como "moralmente e eticamente" reprovável. Aos 97 anos, Havelange abandonou a FIFA.

Depois disso, terá sofrido uma humilhação semelhante à de Leoz, mas com uma dimensão mais elevada. Um dos estádios construídos para os Jogos Pan-Americanos de 2007 foi batizado com o nome Estádio Olímpico João Havelange. Trata-se do popular Engenhão, situado no Rio de Janeiro, onde joga o Botafogo. Mas várias vozes têm-se erguido a favor de uma mudança do nome da obra: vereadores da cidade do Rio, dirigentes esportivos e os próprios torcedores do Botafogo, que fizeram um abaixo-assinado para encontrar uma nova designação. O nome do estádio deverá ser alterado para João Saldanha (histórico jornalista e torcedor do Botafogo).

Nem presidência honorária da FIFA, nem estádio com o seu nome. Nada. Pior ainda: Blatter fez força para que Havelange saísse em desonra. O que pensa o brasileiro sobre esta atitude do seu antigo secretário-geral? Terá sentido que Blatter o atraiçoou com aquelas palavras? Ficou magoado? Deixaram de ser amigos?

Nada disso.

Durante a última Copa das Confederações, disputada no Brasil em junho de 2013, os dois almoçaram juntos no Rio de Janeiro e mataram saudades. Melhor ainda: Blatter terá dito ao jornalista brasileiro Jamil Chade, do *Estadão*, que Havelange está fresco e já faz planos para a festa do seu 100º aniversário marcada para 2016. "Ele convidou-me para a sua festa. Será uma grande festa para marcar seu centésimo aniversário daqui a três anos." O suíço não terá parado de elogiar Havelange: "Está muito bom da cabeça. Muito forte mesmo."

Estas reações ilustram à perfeição a fraqueza moral dos dois homens. Jamil Chade finaliza o seu artigo com três perguntas… que respondem a tudo.

"Blatter prometeu que iria reformar a FIFA e acabar com a corrupção. Mas algumas perguntas ainda não foram respondidas. Como é que o presidente da entidade que foi fraudada por Havelange aceita um convite para jantar pelo seu próprio criminoso? Como é que Blatter se dispõe a declarar abertamente a um jornalista a sua admiração pelo brasileiro? E como é que esse brasileiro convida para o seu aniversário a pessoa que o teria teoricamente expulsado da FIFA?"

Serão estes homens bipolares? Amigos hoje, inimigos amanhã, companheiros de jantaradas na semana que vem? Uma coisa é certa: Havelange, Teixeira e Leoz saíram da FIFA pela porta dos fundos, em silêncio, e com muito dinheiro nas contas bancárias. Todos eles são milionários. E todos eles seguiram viagem sem atacar Blatter e os outros que lá ficaram. Com Jack Warner foi outra história.

Uma história que ainda está a desenrolar-se…

CAPÍTULO 6

Mãos ao alto! FBI!

Jack Warner entrou para a vice-presidência do comitê executivo da FIFA em 1983, chegando à liderança da CONCACAF em 1990. João Havelange era o presidente da FIFA e Sepp Blatter o seu secretário-geral, braço-direito e aspirante ao lugar que um dia o brasileiro haveria de deixar vago. O homem das Caraíbas era um grande amigo de Havelange e, por consequência, também se tornou camarada de armas de Blatter. Juntos pareciam irmãos de mães diferentes.

Esta afinidade tornou-se ainda mais forte em 1998, quando Blatter concorreu à presidência da FIFA e precisou da ajuda de Warner para conseguir os votos das federações que compunham a CONCACAF. Warner tinha o futebol da sua zona debaixo de grande controle, dominava os presidentes das várias federações, e tornou-se um aliado essencial para a chegada de Blatter à cadeira dourada.

Mas os favores pagam-se. E Warner soube cobrar.

O caso dos ingressos de mercado negro foi dos primeiros a ser desmascarado. Uma investigação feita pelo *Daily Mail* revelou que este negócio terá começado em 2002, por ocasião do Mundial da Ásia, através da empresa Simpaul. Já nessa altura, Warner terá feito um lucro aproximado de 350 mil dólares (cerca de 270 mil euros). Continuou em 2006, com lucros superiores: 1 milhão de euros (verba a rondar os 760 mil euros). A investigação da Ernst & Young, encomendada pela FIFA, provou as práticas ilegais neste caso. A FIFA pediu, várias vezes, o dinheiro de volta a Warner. Recebeu apenas 250 mil dólares (190 mil euros).

Assunto arrumado.

Este Mundial de 2006 também fica marcado pela participação da seleção de Trinidad e Tobago. No papel, Warner não era o presidente da federação do seu país. Mas apenas no papel. Na prática, era ele que punha e dispunha como bem entendia, tanto na parte esportiva como financeira. A distribuição dos prêmios de jogo e de presença foi outra polêmica. Os jogadores queriam mais dinheiro. Warner reagiu no seu estilo fulminante: "Trinidad está sofrendo uma situação provocada por um grupo de 16 ou 18 jogadores que fizeram o país e a federação reféns por causa da ganância."

Por "ganância", deve entender-se "divisão de lucros". Algo que nunca fez parte do vocabulário de Warner.

Ainda antes, em 2004, a equipe de Trinidad visitou a seleção da Escócia para um jogo amistoso. O presidente da federação escocesa, John McBeth, acusou Warner de pedir que o cheque do jogo fosse passado em seu nome em vez de ser dirigido à federação de Trinidad. McBeth recusou: "Nós não fazemos isso." Warner não ficou contente e terá sondado outros membros da federação escocesa para recolher o dinheiro em seu nome, mas desta vez não teve sorte.

A sua relação com os britânicos, de resto, sempre foi tumultuosa. Ainda em 2007, quando já se falava das potenciais candidaturas para o Mundial de 2018, o presidente da CONCACAF deu uma entrevista à BBC em que arrasou as intenções inglesas.

"A Inglaterra inventou este esporte, mas nunca teve impacto no mundo do futebol."

"Para a Europa, a Inglaterra é irritante. Ninguém gosta da Inglaterra."

"Se o Mundial for para a Europa, tenho a certeza que, com a sorte que os ingleses têm, não será para eles."

Nesta mesma entrevista, reforçou o apoio à candidatura norte-americana para voltar a ter um Mundial no território da sua confederação. Mais tarde, retratou-se. Talvez alertado por Blatter. Talvez porque os ingleses tenham concordado em realizar um jogo amistoso frente a Trinidad desde que ele pedisse desculpa.

Um amistoso? Um dos negócios preferidos de Jack! E o discurso mudou imediatamente.

"Chegou o momento. A verdade é que eles inventaram este esporte."

"A última vez que a Inglaterra organizou um Mundial foi em 1966. Foi quase há duas ou três gerações."

"Há pessoas naquele país que nunca viram o Mundial em solo inglês."

Já em 2010, aproximou-se dos ingleses, através de David Beckham, e prometeu dar-lhes o seu voto para 2018. Uma investigação do *Independent*, porém, revela que tudo não passou de jogo duplo. Segundo este jornal, Warner terá votado na Rússia para 2018 e, surpreendentemente, no Qatar para 2022, deixando de fora a candidatura dos EUA, pertencente à sua confederação. O voto de 2022 pode ter sido uma forma de apoiar o seu amigo do Qatar, Mohamed Bin Hammam. Outro que, durante anos, foi grande camarada de Blatter e acabaria por cair juntamente com Warner.

Bin Hammam entrou para o comitê executivo da FIFA em 1996 e assumiu a presidência da confederação asiática (AFC) em 2002. Também ajudou Blatter a conquistar votos nas federações onde tinha influência. O qatari apoiou o seu presidente na FIFA durante vários anos. Ganhou poder, influência e simpatizantes. Começou a perceber que podia ser mais do que um membro do comitê executivo. Podia ser, ele próprio, presidente da FIFA. E contou com o apoio de Jack Warner. Os dois acusavam Blatter de ser cada vez menos democrático e de estar a afastá-los das grandes decisões.

Por outro lado, os sucessivos escândalos a envolverem Warner começaram a agastar Blatter e a própria FIFA. A imprensa não o largava e ele não conseguia ser discreto. Reagia sempre de forma explosiva e polêmica, apesar de todas as acusações à sua volta: ingressos no mercado negro para os Mundiais, apropriamento de verbas destinadas à seleção de Trinidad, utilização do cargo na FIFA para negociações pessoais de direitos televisivos, suspeitas de fraude nas suas empresas pessoais e vários casos de corrupção na sua vida política em Trinidad – através do midiatismo que alcançou com o futebol mundial, Warner chegou a ministro do Trabalho e dos Transportes, passando depois a ministro da Segurança Nacional. Em todas as suas posições governamentais, foi considerado pela oposição como o político mais corrupto na história de Trinidad.

Tudo isto contribuiu para encher a FIFA de vergonha. Warner tinha-se tornado um problema. Um câncer que tinha de ser eliminado. E Blatter até já tinha em mente os possíveis sucessores: Jeff Webb (Ilhas Caimã) ou Horace Burrell (Jamaica).

O suíço começou então a afastar-se de Warner. A reduzir-lhe o espaço, a margem de manobra, a anterior impunidade. Warner sentiu o toque e contra-atacou. Aproximou-se de Bin Hammam, formando uma nova ameaça. Aqui estava a dupla que ajudou Blatter nas eleições de 1998, 2002 e 2006. Passavam agora para o outro lado da barricada.

Guerra na FIFA!

Em 18 de março de 2011, Bin Hammam anunciou que iria concorrer contra Blatter nas eleições marcadas para o congresso de 1º de junho.

"A mudança é necessária. Depois de ponderar, e motivado pela minha paixão pelo futebol, decidi candidatar-me. Espero que a Ásia esteja comigo, mas também as outras confederações com as quais tenho desfrutado de boas relações de amizade."

Quanto à concorrência do velho amigo Blatter?

"Tenho o desejo de servir a FIFA e sempre declarei que a competição é boa. Blatter é uma pessoa experiente, deu uma contribuição significativa para o futebol mundial, mas acredito que existe um limite para tudo."

O homem do Qatar acusou também a FIFA de ter uma administração muito burocrática e prometeu descentralizar o poder dos votos, aumentando os elementos do comitê executivo de 24 para 41. Dessa forma, o poder ficaria distribuído por todos os continentes e diluía a influência da Europa e da América do Sul.

Em 1998, Blatter venceu o então presidente da UEFA, Lennart Johansson, numa eleição muito renhida, em que dificilmente teria ganho sem o apoio de homens como Bin Hammam ou Warner. A partir daí, as suas vitórias foram mais tranquilas. Agora, com o qatari apoiado pela Ásia, e secundado pela influência de Warner, tudo seria possível. Este era um adversário de peso. Um adversário que garantia saber jogar no mesmo tabuleiro de Blatter, usando as mesmas armas. Um adversário, por isso mesmo, a evitar.

Domingo, 29 de maio de 2011. Faltam apenas três dias para a votação e o caminho de Blatter fica livre. O comitê de ética da FIFA anuncia a suspensão de Bin Hammam e Jack Warner. São acusados de tentativa de compra de votos junto às federações da CONCACAF. Blatter também estava para ser julgado por suspeitas semelhantes, mas foi declarado inocente e pôde correr, sozinho, para a reeleição. Não havia volta a dar. Bin Hammam e Warner ficavam fora do jogo.

O comunicado do comitê de ética da FIFA arrumou a ameaça que se levantava contra o suíço: "Dada a gravidade dos casos e a probabilidade que se tenha transgredido o código de ética da FIFA e o código disciplinar da FIFA, a comissão de ética considerou necessária a suspensão provisória enquanto a investigação segue seu curso."

Chegam as eleições, Blatter é reeleito, os dois adversários continuam suspensos, mas é preciso eliminá-los de vez. Viraram-se contra o presidente e têm de servir de exemplo para desencorajar outros no futuro.

Fato ainda mais curioso: Bin Hammam e Warner foram acusados de organizar uma reunião com 25 dirigentes da CONCACAF, nos dias 10 e 11 de maio de 2011, para oferecer dinheiro por votos a favor do homem do Qatar. A denúncia foi feita à FIFA pelo secretário-geral da CONCACAF, Chuck Blazer, que tinha sido apontado para este cargo pelo seu grande amigo... Jack Warner. Ou seja: Blazer, que durante vários anos colaborou com todas as jogadas de Warner, virava-se agora contra o seu presidente a favor de Blatter. Se o líder da FIFA não teve de enfrentar o poderoso dirigente do Qatar, pode agradecer a este norte-americano de 68 anos. Uma arma secreta que saiu do banco para virar o jogo. Um paladino na luta pela transparência no futebol. Um dos elementos do comitê executivo da FIFA que é preciso manter. Homens como esses fazem falta ao futebol.

Será? Onde está agora Chuck Blazer?

Em 30 de maio de 2013, dois anos após a reeleição de Blatter, o norte-americano seguiu o caminho de Warner: afastado de todas as atividades relacionadas com futebol por violações do código de ética da FIFA. Terá usado o cargo na CONCACAF para se apropriar de fundos da FIFA destinados à sua confederação.

O presidente do comitê de integridade da CONCACAF, David Simmons, foi o responsável pelo relatório que ditou o fim das aventuras de Blazer e expôs os seus negócios em parceria com Warner. Ambos foram descritos como "fraudulentos na gestão" da confederação.

Simmons revelou que Blazer recebeu mais de 20 milhões de dólares (15 milhões de euros) em compensações da CONCACAF, incluindo 17 milhões de dólares (13 milhões de euros) apenas em comissões. Trabalhou sem contrato a partir de 18 de julho de 1998 e as suas compensações foram apenas discutidas três vezes em fóruns da confederação num período de 21 anos! Blazer também tinha alugado em seu nome um luxuoso apartamento em Nova Iorque, pago com dinheiro da CONCACAF. Além disso, em 2007, o norte-americano tentou comprar uma propriedade nas Bahamas com dinheiro retirado da confederação.

Já chega?

Só mais uma…

Segundo as acusações então feitas, violou a lei federal de impostos dos EUA ao ter falhado a devolução de pagamentos relacionados com taxas da CONCACAF, deixando a sua confederação na mira do Departamento de Finanças norte-americano. Devido a tudo isto, já não ocupa qualquer lugar no futebol, mas poderá ser acusado de fraude fiscal pelos tribunais dos EUA. A sua história ainda está a ser escrita, embora se possa já perceber que não lhe compensou muito a preciosa ajuda dada a Blatter e a facada nas costas de Warner. Assim que cumpriu a sua função de contribuir para a reeleição do suíço… foi descartado.

Bye, bye, Blazer!

Bye, bye, Warner!

Bye, bye, Hammam!

Uns podem ter oferecido mais resistência do que outros, mas saíram todos pela mesma porta. Bin Hammam foi dos que deram mais luta. Não concordou com a sua suspensão e recorreu ao Tribunal Arbitral do Esporte (TAS), que lhe deu razão devido a provas insuficientes. Perante esta decisão, a FIFA voltou à carga com novas denúncias. Desta vez, além das suspeitas de ter tentado comprar os votos da CONCACAF para destituir Blatter, o qatari também era apontado como um dos homens que terão estado envolvidos em práticas de suborno com o intuito de levar o Mundial de 2022 para o Qatar (como viria a acontecer). Foi igualmente acusado de usar fundos da AFC para oferecer artigos de luxo a familiares e amigos.

A auditoria da PricewaterhouseCoopers, solicitada pela AFC, revelou que Bin Hammam gastou 700 mil dólares (mais de 500 mil euros) das contas bancárias do organismo em seu benefício pessoal.

Com estes novos dados, a FIFA respondeu à anulação da suspensão feita pelo TAS. Michael Garcia, atual presidente da comissão de ética da FIFA, decidiu suspender novamente Bin Hammam por um período de 90 dias. O qatari não se deu logo por vencido e reagiu em relação aos alegados desvios de dinheiro da AFC.

Uma reação curiosa…

Numa carta enviada a 20 federações asiáticas, Bin Hammam confirmou que fez pagamentos a dirigentes, mas disse que o dinheiro saiu das suas próprias contas bancárias e foi usado para ajudar pessoas que passavam por necessidades, incluindo Zhang Jilong, homem que por essa altura já o tinha substituído na presidência da AFC e que ordenou a realização da auditoria que provocou o início desta nova investigação. Ou seja: segundo Bin Hammam, o homem que o acusava tinha sido, afinal, um dos beneficiários da sua fortuna.

"Jilong foi um dos que me vieram pedir apoio financeiro e eu ajudei-o com uma quantidade significativa da minha conta pessoal. Ele, se quiser, que explique os motivos dessa minha ajuda."

A explicação nunca chegou, mas Bin Hammam considerou que este era mais um episódio da perseguição de que estava sendo alvo por parte do organismo de Blatter.

"É uma repetição do que a FIFA fez anteriormente quando eu estava contra o senhor Blatter nas eleições presidenciais do ano passado."

Esta nova onda de acusações foi a estocada final dada pela FIFA. Castigo: Bin Hammam foi banido para sempre de todas as atividades relacionadas com o futebol. Para não sofrer eventuais punições fora da esfera futebolística, o dirigente do Qatar pôs fim à sua luta dias depois do anúncio desta decisão.

Num comunicado enviado à agência France-Presse, revelou-se "cansado". "Não quero passar a minha vida a lutar contra acusações inventadas. Prefiro deixar tudo e concentrar-me de vez na minha família."

A resistência de Bin Hammam chegava ao fim em 17 de dezembro de 2012, quase um ano e meio depois das primeiras investigações que o retiraram da corrida eleitoral pela presidência da FIFA.

E o que andava a fazer Jack Warner?

Optou por uma estratégia diferente e saiu mais cedo. Mas antes ainda fez algum barulho. Assim que soube da sua suspensão, prometeu um *tsunami* que iria abalar a FIFA e o futebol mundial. Jérôme Valcke, secretário-geral do organismo, foi dos primeiros visados. Warner divulgou um *e-mail* de Valcke no qual este deixava em xeque Bin Hammam e a candidatura do Qatar para o Mundial de 2022:

"Sobre MBH [Mohamed Bin Hammam], nunca entendi as razões pelas quais ele se candidatava. Se realmente achava que tinha uma chance ou se encontrou uma maneira extrema de expressar que já não gosta mais de JSB [Joseph Sepp Blatter]. Ou se achava que podia comprar a FIFA como eles compraram o Mundial."

Valcke admitiu ter enviado este *e-mail*, mas disse que era uma mensagem privada e não uma comunicação institucional entre dois dirigentes da FIFA. Daí a forma de expressão "mais leve" e "o tom muito menos formal do que qualquer outro tipo de correspondência".

"Quando me refiro ao Mundial de 2022 no *e-mail*, quero dizer que a candidatura vencedora utilizou as suas forças financeiras para conseguir apoios. O Qatar era um candidato com um grande orçamento e utilizaram-no com peso para promoverem a sua proposta em todo o Mundo de maneira eficiente. Não tive qualquer intenção de fazer referência a compra de votos ou comportamento antiético similar."

Desculpas esfarrapadas. Uma característica da família FIFA. Mas o *e-mail* tinha mais sumo para extrair.

Valcke também deixava os seus prognósticos para a eleição que esteve para acontecer entre Bin Hammam e Blatter. Sendo secretário-geral da FIFA, devia manter uma posição imparcial, mas o francês torcia pela equipe da casa e acreditava que o dirigente do Qatar iria ser esmagado. Warner afirmou mesmo que Valcke pensava que seria afastado da FIFA caso Bin Hammam vencesse. Talvez por receio de perder a sua posição, o francês tenha solicitado, de forma indireta, o apoio da CONCACAF.

"Tenho um palpite desde o primeiro dia: Bin Hammam vai retirar-se [da FIFA], mas apenas depois do seu discurso de 10 minutos no dia 1º de junho [o dia das eleições]. Ao fazê-lo, poderá dizer que obrigou Blatter a realizar novos compromissos, blá blá blá, e sair debaixo de um aplauso. Mas perante o que está a acontecer, ele vai perder.
Até vai conseguir alguns votos. Menos de 60 depois do apoio da CAF [numa alusão ao apoio público que a confederação africana tinha dado a Blatter]. Seria o coup de grâce *se você enviasse uma mensagem oficial, como presidente da CONCACAF, manifestando o seu apoio* [a Blatter].
Não estou dando-lhe um conselho, mas apenas o meu sentimento sobre o que eu penso sobre esta situação."

Jack Warner recusou dar esse apoio e a partir daí nada seria como antes. Afirma que tudo aquilo que se passou a seguir é a prova de que a FIFA iniciou uma perseguição contra ele e contra Bin Hammam e a favor do presidente no cargo. E essa perseguição, segundo o caribenho, teve o apoio de Valcke, uma vez que foi o secretário-geral do organismo a dar o pontapé de saída no inquérito de suspeita de compra de votos que acabou por levar à suspensão dos dois homens.

Mas Warner tinha mais acusações guardadas contra Blatter e Valcke. Soltou-as no mesmo dia em que deu a conhecer o *e-mail* do francês, num comunicado aos jornalistas, em 30 de maio de 2011. O antigo presidente da CONCACAF disse que Blatter se apropriou de fundos da FIFA para comprar, indiretamente, votos para estas eleições, com o consentimento de Valcke.

"Em 3 de maio, no congresso da CONCACAF, realizado em Miami, o senhor Blatter ofereceu 1 milhão de dólares à CONCACAF para ser gasto como bem entendêssemos. Isto irritou o presidente da UEFA, Michel Platini, que estava presente e foi ter com Valcke para lhe dizer que o senhor Blatter não tinha permissão do comitê financeiro da FIFA para fazer aquela oferta. Jérôme respondeu que iria encontrar o dinheiro para o senhor Blatter."

Resumindo: iria encontrar uma maneira de justificar o desvio de verbas do organismo para que Blatter pudesse cumprir a sua promessa.

Platini não confirmou a história, mas convém lembrar que Warner e Bin Hammam foram inicialmente suspensos por, alegadamente, tentarem subornar alguns presidentes das federações da CONCACAF com ofertas a rondar os 40 mil dólares (cerca de 30 mil euros). Valor bem mais reduzido do que a prenda de 1 milhão de dólares (mais de 760 mil euros) que Blatter terá oferecido à mesma confederação.

As acusações de Warner foram polêmicas, mas nada mais. Não serviram para inverter o rumo que já estava traçado. Por isso, em 20 de junho de 2011, poucos dias após a reeleição de Blatter, Warner demitiu-se da vice-presidência do comitê executivo da FIFA para, segundo ele, se dedicar à sua vida política em Trinidad e Tobago, onde ainda mantinha o cargo de ministro da Segurança Nacional.

A FIFA reagiu com um comunicado seco: "Jack A. Warner informou a FIFA sobre a sua renúncia aos cargos no futebol internacional. A FIFA lamenta os eventos que levaram à decisão de Warner. A sua renúncia foi aceita. Warner deixa a FIFA por sua livre vontade, após quase 30 anos de serviço."

Melhor ainda: "Como consequência desta renúncia, todos os processos do comitê de ética da FIFA sobre Warner serão assim fechados e a sua presunção de inocência permanece."

O fim dos processos.

O fim das investigações.

O fim da história?

Nem pensar! Em outubro de 2013, já aposentado do futebol e da política, Warner voltou à carga. O ex-presidente da CONCACAF reconheceu, numa conferência de imprensa, que a FIFA lhe tinha dado 6 milhões de dólares (cerca de 4,5 milhões de euros) para a construção de um centro de treinos em Trinidad e Tobago caso ele apoiasse Blatter na primeira eleição do suíço como presidente da FIFA, em 1998.

O caribenho lembrou que o acordo foi trabalhado por João Havelange, na época à frente do organismo e que apoiava Blatter, então seu secretário-geral. Hoje, a CONCACAF tem 35 votos. Na época, era composta por menos cinco federações. Contava com 30 votos. Ainda assim, esses votos seriam fundamentais, porque era prevista uma luta acirrada com o sueco Lennart Johansson pela presidência do órgão máximo do futebol mundial.

Com o presente vindo da FIFA, Warner conseguiu que todas as suas federações votassem no suíço. "Blatter jamais teria sido presidente da FIFA sem os 30 votos da CONCACAF", lembrou. "Eu disse a Havelange que, através dele, Blatter conseguiria o apoio total da CONCACAF."

E foi o que aconteceu.

Esta denúncia já tinha sido feita por Andrew Jennings, no seu livro *Foul! The Secret World of FIFA*, publicado na Inglaterra em 2006. A novidade foi a confissão do dirigente das Caraíbas.

A nova acusação de Warner está relacionada com esse centro de treinos erguido na cidade de Macoya, em Trinidad e Tobago, com um valor estimado hoje em 7,5 milhões de euros e que se tornou alvo de uma investigação da CONCACAF. A anterior confederação de Warner concluiu que o dirigente tinha cometido vários tipos de fraude. Um desses crimes está relacionado com este complexo esportivo chamado Dr. João Havelange Centre of Excellence, numa homenagem ao homem que tornou a obra possível. Tudo às claras, portanto.

O centro de treinos está construído. Existe. É utilizado. Até aqui, a coisa nem vai mal. E pertence a quem? Está em nome da CONCACAF? Está em nome da federação de futebol de Trinidad e Tobago?

Bem…

Será que…

Deve ser…

Está em nome de Jack Warner! Isso mesmo. O caribenho ficou com a propriedade deste centro de treinos. Como? O complexo esportivo faz parte de uma das suas empresas: a Renraw Investments Limited. Leram bem: Renraw (Warner, escrito ao contrário).

Blatter reagiu ao relatório e prometeu que a FIFA iria tomar medidas legais para que o centro de treinos passasse para a CONCACAF. E Warner respondeu dizendo como recebeu o dinheiro para construir essa obra, através da tal oferta de Havelange pelo apoio dado a Blatter em 1998.

Revelou ainda que a FIFA lhe deu outro presente por causa dessas eleições: "Venderam-me os direitos televisivos do Mundial de 1998, para Trinidad e Tobago, por apenas 1 dólar [menos de 1 euro], em troca de ajudar Blatter a tornar-se presidente."

O comitê de ética da FIFA disse que iria analisar esta acusação. Analisou. Não encontrou nada. A vida continua...

Para o velho Jack, porém, a vida está complicada.

O relatório da CONCACAF mostrou uma série de irregularidades cometidas pelo dirigente durante o período em que presidiu ao organismo sediado nos EUA. Warner e Blazer estão sendo investigados pelas autoridades norte-americanas por várias suspeitas, que vão desde a fraude fiscal à prática de subornos relacionadas com o futebol mundial. O próprio FBI está investigando os dois homens e também está de olho na FIFA por causa de negócios ocorridos com a CONCACAF.

Ainda melhor: o jornalista escocês Andrew Jennings passou a colaborar com os agentes do FBI. Jennings garante que a investigação teve início em denúncias feitas pelos atuais dirigentes da CONCACAF, mas o rastro do dinheiro segue até o quartel-general da FIFA, em Zurique. Parece que o filho de Jack Warner, Daryan, começou a cooperar com o FBI para não ser preso. Está testemunhando contra o próprio pai. O filho sempre esteve ligado aos negócios do pai, como aquele da empresa Simpaul, que serviu para a fraude dos ingressos do mercado negro nos Mundiais de 2002 e 2006.

Segundo Jennings, Daryan também era responsável por organizar a lavagem de dinheiro, ocultar subornos, desviar verbas e esconder os dinheiros relacionados com a corrupção no futebol.

Enquanto o filho executava este trabalho, o pai trabalhava em Nova Iorque com o seu antigo parceiro Chuck Blazer.

Esta investigação do FBI, com a colaboração de Daryan, é uma notícia amarga para Warner, mas também deve preocupar Blatter e os seus pares na FIFA. Muitos dos negócios feitos por Warner tiveram o consentimento de Blatter.

Por enquanto, ainda não há provas contra o suíço. Por enquanto, claro. É uma investigação em curso. E, para todos os efeitos, Warner é uma história do passado. Mais um tubarão que mostrou as mandíbulas, mas que acabou arrancado do poderoso aquário da FIFA. Tal como Bin Hammam. Tal como Nicólas Leoz. Tal como Ricardo Teixeira. Tal como Havelange.

Os poderosos caem. Aos poucos. Mas Blatter continua. Escândalo após escândalo. Caso de corrupção após caso de corrupção. Resiste a todas as alegações, passa sempre pelos intervalos da chuva e não perde uma batalha. Vai usando várias vidas. Vidas alimentadas por aqueles que tem ao seu lado. Pelos fiéis escudeiros. No passado foram os tubarões que se quiseram virar contra ele e que acabaram mordidos. Hoje são homens como Jérôme Valcke. Os passageiros podem ir mudando ao longo do tempo, mas o condutor mantém-se. E leva o futebol mundial para onde lhe apetece. Próxima parada? "Qatargate"…

CAPÍTULO 7

Do Qatar com amor

Diz o ditado popular: "Ano novo, vida nova." Mas só para alguns. Na FIFA foi mais do mesmo. Em 28 de janeiro de 2013, a revista *France Football* publicou um trabalho de 16 páginas com outro caso que abalou o mundo da bola.

A reportagem intitulada "Qatargate" (num trocadilho com o famoso Watergate norte-americano) expõe possíveis práticas de corrupção da candidatura do Qatar na atribuição do Mundial de 2022. O *e-mail* de Jérôme Valcke, revelado por Jack Warner, já dava a entender que poderiam ter existido irregularidades criadas pela força dos petrodólares e da influência de Bin Hammam.

A *France Football* começa precisamente por esse *e-mail* antes de lançar outros dados na história. E uma nova personagem. Alguém que até esse momento nunca tinha sido ligado aos problemas na atribuição de 2018/2022 e que também não estava associado ao caso da ISL (os dois escândalos que afetaram a FIFA a partir de 2010). Quem é este senhor? Michel Platini, presidente da UEFA e vice-presidente da FIFA. Um francês na mira de uma publicação... francesa.

A reportagem alega que o antigo astro da seleção gaulesa estaria disposto a votar na candidatura norte-americana para o Mundial de 2022, mas teria mudado de ideia depois de uma reunião secreta, realizada no Palácio do Eliseu, dez dias antes da votação (em 23 de novembro de 2010). Há aqui uma componente de *thriller*. Matéria de filme de espionagem com homens poderosos que conspiram em segredo. E uma mistura entre figuras do futebol e da política.

Nesse mesmo encontro, também terá estado Nicolas Sarkozy (na época presidente francês), o primeiro-ministro e príncipe do Qatar, Tamim Bin Hamad al-Thani, e o então presidente do PSG, Sébastien Bazin. Platini e Sarkozy teriam sido alegadamente aliciados com um plano de investimento do Qatar no futebol francês. Começava pela compra do PSG num momento em que o histórico clube passava por graves dificuldades financeiras, correndo mesmo o risco de acabar.

Feito!

Em maio de 2011, mais de um ano após a votação, a Qatar Investment Authority (QIA) comprou 70% das ações do clube. Em março de 2012, passou a deter a totalidade do capital. Acabava-se a crise do PSG. O empresário Nasser Al-Khelaifi, um dos homens da QIA, entrou para o cargo de presidente do clube, substituindo Bazin, e contratou o antigo craque brasileiro Leonardo como seu braço-direito e diretor esportivo. Com a forte rede de contatos de Leonardo, as estrelas do futebol começaram a chegar ao Parque dos Príncipes – mítico estádio dos parisienses – e os títulos vieram atrás… depois de muitos milhões. Na época 2012/2013, o PSG voltou a ganhar o campeonato francês, após um jejum de 19 anos! Quanto custou esse regresso à glória? Só para contratações foram investidos mais de 200 milhões de euros em apenas 18 meses. Uma reportagem da ESPN Brasil fez as contas ao preço deste título, entre valores de transferências e salários dos jogadores, apontando um número obsceno: o PSG gastou 55 mil euros por cada minuto jogado na sua liga. Muito dinheiro para voltar a vencer e recuperar o prestígio através das inesgotáveis notas do petróleo.

Segundo a *France Football*, a recuperação do PSG era uma pequena parte do plano. Também ficou acertado o lançamento de um canal esportivo para concorrer com o Canal Plus.

Feito!

Em junho de 2011, o grupo Al Jazeera entrou no mercado, através do canal beIN Sport, e adquiriu os direitos da liga francesa de 2012 a 2016. Ficou estipulado que iria pagar mais de 90 milhões de euros por cada temporada e também assegurou a transmissão da Liga dos Campeões e da Liga Europa (até 2015) e do Euro-2016, que irá realizar-se na França.

Não é suficiente?

A *France Football* não fica por aqui.

Caso Platini se comprometesse a votar no Qatar, o emirado também prometia aumentar a sua participação no grupo Lagardère, virado para o setor de mídia. Ou seja: o investimento qatari permitia fragilizar o Canal Plus e controlar ainda outros setores da comunicação social. Seria esse, supostamente, o grande interesse de Nicolas Sarkozy: o controle da mídia francesa (muito além do futebol). Ter o quarto poder do seu lado. Um poder que convém dominar para evitar notícias desagradáveis como esta da *France Football*, com acusações muito graves que colocavam em causa Platini, Sarkozy, o príncipe qatari e vários grupos de comunicação. Uma gigantesca operação apenas em troca de um voto no Qatar para 2022.

Um voto?

Parece um preço demasiado elevado para conseguir uma competição futebolística. Sobretudo se compararmos com as declarações feitas por David Triesman sobre os pedidos de homens como Leoz ou Makudi. O paraguaio queria ser condecorado *sir*. O tailandês "contentava-se" com os direitos televisivos de um amistoso entre a seleção do seu país e a seleção inglesa. Estaria Platini a prometer mais do que um voto? Estaria o francês disposto a conseguir outros aliados para a causa qatari dentro do comitê executivo da FIFA? Ou tudo isto não passa de uma estratégia para lhe manchar o nome?

Platini começou por admitir que chegou a estar com os líderes políticos de França e Qatar, salientando que o encontro nada teve de secreto.

"Um dia fui convidado para um jantar por Sarkozy em que estava o primeiro-ministro do Qatar. O senhor Sarkozy nunca me pediu durante o jantar para votar no Qatar. Convidou-me para jantar, mas sabia que seria independente e que votaria em que eu quisesse."

Uma ideia reforçada num comunicado enviado pelo ex-jogador francês à agência AFP, após a publicação do "Qatargate", em que classificou a reportagem de "apanhado de mentiras" e negou qualquer pedido de Sarkozy para que a UEFA votasse no Qatar.

"Repito aquilo que já disse: o presidente Sarkozy jamais se permitiria pedir-me para votar no Qatar 2022, quando ele sabe que eu sou um homem livre."

Este "homem livre", contudo, admitiu ter votado no Qatar "de forma independente" baseando a sua escolha numa "lógica simples e com toda a transparência" ao optar por um país que "nunca tinha organizado um grande evento esportivo".

Entre acusações e desmentidos ficam apenas dúvidas. Mas uma coisa é certa: a reportagem da *France Football* não foi meiga para aquele que ainda hoje é considerado um dos melhores jogadores de todos os tempos do futebol francês e mundial. O antigo capitão gaulês, campeão europeu em 1984, foi o principal atingido pela investigação, embora a *France Football* tenha feito referência a outras figuras do futebol mundial. Nomes antigos que regressaram aos holofotes da polêmica.

Voltou a ser sublinhada a possibilidade de Hayatou (Camarões) e Anouma (Costa do Marfim) terem votado nos qataris em troca de 1,5 milhão de dólares para cada um (cerca de 1,2 milhão de euros). Adamu teria sido outro dos visados, mas acabou suspenso da votação na sequência do trabalho publicado pelo *Sunday Times*. A autora da denúncia sobre estes três dirigentes africanos foi Phaedra Al Majid, anterior assessora de imprensa da candidatura do Qatar...

Estranho? Fica ainda pior...

As acusações foram feitas em meados de 2011, de forma anônima, para alguns jornalistas, mas tiveram grande impacto e acabaram por ser discutidas na comissão de inquérito do Parlamento inglês do comitê de Cultura, Mídia e Esporte (o mesmo em que Triesman apontou o dedo a vários dirigentes da FIFA).

Al Majid acusou o seu país.

Al Majid acusou três dirigentes da FIFA.

Al Majid desmentiu tudo.

Passado pouco tempo, a mulher do Qatar deu marcha à ré. Numa manobra inesperada, deu uma entrevista à BBC afirmando que tinha fabricado todas as acusações como forma de vingança por ter perdido o seu trabalho na candidatura qatari. Uma *vendetta* que, segundo a própria, atingiu proporções inesperadas.

"Estava muito decepcionada por ter sido afastada do comitê organizador da competição e quis vingar-me. Tinha apenas a intenção de fazer algumas manchetes, mas não esperava que as minhas mentiras tivessem consequências tão graves e chegassem ao Parlamento inglês. Tudo isto foi longe demais."

"Nunca houve nada suspeito da parte do Qatar."

"Não consigo explicar até que ponto estou arrependida e o quanto lamento tudo isto. Sinto-me mal por ter posto em suspeita a reputação dos três membros do comitê executivo da FIFA e também pelos meus colegas da candidatura do Qatar."

No meio desta assombrosa admissão de mentiras, Al Majid também disse que tinha enviado um *e-mail* à FIFA para desmentir tudo o que dissera anteriormente. O organismo emitiu mais um comunicado no habitual estilo seco.

"A FIFA confirma que recebeu um *e-mail* da pessoa que fez alegações relacionadas com a candidatura do Qatar retratando-se dessas mesmas alegações."

Mais alguma coisa?

Claro: "A FIFA não fará mais comentários sobre o assunto."

E não fez.

A mulher do Qatar afirmou ainda que não foi pressionada ou subornada para mudar a sua versão. Apenas decidiu dar o dito por não-dito por arrependimento…

Parecia um caso nascido e morto em 2011, mas a *France Football* desenterrou a história na sua peça de 2013. A publicação francesa também entrou no território da América do Sul. Supostamente, um representante do Qatar teria oferecido muitos milhões para ajudar clubes argentinos em dificuldades financeiras, de forma a garantir o voto de Julio Grondona, que acumula os cargos de presidente da AFA (federação de futebol argentina) e de vice-presidente das finanças da FIFA (um dos elementos mais antigos do organismo). Grondona negou tudo, obviamente, mas admitiu o voto no Qatar por razões políticas e históricas: "Votar nos EUA para 2022 seria como votar na Grã-Bretanha", numa alusão aos conflitos diplomáticos e militares, de 1982, entre Argentina e Reino Unido pela soberania das ilhas Malvinas/Falkland (conflito em que os ingleses foram apoiados pelos norte-americanos).

Ricardo Teixeira é outro dos visados. O antigo dirigente da FIFA e ex-presidente da CBF teria sido persuadido a votar no Qatar pelo próprio Grondona. Como? Através de um jogo amistoso entre Brasil e Argentina que se disputou no final de 2010. A revista francesa alega que a CBF recebeu 7 milhões de dólares pelo jogo (cerca de 5,5 milhões de euros) quando, geralmente, recebe apenas 1, 2 milhão de dólares por jogos particulares (perto de 1 milhão de euros).

A reportagem também inclui uma entrevista com um antigo diretor de *marketing* e comunicação da FIFA. O suíço Guido Tognoni apelidou o organismo de "pequena máfia" e disse que o presidente Blatter não apoiava a candidatura do Qatar: "Ele queria que o Mundial fosse para a Rússia em 2018 e para os EUA em 2022. Assim, poderia oferecer o Mundial de 2026 à China. Mas o *lobby* do Qatar foi muito intenso. Nunca tinha visto um país tão determinado em assumir um papel importante no cenário mundial."

Tognoni pode ter visto tudo isto, mas viu à distância. A sua história no dirigismo futebolístico é marcada pelo constante "entra e sai". Foi despedido da FIFA, pela primeira vez, no meio da década de 90 e passou a trabalhar para a UEFA. Já a serviço do organismo que rege o futebol europeu, consta que ajudou alguns jornalistas a investigarem as alegadas irregularidades de Blatter na corrida à presidência da FIFA em 1998. O presidente ficou chateado? A resposta veio em 2001. Blatter levou Tognoni de volta para a FIFA. Com uma missão: o especialista em *marketing* iria ajudar a resolver os problemas comerciais do organismo depois do colapso da ISL. O seu objetivo seria encontrar novos parceiros e manter a riqueza da FIFA. Até aqui tudo bem… Mas, alegadamente, Tognoni teria ainda outra função: a manipulação da mídia. Escolhia alguns jornalistas para lançar rumores que favoreciam as posições políticas de Blatter. A sua eficácia fez com que se tornasse um dos conselheiros pessoais do presidente. Em 2003, porém, a relação chegou ao fim.

Novamente despedido.

Na hora do adeus, o suíço não levantou ondas. Garantiu ter assinado um acordo de confidencialidade e por isso não iria revelar nada publicamente. Um silêncio remunerado, uma vez que Blatter se comprometeu a continuar a pagar-lhe o salário até 2006 (cerca de 170 mil euros anuais, segundo dados fornecidos pelo *Sports Mail*, numa matéria de maio de 2003).

Pouco antes da última reeleição de Blatter, em 2011, Tognoni quebrou o silêncio e começou a lançar algumas críticas à FIFA em diferentes meios de comunicação. Terá mesmo dito que a instituição era rica financeiramente, mas estava falida no plano moral. E confirmou que, durante os seus anos na FIFA, tudo se resumia a favores entre dirigentes. Deixou algumas críticas suaves a Blatter, mas defendeu que ele até merecia mais uma prova de confiança – novo mandato – para tentar acabar com a crise que estava abalando o organismo na sequência de todos os escândalos. Agora, com a *France Football*, aumentava o volume dessas críticas falando numa "pequena máfia" e revelando que os planos de Blatter até já estariam concentrados no Mundial de 2026 e na candidatura da China, anunciada ainda em 2010. Nada de outro mundo, no entanto. Pequenas farpas com pontas gastas.

É aqui que entra a grande pergunta sobre este Qatargate: o trabalho da *France Football* foi bom ou mau para Blatter? Serviu os interesses políticos do presidente da FIFA ou voltou a colar o escândalo ao seu nome?

Além da entrevista com Tognoni, a *France Football* não apresentou muitos dados novos. A reportagem é, em grande parte, uma junção do material tornado público desde 2010: Platini já tinha admitido o jantar com os líderes políticos (embora os pedidos que lhe possam ter sido feitos sejam uma alegação da *France Football*); o PSG também tinha sido comprado; a Al Jazeera estava no mercado televisivo francês; Al Majid já tinha falado e desmentido a história sobre Hayatou e Anouma; da mesma maneira, noutros momentos, Grondona, Teixeira e Bin Hammam foram associados a favores à campanha do Qatar.

A *France Football* recolheu todas estas informações para mostrar que eram demasiadas coincidências à volta do Qatar e do Mundial de 2022. É um ponto de vista legítimo. Mas voltamos à pergunta: quem saiu ganhando com esta reportagem?

Existem várias teorias e alegações que apontam em diferentes sentidos. Comecemos por aquelas que dizem respeito ao eventual favorecimento de Blatter na sequência deste trabalho *made in France*.

Nos finais de 2010, durante a guerra para a escolha dos Mundiais de 2018 e 2022, estava ocorrendo outra batalha na FIFA. Uma batalha bem mais importante do que saber quais os países para onde iria a festa do futebol. Aproximavam-se eleições para escolher um novo presidente.

Blatter *vs.* Bin Hammam.

O qatari tinha ganho espaço de manobra ao conseguir que o Mundial de 2022 fosse para o seu país. E fazia-se valer de um *modus operandi* muito semelhante ao de Blatter e ao que já tinha sido utilizado por João Havelange, quando o brasileiro entrou para a liderança da FIFA, na década de 70, derrotando Stanley Rous (dirigente inglês que era o anterior presidente da instituição).

Que método é esse?

Encontrar adeptos em vários cantos do Mundo para lutar contra o poder centrado na Europa, quase sempre posicionada a favor do presidente, sobretudo quando este é de nacionalidade europeia, como é o caso de Blatter. O resto do possível plano já se conhece: Warner garantia os votos da CONCACAF. Leoz, Grondona e Teixeira asseguravam o apoio da CONMEBOL. A Ásia estaria a cargo do próprio Hammam. Outra teoria aponta ainda a influência de Sandro Rosell – o homem que acabaria por chegar à presidência do Barcelona foi um executivo da Nike e tinha grandes contatos para conseguir os votos africanos em troca de dinheiro, equipamentos ou infraestruturas.

Também já se sabe o destino destes homens: Warner, Hammam, Leoz e Teixeira abandonaram a FIFA. O único que ainda lá está é Grondona, mas o argentino já disse que vai sair em 2015. Rosell, por sua vez, nunca ocupou qualquer cargo no comitê executivo da FIFA e era o que tinha menos expressão nesta hipotética trama.

Depois de tudo isto aparece um Qatargate visando Platini, o único que pode destronar Blatter na cadeira dourada da FIFA, caso o suíço decida recandidatar-se. Mais: a FIFA aproveitou a peça da *France Football* para entregar este Qatargate ao seu comitê de ética. O processo ainda está para ser analisado. Pode não dar em nada. Ou pode provocar novas expulsões na FIFA. Será Platini o próximo a sair? Parece mais difícil, mas nunca se sabe…

O francês foi um protegido de Blatter durante muitos anos e era visto como o seu natural sucessor. Alguém que estava sendo preparado para o cargo. Mas os dois começaram a afastar-se em várias questões relacionadas com o jogo e com a própria administração da FIFA e da UEFA.

Platini, por exemplo, é contra a inclusão de novas tecnologias para auxiliar os árbitros. Teme que as mesmas possam ferir a paixão e o ritmo do jogo.

Em novembro de 2009, a França classificou-se para o Mundial com um gol marcado na Irlanda em que Henry conduziu a bola com a mão antes de passar para o seu companheiro de equipe Gallas. Foi um choque. E o debate sobre as tecnologias voltou com força.

Na ressaca deste jogo, Platini deu uma entrevista ao *L'Équipe*, mas manteve a sua postura: "Um juiz suplementar perto da baliza teria visto a mão na bola de Henry no jogo com a Irlanda."

Também falou sobre o uso de câmeras para analisar os lances mais complicados: "É uma má solução. Estamos pensando apenas nos grandes jogos, mas será que era viável ter 20 câmeras num Andorra-Ilhas Faroé? As regras têm de ser iguais para todos."

Reforçou esta posição numa conferência de imprensa em dezembro de 2011: "Temos os olhos humanos para ver se a bola entrou. Gosto dos cinco árbitros porque é um sistema humano. A introdução de câmeras sobre a linha de gol irá funcionar como um cavalo de Troia. É uma maneira de a tecnologia entrar no futebol. Depois vamos tê-la em todos as jogadas e assim um jogo vai durar cinco horas. Não é uma boa ideia e tenho o direito de não estar de acordo." Esta ideia tem cada vez menos adeptos, mas Platini não está sozinho.

O argumento antitecnologia, aliás, foi muitas vezes utilizado pelo próprio Blatter. Em várias ocasiões. A última foi nos dias que antecederam o Mundial da África do Sul, em 6 de junho de 2010. Falou para a imprensa de todo o mundo: "A tecnologia iria matar o futebol. Quando estamos num jogo de futebol não há classes sociais, todos somos iguais e todos, no estádio e na televisão, todos são peritos. Se introduzirmos tecnologia, deixamos de poder ser peritos. Não queremos introduzir tecnologia, não há volta a dar. Queremos manter as emoções e a paixão que rodeia o futebol."

Não há volta a dar? Claro que há!

E nem demorou muito. Bastaram poucos dias. Mais precisamente após as oitavas de final do Mundial, marcados por vários erros de arbitragem. Um deles foi histórico: o gol anulado à Inglaterra, frente à Alemanha, em que Lampard arremata e a bola quase toca nas redes antes de ir para fora. O árbitro auxiliar não validou o lance. Provocou um choque mundial com essa decisão. Blatter foi perspicaz. Soube ler as reações dos torcedores e deu logo a volta que antes era impossível e que iria matar a paixão, o amor, os peritos do estádio, do sofá, etc. "É evidente que, depois do que acabamos de viver, seria ridículo não reabrir o dossiê da ajuda tecnológica na reunião de julho em Cardiff."

É evidente que foi isso que aconteceu.

Mas Blatter disse mais: "O futebol é tão importante, não só no aspecto esportivo, mas também no social e no econômico, que é preciso avançar no controle de jogo, pois é certo que nos estádios há 32 câmeras de televisão, mas o ser humano que controla o jogo tem apenas dois olhos."

Blatter foi mais hábil no tabuleiro político e deixou o seu pupilo quase sozinho na luta contra as novas tecnologias. Platini, ex-jogador de enorme talento, passou a ser visto como um conservador que atrapalha o progresso do futebol. Mas apenas para algumas coisas.

O francês optou por uma inovação muito contestada pelo presidente da FIFA: a partir de 2020, as fases finais do Europeu vão deixar de ser jogadas apenas num país. Passarão a ser disputadas em 13 nações simultaneamente: num enorme campeonato europeu com a duração de um mês. Esta alteração não agradou Blatter.

Em declarações à revista alemã *Kicker*, em 13 de março de 2013, o suíço virou-se contra a decisão da UEFA: "Um torneio pertence a um país e aí cria-se uma identidade própria e uma euforia. O torneio de 2020, se for espalhado, não será um verdadeiro Campeonato da Europa. Devia ter outro nome, porque num torneio destes vai faltar alma e coração."

E lembrou uma conversa que teve com um dos seus velhos amigos para mostrar que a ideia de Platini não era nova: "Para o Mundial de 2010, o coronel Kadhafi disse-me que deveria ser disputado um jogo por cada um dos países de África e que a final deveria ser na África do Sul. Disse-lhe que isso era impensável."

Platini não concordou: "Na UEFA, todos os nossos projetos importantes, como o Euro-2020 ou a questão financeira, são fruto de um diálogo extenso e de uma decisão coletiva tomada por todos os envolvidos. Não tenho a certeza se era assim que o coronel Kadhafi fazia as coisas. Pelo contrário, acho que é um modelo de como um bom governo deve ser."

Talvez o alvo destas palavras não fosse o ex-líder da Líbia. Talvez fosse mesmo Blatter e a FIFA. Sobretudo quando Platini diz que, na UEFA, todos os projetos importantes, como a questão financeira, são decididos por todos.

A grande discórdia entre os dois antigos aliados pode mesmo estar relacionada com a utilização que Blatter faz dos dinheiros da FIFA. Jack Warner já tinha lembrado um eventual episódio em que Platini teria ficado incomodado ao ver Blatter oferecer cerca de 1 milhão de dólares (cerca de 760 mil euros), à CONCACAF antes da sua última reeleição. Por aqui pode perceber-se que Platini talvez não gostasse de ver o suíço usar os recursos financeiros da FIFA para oferecer prêmios a federações e confederações, com o intuito de aumentar o poder, fazer mais amigos e, assim, garantir a sua reeleição, ou a de outros do seu interesse.

É aqui que entra um terceiro elemento. Outro francês. Durante muitos anos, Platini era apontado como o homem que iria substituir Blatter. Mas Jérôme Valcke passou a receber maior simpatia do líder da FIFA. E entrou nesta corrida. Platini não gostou da intromissão e sentiu-a como um ataque de Blatter. Num enredo muito ao gênero da FIFA, os amigos que antes pareciam inseparáveis começavam agora a afastar-se. Platini era uma ameaça para as ambições de Blatter. E já se sabe o que costuma acontecer aos que ameaçam o trono do suíço.

A escolha do Qatar para o Mundial de 2022 – com ou sem irregularidades – fazia parte de um plano que visava a presidência da FIFA. Bin Hammam posicionou-se primeiro. Caiu. Sobrou Platini. Continua de pé, mas pode dizer-se que ficou abalado depois da reportagem da *France Football*. O Qatargate favoreceu Blatter em dois sentidos: enfraqueceu Platini e abriu a possibilidade de haver uma mudança de sede da FIFA para o Mundial de 2022. Caso isso viesse a acontecer, o Mundial poderia ser recebido pelos EUA (segundo país mais votado), ou aconteceria uma nova votação.

Na sequência da peça publicada pela revista francesa, o jornalista brasileiro Erich Beting, que investiga a FIFA há vários anos, lançou outra teoria no *UOL Esporte*, em 30 de janeiro de 2013.

"A tendência, após essas revelações, é que, em nome da "transparência", a FIFA decida fazer uma nova eleição para a sede de 2022, abrindo novo processo seletivo entre os países. Da mesma forma, Jérôme Valcke deve seguir tranquilo como único possível sucessor de Joseph Blatter, assim como no passado foi para o suíço o caminho natural numa eventual aposentadoria de João Havelange."

A primeira parte parece difícil. É verdade que Blatter defendeu o direito de o Qatar organizar o Mundial, mas começou a mudar de posição mais tarde. Em 2011, quando das investigações feitas a Bin Hammam e à candidatura do Qatar, o presidente da FIFA terá mesmo afirmado que o país do Oriente Médio poderia ser banido da organização, levando a uma nova votação. A ideia, no entanto, parece estar abandonada. Já em 2013, Blatter voltou a levantar a voz à organização do Qatar, mas agora com menos agressividade. Usou o clima para dizer que a competição não pode ser disputada no verão do Qatar e que o comitê organizador tem de encontrar soluções rapidamente. Defendeu, por isso, um Mundial no inverno – o qual tinha dito, anteriormente, não fazer sentido. Além disso, os qataris têm muito dinheiro. Muito amor para distribuir. Muito poder no mundo do futebol. E Blatter não terá interesse em criar um inimigo onde pode ter um grande aliado.

A parte sobre o seu sucessor, no entanto, não parece tão descabida. Valcke nunca se atreverá a candidatar-se a presidente sem a bênção do seu líder. Perfila-se, cada vez mais, como o sucessor. O dirigente que só tem de ser paciente e esperar pela sua vez. Tal como Blatter fez nos tempos de Havelange. Afinal, Valcke não é diferente de tantos outros números 2 na esfera do futebol e da política. O seu sonho é chegar a número 1. A diferença é que alguns são mais fiéis do que outros. Mais bem-mandados do que outros. Aguentam mais tempo do que outros. Platini passou a ser um desses outros. Começou a rebelar-se contra o poder instalado e agora vê o seu caminho ficar minado. Mas ainda é uma forte hipótese. Simplesmente, já não está na linha de sucessão de Blatter. Terá de correr por fora porque o seu lugar foi ocupado por Valcke.

Seja qual for a leitura que se possa fazer deste Qatargate, é possível perceber que a reportagem trouxe mais vantagens do que desvantagens para o presidente no cargo. A própria intervenção de Guido Tognoni ajuda a isso mesmo. Quando o ex-dirigente diz que Blatter queria que o Mundial de 2022 fosse para os EUA, está a afastá-lo de qualquer ligação ao Qatargate. Tudo isto é apimentado por outro dado: a *France Football* e a FIFA são parceiras na atribuição anual da Bola de Ouro (prêmio destinado aos melhores jogador, jogadora e treinador do mundo). Poderá existir uma aliança entre a revista e o presidente da FIFA?

Essa é uma das teorias. Uma teoria que defende a ideia de que o Mundial do Qatar era algo que Blatter não queria e continua a não desejar. Mas há outras teorias. Uma delas é sustentada por um trabalho bem antigo. Foi publicada em 1999, no livro *How They Stole The Game*, da autoria de David Yallop.

O investigador inglês voltou à carga na sequência da peça da *France Football*. Segundo ele, a ida do Mundial para o Qatar foi a forma que Blatter encontrou para pagar um favor antigo. Um favor que o conduziu ao lugar onde ainda hoje se encontra: a presidência da FIFA…

CAPÍTULO 8

O avião está chegando!

Apertem os cintos!
Vamos continuar a nossa viagem…
Entramos na máquina do tempo e recuamos até Paris, 8 de junho de 1998. Dia do 51º congresso da FIFA. Dia de eleger um novo presidente. A Cidade-Luz está pronta para iluminar o caminho do próximo líder.

Frente a frente: Sepp Blatter e Lennart Johansson.

De um lado, o secretário-geral da FIFA. O protegido de Havelange. O número 2 do homem que sai agora de cena, mas quer um sucessor que garanta a continuidade das suas políticas.

Do outro lado, o presidente da UEFA. O sueco é um crítico do trabalho de Havelange e quer romper com aquilo que considera a "falta de transparência" com que o organismo foi gerido durante os anos do brasileiro. É apoiado pelos europeus e suspeita-se que tem ligeira vantagem nas intenções de voto.

Mas ainda é cedo para apresentar vencedores antecipados. A balança parece equilibrada e tudo pode acontecer à entrada para o congresso. Ninguém sabe quem vai ganhar.

Ou será que sabiam?

É aqui que entramos no livro de David Yallop (*How They Stole The Game*) e nas manobras de bastidores que poderão ter estado por trás desta eleição. O título do livro diz tudo. Na tradução direta: Como Eles Roubaram o Jogo. Eles, segundo Yallop, são Havelange, Blatter e todos aqueles que os apoiaram ao longo dos anos. E eles não gostaram nada deste livro, publicado em 1999, na época em que Blatter já era presidente e Havelange tinha passado à presidência de honra. O suíço fez tudo para banir a publicação em vários países. Essa história é recordada por Allan Jiang, colunista do *Bleacher Report*, num artigo publicado em 31 de maio de 2011.

"Depois de recorrer aos tribunais da Alemanha e Suíça para tentar banir a distribuição do *How They Stole The Game*, de Yallop, Blatter disse ao *FIFA.com*: Nunca foi minha intenção limitar a liberdade de expressão e a imprensa. Contradição no seu melhor."

Sim, mais uma das famosas contradições de Blatter. Não teve intenção de controlar a imprensa, mas tentou banir este livro (noutro momento, anos mais tarde, conseguiu que Andrew Jennings se tornasse o primeiro jornalista do mundo a ser proibido de entrar nas instalações da FIFA, em Zurique). Mas por que é que Blatter tinha tanto medo do livro de Yallop? Eis aqui uma passagem…

"Alguns dos adeptos de Blatter começaram a entrar em pânico no sábado que antecedeu a votação de segunda-feira. Estavam convencidos que Lennart Johansson ainda tinha a maioria… Cerca de 15 a 20 delegados foram alegadamente persuadidos a mudar o voto dentro do envelope por outro envelope contendo 50 mil dólares [perto de 39 mil euros]."

De onde teria vindo o dinheiro para pagar por esses votos? Segundo Yallop, os envelopes recheados de notas tinham o alto patrocínio… do Qatar.

Voltem a apertar os cintos. Vamos mudar de destino. Agora recuamos ainda mais no tempo e paramos em dezembro de 1997. Na primeira Copa das Confederações, com a duração de dez dias, que se realizou na Arábia Saudita.

Blatter, então secretário-geral da FIFA, terá desaparecido durante um dos dias da competição. Yallop diz que o suíço saiu de Riad para uma viagem-relâmpago até Doha, no Qatar, onde se terá encontrado com o líder do país, Hamad Bin Khalifa Al Thani. O emir chegara ao poder três anos antes, depois de substituir o seu pai. Tinha a reputação de ser modernizador e aberto ao progresso. Alguém motivado em abrir o seu país à cultura, hábitos e investimentos provenientes do Ocidente. Levou mulheres para o Parlamento, suspendeu a opressão à imprensa e abriu relações comerciais com Israel. Um revolucionário, sem dúvida.

Já nessa altura, o Qatar começava a olhar para o futebol como uma boa forma de se aproximar do resto do Mundo. Mas o seu assunto com Blatter era outro: não iriam falar de inovações nem de futebol. Citando Yallop: "O assunto em agenda era tão antigo como o Homem. Poder, e como adquiri-lo. A solução também já andava por aí há algum tempo: comprá-lo."

O investigador inglês menciona que Blatter saiu do Qatar com a convicção de que iria receber um forte apoio do chefe do Estado do emirado. Alguém pronto para ativar todos os canais políticos necessários em favor de uma boa relação com o suíço e com a FIFA. A generosidade do emir, aliás, chegou a pontos mais concretos. Terá posto o seu avião à disposição de Blatter para que este pudesse voltar à Arábia Saudita. Mas havia mais do que uma simples viagem num avião de luxo. Havia um avião bem mais importante…

Yallop diz que o emir ordenou aos dirigentes da federação de futebol do Qatar que fizessem tudo o que pudessem para apoiar a eleição de Blatter. De que forma?

1 – Terão começado por tentar garantir os votos das federações que compõem as confederações de África e Ásia. Logo aqui, Blatter conseguiria um bom apoio para brigar de frente com os votos europeus que poderiam estar mais virados para Johansson.

2 – Uma tarefa destinada a Bin Hammam que, na época, já era um dos elementos do comitê financeiro da FIFA. Seria ele o homem responsável por distribuir os envelopes nas vésperas da eleição de Paris.

A escolha de Hammam não terá sido feita ao acaso. Sendo ele um dirigente da FIFA, poderia misturar-se com outros colegas sem levantar suspeitas. Afinal, também ele era um membro da família do futebol (expressão tantas vezes utilizada por Blatter ao longo dos anos). Contudo, era preciso ter cuidado.

Na semana do ato eleitoral, circulavam muitos rumores em Paris. Negócios criados, negócios terminados, favores feitos, promessas quebradas e promessas cobradas. Conversas sobre poder.

Blatter estava hospedado no hotel Méridien, assim como boa parte dos dirigentes da FIFA. Yallop garante que Bin Hammam funcionou, nesses dias, como uma espécie de procurador do suíço (isto foi no tempo em que eles ainda eram grandes aliados). O qatari ia até o saguão do hotel e sondava os delegados quando estes passavam por lá. Falava nas virtudes de Blatter e no que ele poderia fazer pelo futebol. Dizia mais alguma coisa?

Palavras de Yallop: "Se sentisse que estava perdendo a atenção dos delegados, Hammam falava de dinheiro. Alegadamente, falava em oferecer 50 mil dólares por cada voto."

Segundo Yallop, apesar do dinheiro, alguns delegados mostraram ceticismo. Perante as circunstâncias, não sabiam se podiam confiar em Hammam (um raciocínio natural na eventualidade de aparecer alguém a oferecer subornos).

Mesmo com as alegadas promessas de dinheiro, continuava o equilíbrio: a ameaça de Johansson. E era preciso ter uma ação mais determinada. Poderá ter sido nessa altura que alguns delegados receberam a garantia de Hammam de que o dinheiro não iria falhar. Por cortesia do emir, um avião iria levantar voo do Qatar com destino a Paris contendo 1 milhão de dólares (cerca de 760 mil euros). Assim, no domingo, um dia antes das eleições, os delegados sabiam que podiam ir ter com Hammam e recolher o respectivo envelope. Yallop lembra ainda que a soma de 1 milhão de dólares não era sem significado. E aqui basta fazer as contas. Se estamos falando de 50 mil dólares para um número entre 15 e 20 delegados, 1 milhão chegaria para cobrir esse valor.

O que aconteceu nas eleições?

Blatter venceu Johansson por 111 votos contra 80 (uma vantagem de 31). Se o dinheiro do emir serviu mesmo para comprar cerca de 20 votos, essa soma acabou por ser muito importante na chegada do suíço à liderança da FIFA.

Este foi um caso lançado por Yallop no seu livro de 1999. Na época, o jornalista disse que não sabia o que Blatter tinha prometido em troca do apoio do Qatar. Mas em dezembro de 2010, poucos dias após a dupla eleição para os Mundiais de 2018 e 2022, publicou um artigo no seu *site* (Yallop.co.uk) e disse estar mais esclarecido. Yallop recorreu às suas fontes e revela que, em 2009, realizou-se outra reunião entre Blatter, o emir do Qatar e Bin Hammam. O suíço queria garantir que não teria de defrontar Hammam na corrida presidencial de 2011. O qatari terá concordado em ficar fora de jogo.

E Blatter?

"Prometeu que iria entregar o Mundial de 2022 ao Qatar. No início desta semana, o presidente Blatter entregou."

Se esta reunião existiu, Bin Hammam falhou ao que ficou combinado, porque tentou mesmo concorrer contra Blatter e só foi impedido de entrar na corrida pelo comitê de ética da FIFA. Seja como for, a relação de Blatter com o emirado do Qatar – exposta por Yallop – traz uma nova leitura ao que pode ter estado na origem da atribuição do Mundial de 2022. E revela um ponto de vista antagônico ao que foi explorado pela *France Football* no seu famoso Qatargate. Afinal, Blatter não estaria inclinado para os EUA. Em vez disso, pode ter estado comprometido com o Qatar desde as eleições de 1998.

Essas eleições ocorreram dias antes do pontapé de saída para o Mundial da França. Foi por isso que a FIFA escolheu a cidade de Paris para a realização do seu congresso. E quando há um Mundial, há muita gente interessada em ver jogos. Gente que quer ingressos. Para si, para a família, para os amigos, para parceiros comerciais. Para fazer negócio. Não faltam interessados!

O Mundial é um dos eventos mais cobiçados no planeta. A oportunidade para ver as melhores seleções, as grandes estrelas e viver – *in loco* – jogos de muita emoção. Ingressos para um acontecimento com esta importância são, sem dúvida, um belo presente. Um presente caro. Só ao alcance de alguns…

Blatter poderá ter conseguido o apoio da África e Ásia através dos seus amigos do Qatar, mas quem quer chegar a presidente da FIFA precisa fazer aliados nos quatro cantos do mundo. Sobretudo na Europa. Especialmente em ano de Mundial disputado no Velho Continente. Os ingressos para o Mundial são totalmente controlados pela FIFA e pelo comitê organizador local.

E quem era o co-presidente desse comitê no Mundial de 1998?
Sim, adivinharam!
Vamos voltar a Platini…

CAPÍTULO 9

Os senhores dos ingressos

Sepp Blatter e Michel Platini controlavam a totalidade dos ingressos para o Mundial de 1998. Pior ainda: em ano de eleições para a presidência da FIFA. Lennart Johansson estava preocupado… E com razão.

Em *How They Stole The Game*, David Yallop lembra uma carta, de 18 de fevereiro de 1998, enviada pelo presidente da UEFA ao então secretário-geral da FIFA. O sueco mostrava-se apreensivo com a distribuição dos ingressos para o Mundial de 1998. Também ele era um elemento do comitê organizador local e pedia um relatório semanal da distribuição dos ingressos. A suspeita de utilização de ingressos para fins políticos já vinha de há muito tempo. Começou no período de Havelange e ganhava maior intensidade sempre que se aproximava um ato eleitoral.

Por ocasião dessa correspondência, Blatter ainda não tinha anunciado que iria concorrer a presidente da FIFA. Só o fez quando faltavam dez dias para 7 de abril de 1998, a data-limite para apresentação de candidaturas. Com outra novidade: Platini fazia parte da equipe e seria nomeado diretor técnico da FIFA caso Blatter vencesse. O francês era co-presidente do França'98. Ou seja: motivo para alarme. Começou aqui o pânico da equipe de Johansson.

O livro de Yallop apresenta excertos de uma entrevista a Marcos Casanova (chefe de assessoria de imprensa da UEFA e um dos membros da candidatura de Johansson), em que este se mostrou muito apreensivo com a falta de controle sobre os ingressos do Mundial.

A pergunta de Yallop: "Como é que Blatter pode se apossar dos ingressos?"

A resposta de Casanova: "A FIFA é dona dos ingressos. Ele tem os ingressos fisicamente e isso permite-lhe ligar a qualquer presidente [de umas das várias federações] e dizer: Se quiser, dou-lhe dez ingressos para a final. Depois, coloca esses ingressos num envelope e escreve: Com os melhores cumprimentos, Sepp, e envia para alguém. Não existe qualquer sistema de controle. Nenhuma lista que mostre quem fica com os ingressos. Por que é que ele escolheu Platini? Porque assim pode usar o Mundial. Passa a ter um aliado no comitê organizador local. Os dois juntos, Blatter e Platini, têm o controle de 100% dos ingressos. Isto é o que está acontecendo."

Muitos ingressos poderiam ser oferecidos, mas outros eram vendidos. E quem poderia ajudar a fazer escoar as entradas mágicas? Um homem com experiência nestas coisas: Jack Warner. O caribenho, por esta altura, também pertencia ao comitê organizador do França'98. Aliás, tinha uma longa lista de funções no comando do futebol mundial. Vejamos: presidente da CONCACAF, membro do comitê executivo da FIFA, comitê de emergência da FIFA, comitê financeiro, comitê organizador da Copa das Confederações, comitê das competições jovens, comitê técnico, comitê de *status* do jogador e comitê de assuntos de segurança e *fair play*. A tudo isto podem ainda juntar-se dois outros dados importantes: grande amigo de Havelange e, por adição, aliado de Blatter.

Com o apoio de Warner, o suíço sabia que iria ter as federações da CONCACAF do seu lado. Mas claro que nada é gratuito. Por isso era natural que Warner tivesse algumas facilidades dentro do organismo (nomeadamente o acesso a ingressos para os Mundiais, na companhia do seu parceiro Chuck Blazer).

As suspeitas dos dirigentes da UEFA vieram na sequência de várias informações relacionadas com Warner. O próprio Yallop garante que uma agência norte-americana ofereceu-lhe ingressos por 450 dólares (cerca de 350 euros) que tinham um valor-base de 45 dólares (35 euros), para o jogo da fase de grupos entre Holanda e Bélgica, e que os responsáveis dessa agência lhe tinham garantido que compraram os ingressos com Warner.

Alegações como esta deixaram os homens da UEFA em estado de alerta, como lembrou Casanova: "Nós, da UEFA, estamos muito preocupados pela forma como Jack Warner e Chuck Blazer estão se apossando dos ingressos. Pensamos que Blatter esteja envolvido."

Os ingressos do França'98 podem muito bem ter sido outro dos fatores a desequilibrar a balança das eleições a favor de Blatter.

Em quase todas as competições ao abrigo da FIFA ou da UEFA, mais de 20% das entradas são para oferecer a quem os organizadores bem entenderem. E quem fica a perder com esta situação? O futebol.

Este foi um fato lembrado pelos próprios jogadores durante o Mundial de 1998, conquistado pela equipe da casa. Didier Deschamps, então capitão dos franceses, não escondeu o seu incômodo depois da vitória frente à Croácia nas semi-finais. Falou para a imprensa e disse o que sentia dentro do campo.

"Foi como um funeral. Dois terços das pessoas que ali estavam tinham sido convidadas por patrocinadores e não querem saber de futebol. A maior parte dos fãs que gostam de nós não tinha dinheiro para comprar ingressos. O fervor do público, no país, é incrível, mas aqueles que aparecem no estádio, com os seus ternos e gravatas, não têm nada de estar ali."

Isto aconteceu nas semi-finais e em todos os outros jogos. Incluindo na grande final entre França e Brasil.

Quem já assistiu ao vivo a um jogo de um Mundial ou Europeu pode perceber à perfeição este sentimento de Deschamps. As arquibancadas estão cheias de políticos, dirigentes esportivos, altos executivos de multinacionais. Todos eles se fazem acompanhar por familiares e amigos. Há mais ternos e gravatas do que cachecóis. Há mais negócio do que paixão. O ambiente é frio e desinteressado. A léguas da essência daquilo que deveria ser, realmente, o espírito de uma grande competição de futebol. Muito diferente do que acontece nos jogos das fases de classificação entre seleções ou nas competições de clubes.

O França'98 foi apenas mais um evento em que se registou este triste fenômeno. Um espetáculo roubado à sua própria essência em troca de favores políticos e financeiros. No meio desta mancha de engravatados, há poucos verdadeiros adeptos do futebol e do seu país. Resumem-se a um pequeno grupo de felizardos que conseguiram bilhete para a final porque gastaram muito dinheiro ou porque conhecem alguém importante (ou ambas).

Deschamps disse uma verdade que incomoda torcedores, treinadores e jogadores. Infelizmente, não incomoda Platini. Também ele foi capitão da seleção francesa. A grande estrela da equipe quando o país organizou e conquistou o Euro-1984. Estava dentro de campo, debaixo de uma atmosfera bem mais apaixonada do que aquela que os seus sucessores tiveram quando se sagraram campeões do Mundo. Será que já não se lembra desse tempo em que espalhava classe com a camisa 10 do seu país? Foram-se as lembranças de jogador de futebol? Os longos anos passados no dirigismo desportivo fizeram com que deixasse de sentir amor pelo seu próprio jogo?

Platini terminou a carreira na temporada 1986/1987. Estava a serviço da Juventus, de Itália, pela qual ganhou todas as competições importantes. Vestiu a camisa da principal seleção francesa em 72 ocasiões. Será sempre lembrado como um dos melhores jogadores da história do futebol. Elegante, veloz, eficaz e artístico. Quando pendurou as chuteiras, esteve na equipe técnica da seleção francesa entre 1987 e 1992, primeiro como adjunto e depois como técnico principal. No comando dos *Les Bleus*, classificou a equipe para o Euro-92, mas foi eliminado na primeira fase e acabaria dispensado no final da competição. Não teve o mesmo sucesso como aquele que alcançou enquanto jogador, mas continuava a mostrar um grande amor pelo jogo bonito (ou *beau jeu*, como dizem os franceses). Esse sentimento parece ter começado a passar quando quis assumir funções de diretor.

A presidência do comitê organizador para o França'98 foi o início dessa nova vida apadrinhada por Havelange e Blatter. Este último fez uso do midiatismo de Platini para ganhar popularidade na corrida à presidência da FIFA. Nessa altura, o francês era amado nos quatro cantos do mundo (hoje a situação é bem diferente) e fez campanha ao lado de Blatter. O suíço até poderia representar a falta de transparência da FIFA e o futebol engravatado, mas o francês representava a paixão pelo jogo. Foi um grande reforço. E entrou para uma escola que sabe como manter o poder. A escola de Havelange e Blatter. A escola que comanda a FIFA desde 1974 (ano em que o brasileiro entrou para a presidência do organismo).

Com dois professores desta envergadura, Platini foi aprendendo o jogo político e, consequentemente, foi-se esquecendo do outro jogo. Daquele que ele devia defender. Logo em 1998 fizeram-no acreditar que um dia haveria de chegar à presidência da FIFA e, assim, passaria a ser o primeiro grande jogador do mundo a ocupar o cargo. Essa é a sua vontade. Blatter também chegou a defender o mesmo quando afirmou, por mais de uma vez, que Platini poderia ser um bom sucessor.

Mas antes de chegar ao trono do futebol mundial precisava ganhar traquejo noutra posição. Especialmente numa que fosse ocupada por um adversário de Blatter.

Johansson ficou muito atento a todas as movimentações da FIFA e do seu presidente desde as eleições de 1998. A liderança na UEFA e o consequente assento no comitê executivo da FIFA davam-lhe algum poder para pôr em causa muitas das decisões de Blatter. O sueco era uma constante afronta às decisões do líder. Uma oposição permanente. Em resumo: mais um que era preciso afastar.

Com quem?

Com Platini. O escolhido para levar o organismo que rege o futebol europeu para debaixo da alçada de Blatter. Foi assim que o francês entrou para a presidência da UEFA, em 2007, destronando um cansado Johansson, que já estava no lugar desde 1990.

Os métodos utilizados terão sido muito semelhantes aos que levaram Havelange e Blatter à presidência da FIFA em 1974 e 1998, respectivamente: ambos conseguiram muitos votos de federações de países considerados do terceiro mundo futebolístico, como os da África e Ásia, prometendo-lhes planos para desenvolvimento do futebol, mais vagas nos Mundiais e, possivelmente, outras benesses.

Platini seguiu esta linha. Apresentou-se como um "romântico do futebol" e seduziu as federações dos países europeus com menos expressão que não conseguiam fazer com que os seus clubes entrassem na Liga dos Campeões. O francês prometeu uma *Champions* mais universal e venceu Johansson por 27 votos contra 23. Uma eleição renhida, mas que não chegou para que o sueco mantivesse o lugar. Passou à presidência honorária, proposto por Platini, logo após as eleições, num gesto politicamente correto de alguém que foi bem ensinado.

E aí estava o "romântico do futebol". É pena que esse romantismo não lhe permita ver as arquibancadas cheias de ingressos oferecidos também nas fases finais dos Europeus. Na sua presidência já foram dois: Euro-2008 e Euro-2012...

Estive no Euro-2012 a serviço do diário português *Record*. O meu objetivo consistia em viajar entre Ucrânia e Polônia para acompanhar os jogos da Seleção Nacional, sempre na perspectiva de torcedor, contando as várias aventuras que passei nos estádios, nas viagens e nas diferentes cidades.

O primeiro jogo de Portugal foi contra a Alemanha, no estádio Arena Lviv, na Ucrânia. Poucas horas antes do apito inicial deparei-me com várias situações de venda ilegal de ingressos. Tudo se passava junto à primeira zona de controle de ingressos e com a total colaboração de agentes da polícia ucraniana presentes no local.

Alguns ucranianos são pouco dados a regras. Mais ainda quando a ausência dessas regras pode significar um bom negócio num país debaixo do fogo das máfias do Leste. O Euro-2012 foi uma oportunidade para os locais ganharem dinheiro. E ninguém quis ficar fora deste enorme bolo. Desde restaurantes, hotéis, bares, passando pelos vendedores ambulantes de ingressos (eventualmente ao serviço de poderes maiores) e acabando na própria polícia.

Nos meses que antecederam este Euro, Michel Platini fez vários avisos à organização ucraniana. Chegou mesmo a ameaçar tirar a competição do país por causa dos atrasos nas obras dos estádios, falta de acessos e aumento exponencial de preços. Hotéis de 50 euros por noite passaram as diárias para 500 euros. A UEFA caiu na ilusão de que os ucranianos teriam ficado assustados e iriam, finalmente, trabalhar em prol de um Euro seguro e honesto.

Bastava falar nisso aos ucranianos que encontrei na rua para que se começassem a rir.

"Platini? UEFA? FIFA? A Ucrânia é dos ucranianos."

"Gostamos muito de ter o euro, de receber aqui todas estas pessoas. Mas não são os outros que nos vão dizer como temos de fazer."

Esta postura servia tanto para o turismo como para os jogos. A venda ilegal de ingressos acontecia em todas as esquinas. E também foi assim no Alemanha-Portugal, com ucranianos a negociarem ingressos para todos os jogos. O processo acontecia à frente da polícia, com vista para um enorme parque de estacionamento de lama (disseram que não houve tempo para pavimentar), onde estava meia dúzia de carros, apesar de a organização não permitir que os torcedores viajassem para o estádio nas suas viaturas.

O transporte tinha de ser feito a partir do centro da cidade em vários ônibus, disponibilizados pelo comitê responsável pela prova. Uma boa solução. O problema é que esses ônibus paravam a uma distância gigantesca do estádio. O restante do caminho tinha de ser feito a pé. Cerca de 30 minutos de caminhada. E no dia do primeiro jogo de Portugal, o trajeto foi feito debaixo de uma enorme onda de calor.

Isto acontecia perante o olhar despreocupado (e impotente) de vários trabalhadores da UEFA que passeavam por ali. Isto e o mercado negro.

Já os polícias tinham uma dupla função:

a) Proteger cambistas ucranianos.

b) Proibir os estrangeiros de vender os seus ingressos.

Um dos agentes abordou um torcedor alemão, mais atrevido, que tinha 20 ingressos para o jogo entre Alemanha e Dinamarca.

"Não pode vender isso aqui", disse o polícia com um ar calmo, mas pronto para passar à ação.

"Todos estão fazendo o mesmo. Não posso por quê?", respondeu o alemao, com os bilhetes numa mão e uma enorme cerveja de litro na outra.

"Eles estão autorizados. Você não."

"Autorizados por quem?"

"Não discuta. Saia daqui ou fica sem os ingressos."

Nesse momento o polícia já tinha mais três colegas nas suas costas, com as mãos nos cassetetes e os olhos no alemão.

Este, por sua vez, teve juízo: foi-se embora, ficou com os ingressos e com a dentição completa. Teve de abandonar o local enquanto via, mesmo ali a seu lado, um ucraniano com um pequeno caixote onde estavam mais de 200 ingressos. Um vendedor muito contente, descontraído e falador. Bastante jovem. Abordei-o com o gravador na mão. Apresentei-me e perguntei-lhe se podia fazer algumas perguntas. Pediu-me apenas para não lhe fotografar a cara, mas não se importou de ser entrevistado.

"Sou o Oleg. Tenho ingressos para todos os jogos. Até a final. Quer?", apresentou-se assim.

"Quem te arranjou os ingressos?"

"Os senhores da UEFA. Pode tocar. São todos verdadeiros."

Toquei nos ingressos e, nesse momento, aproximaram-se uns torcedores polacos. Um dos agentes da polícia acenou-lhes positivamente. O sinal era claro: "Não se preocupem comigo. Podem fazer negócio." Compraram quatro bilhetes para o jogo que estava prestes a começar. Cada um rondava os 150 euros. Fecharam o negócio nos 120 euros por bilhete. Oleg guardou o dinheiro e voltei a insistir com ele.

"Quais senhores da UEFA?"

Não soube responder-me (ou não quis), mas não parava de repetir a sua frase de vendedor.

"*Good ticket. Good. Not false.*"

Não posso afirmar se os ingressos eram verdadeiros. Mas, a serem falsos, eram cópias perfeitas. Tudo isto se passou junto à primeira zona de controle de ingressos. Preparava-me para continuar a puxar por Oleg, quando um dos polícias me desencorajou: "Ou entra, ou sai daqui. Não pode ficar aqui falando." Agarrei o meu bilhete, comprado legalmente através do *site* oficial da UEFA, pelo preço de tabela de 30 euros, e segui o meu caminho. Assim que virei as costas, Oleg já estava a negociar com dois torcedores alemães. O discurso era o mesmo.

"*Good ticket. Good. Not false.*"

Para este primeiro jogo, porém, os ingressos até podiam ser falsos. As roletas do setor de Portugal avariaram-se cerca de 30 minutos antes do início do encontro. A partir daí veio o método manual. Sem o aparelho de verificação para o código de barras. À antiga. Olhar para o ingresso e mandar entrar. Este processo, naturalmente, provocou muitas dificuldades dentro do estádio. Gente a mais, organização a menos, venda ilegal de ingressos em doses industriais.

"*Good ticket. Good. Not false.*"

A filha UEFA herdou este problema da mãe FIFA. Em todos os Mundiais sempre houve alarido em torno dos ingressos: demasiadas ofertas dos dirigentes, desaparecimento de entradas, agências com muitos ingressos a preços proibitivos ou alegados negócios paralelos de membros do comitê executivo da FIFA. Antes do Mundial de 1998, a candidatura de Johansson mostrava grande preocupação com a falta de controle na distribuição dos ingressos. Estes problemas acabaram após o França'98?

Andrew Jennings diz que não. No seu livro *Foul!* (2006), o jornalista britânico conta uma história de mercado negro no Mundial de 2002, disputado na Coreia do Sul e no Japão.

Antes da competição, a FIFA tinha prometido guerra contra as vendas ilícitas e falsificações. Os torcedores estariam protegidos por um novo sistema. Todos os bilhetes encomendados precisavam ter o nome do seu portador.

Jennings escreve: "Ainda bem que a FIFA abandonou a sua regra sobre verificar o nome nos bilhetes. De outra forma, os guardas no estádio poderiam ter ficado confusos. "O que é isto? Um britânico de cabelo ruivo com um ingresso onde está estampado o nome de Mohamed Bin Hammam. Esse não é um dos VIP da FIFA?" Depois, perto de outra porta, uma loira de Glasgow. O nome no ingresso? Mohamed Bin Hammam, do Qatar."

Isto teria acontecido em 2 de junho, no jogo da fase de grupos entre Inglaterra e Suécia. Jennings diz que havia uma fila inteira de Bin Hammam numa das zonas do estádio. Garantia dada por um dos torcedores que entrevistou: "Quando entrei no Saitama Stadium [Japão] comecei a falar com outros da minha fila e todos eles tinham ingressos com o mesmo nome. É uma desgraça."

Este torcedor soube, por outro sentado a seu lado, que o nome de Bin Hammam aparecia num ingresso comprado na rua para o jogo entre ingleses e argentinos que iria ser disputado dali a cinco dias. Foi um dos jogos da fase de grupos com mais procura. Alguns destes ingressos comprados na rua custaram 500 dólares (perto de 400 euros) acima do preço oficial. Estas vendas, contudo, não aconteciam apenas durante o Mundial.

Alguns torcedores revelaram ter comprado os seus ingressos Bin Hammam diretamente a uma agência de Beverly Hills, chamada Razor Gator. Durante a competição, esta empresa sediou-se nas imediações de Tóquio. Um dos visitantes terá dito a Jennings que o escritório temporário estava repleto de ingressos para os vários jogos da competição. O jornalista falou com um dos elementos da Razor Gator sobre este assunto. A resposta foi clara: "O nome que aparece nos bilhetes pode ser de uma empresa, patrocinador, federação ou indivíduo. Nunca tivemos problemas. Nunca aconteceu um dos nossos clientes ser impedido de entrar no estádio durante os sete Mundiais em que já trabalhamos."

E o que disse Bin Hammam sobre este assunto?

Nada. Quem teria falado com Jennings foi Andreas Herren, um dos assessores de imprensa da FIFA, uma vez que Hammam nem se encontrava no Mundial durante a primeira semana da competição. "O senhor Bin Hammam está tão chocado e triste como nós."

Mais: Herren também disse que Hammam talvez tenha oferecido os ingressos a amigos e estes decidiram vendê-los no mercado negro. Quem tem amigos desses…

Hammam, no entanto, não era o único com ingressos no mercado negro. Jennings também revela que o mesmo aconteceu com bilhetes destinados aos patrocinadores oficiais do Mundial. Diz ter nos seus arquivos um ingresso para o Inglaterra-Argentina com o nome de Coca-Cola. Este ingresso tinha um valor base de 60 dólares (por volta de 47 euros) e teria sido vendido na rua por 400 dólares (mais de 310 euros).

Do Mundial para o Europeu. De 1998, passando por 2002, até chegar a 2012. Na FIFA e na UEFA. As ofertas e vendas ilegais de ingressos para as grandes competições continuam a existir. Em números elevados. Não há controle nem grande interesse em acabar com este flagelo do futebol. Perde o torcedor. Perdem jogadores como Deschamps, que queriam ver os verdadeiros fãs nos estádios. Perde o jogo.

O problema vai ficando sem resolução. Homens como Blatter e Platini estão mais preocupados com outros assuntos.

Após a eleição de Blatter, em 1998, o francês acreditou que haveria de suceder ao suíço no comando do futebol mundial. Com a colaboração e o apoio deste. Parecia um cenário óbvio que foi sendo abandonado com o afastamento entre os dois. Agora aparece outra possibilidade. Mais escaldante. Mais polêmica.

Em entrevista à *Kicker*, a 23 de março de 2013, Platini admitiu que podia candidatar-se às eleições da FIFA em 2015.

"Já penso sobre isso há muito tempo, porque todos me têm questionado. O presidente Blatter disse que irá abandonar o cargo, mas para quem? Logo veremos."

Platini, no entanto, acompanhou mal as mudanças de opinião de Blatter. É verdade que o suíço disse, em vários momentos, que iria aposentar-se em 2015, quando já tiver 79 anos. Numa entrevista concedida à Sky Sports, em janeiro de 2013, até teria dito que queria deixar a presidência da FIFA para seguir um sonho de criança.

"Gostaria de viver um sonho que tinha quando era jovem, trabalhar como comentarista ou repórter. Gostaria de comentar jogos. Não para dizer passa para a direita ou para a esquerda, porque isso todos vêm na televisão, mas para comentar táticas e técnicas."

Aqui fica uma sugestão para o senhor Blatter: talvez as pessoas não estejam muito interessadas em ouvi-lo falar do 4x4x2 ou do 4x3x3. Para isso podem sempre ouvir homens que entendem mais do assunto, como antigos treinadores ou jogadores. Mas seria muito interessante ver Blatter explicar as "táticas e técnicas" utilizadas dentro da FIFA. E analisar as suas próprias mudanças de opinião. Vejamos: nesta altura queria ser comentarista, porque era um sonho de criança… mas a coisa passou-lhe rápido. Mais concretamente, a 3 de maio de 2013, durante o congresso da AFC (confederação asiática).

"Este será o último mandato, não do cargo, o último mandato da aposentadoria", disse, sorrindo, numa alusão às aposentadorias que a FIFA tem feito na sequência dos escândalos da ISL e da atribuição dos Mundiais de 2018 e 2022 (como forma de livrar a cara e mostrar trabalho à opinião pública). Platini também estava neste congresso e reagiu ao enigma lançado pelo suíço, passados alguns dias.

"Da minha parte, estou refletindo. Mas não reflito em função das decisões do senhor Blatter. Não será pelo fato de ele se apresentar a um novo mandato que eu deixarei de me candidatar. Tenho tempo. Não tomei ainda uma decisão. Penso nisso porque cada vez que vejo um jornalista, ele pergunta-me isso. Blatter se vai recandidatar? Tem que perguntar a ele. Não sei de nada", afirmou o dirigente francês em conferência de imprensa em 24 de maio de 2013.

Ainda em janeiro de 2012, Blatter deu uma entrevista à *France Football* onde defendia que Platini poderia ser um bom sucessor. E disse mais…

"Se quiser está pronto. Ele diz que não sabe [se vai concorrer em 2015], mas lá no fundo ele quer o meu lugar."

Mais tarde, em março de 2013, Blatter falou ao jornal espanhol *As* e continuou a dizer que Platini poderia ser um bom presidente, mas introduziu outro elemento na disputa.

"Michel Platini poderia ser um possível sucessor, já que começamos juntos em 1998. Por outro lado, há Ángel Villar, que tem uma carreira longa e possui bons contatos na América e na África, e que também seria um bom candidato."

Leram bem. Ángel Villar. Presidente da federação espanhola e vice-presidente da FIFA e da UEFA, que quis levar o Mundial de 2018 para Espanha e Portugal. O mesmo que disse, no dia dessa escolha, que a FIFA era limpa. Sem dúvida, uma escolha interessante para o lugar.

Por esta altura também circulavam informações sobre um alegado acordo entre Villar e Platini. O espanhol ficava com a presidência da UEFA e não concorria contra o francês pela liderança da FIFA. Blatter foi sintomático.

"Não sei se existe um acordo entre Villar e Platini sobre estas questões da UEFA e da FIFA, mas, de qualquer forma, a eleição para a presidência da FIFA em 2015 será aberta e democrática."

Parecem cair por terra muitas teorias que davam Platini como único candidato para as eleições de 2015. O mais certo é concorrer contra Blatter. Se o suíço sair da corrida por algum motivo (já terá 79 anos na ocasião), deverá transferir os seus poderes para Valcke. A inclusão do espanhol Villar nesta conversa parece ter sido apenas mais uma manobra política de Blatter. Até porque o espanhol nunca se atreveria a candidatar-se contra o presidente da FIFA ou outro dos seus escolhidos.

Estas trocas de argumentos entre Blatter e Platini também já soam a campanha presidencial antecipada. O ano de 2015 irá desfazer todas as dúvidas. Ficaremos sabendo quem será o próximo presidente da FIFA e como vai correr esse processo. Afinal, todos os atos eleitorais do organismo são manchados por diversas suspeitas de corrupção.

Todos!

Não apenas as votações para a presidência ou para os países sede do Mundial.

Todos!

Incluindo as eleições para a Bola de Ouro. O prêmio que distingue, anualmente, os melhores do Mundo (jogador, jogadora e treinador), numa atribuição conjunta da FIFA e da *France Football*. Também aqui houve polêmica. Uma polêmica denunciada por um português muito especial...

O *"Special One"*...

CAPÍTULO 10

Mourinho contra a FIFA

Os primeiros sinais de polêmica apareceram em 5 de janeiro de 2013. José Mourinho, então técnico do Real Madrid, foi à conferência de imprensa antes do jogo frente à Real Sociedad e anunciou que não iria estar presente na entrega da Bola de Ouro da FIFA 2012, marcada para Zurique dali a dois dias.

"Não vou, tenho de trabalhar. Tenho um jogo importante para a Taça na quarta-feira e não vou assistir à cerimônia."

A Bola de Ouro é o prêmio individual mais cobiçado do universo futebolístico. Distingue o melhor jogador e o melhor técnico de cada ano. A categoria de técnicos foi instituída apenas em 2010 e Mourinho seria o primeiro vencedor num ano em que conquistou todas as competições a serviço do Inter (Liga italiana, Taça e Liga dos Campeões, designada por Champions). No ano seguinte o prêmio iria para Pep Guardiola depois de conduzir o Barcelona à vitória na Liga espanhola, Champions, Supercopa Europeia, Supercopa espanhola e Mundial de Clubes.

Logo nessa ocasião, Mourinho optou por não se deslocar à Suíça para assistir à festa da FIFA, alegando igualmente a necessidade de preparar um jogo da Copa do Rei, com o Málaga. Muitos viram nessa decisão uma desculpa de mau perdedor porque, nesse ano, o prêmio só podia ir para Guardiola.

Desta vez, porém, era diferente. Mourinho aparecia como o técnico de clubes mais bem posicionado para garantir o troféu. Em 2012, o Real Madrid ganhou o Campeonato e a Supercopa de Espanha. O Barça tinha perdido a Copa do Rei e Guardiola abandonou o clube no final da temporada 2011/2012. Ou seja: trabalhou apenas seis meses em 2012. Tudo isto fazia com que Pep nem sequer fosse uma ameaça à vitória de Mou.

Mas faltava outro nome entre os três nomeados: Vicente Del Bosque. O técnico da seleção espanhola tinha conquistado o Euro-2012 e apresentava-se como o único que podia fazer frente ao português. A Bola de Ouro para o melhor técnico de 2012 seria para um deles.

Mourinho ou Del Bosque?

Real Madrid ou Espanha?

Técnico de um time ou de uma seleção?

Logo para começar, é uma mistura que não faz muito sentido. Ser técnico de clube é muito diferente de ser técnico de seleção. O técnico de clube trabalha todos os dias num cenário competitivo permanente. O de seleção orienta a sua equipe cinco ou seis vezes por ano (durante dois ou três dias de cada vez) e só sofre a azáfama do trabalho diário nas fases finais das grandes competições num período que, no máximo, ronda os dois meses por cada dois anos. Não está aqui em causa os graus de dificuldade de cada posição. Simplesmente, são trabalhos diferentes. Com mecânicas, ritmos e exigências distintos. Por isso, naturalmente, também devem ser sujeitos a avaliações separadas. Só que a FIFA não entende assim. Junta técnicos de times e de seleções no mesmo caldeirão. Concentra tudo numa categoria onde deveriam existir duas: Bola de Ouro para melhor técnico; Bola de Ouro para melhor técnico de seleção. Não é o caso. E Mourinho teria pela frente Vicente Del Bosque.

Os votos são dados pelos técnicos, capitães de cada seleção e por um jornalista de cada país (no caso português foi o jornalista Joaquim Rita, que votou em Mourinho, primeira posição, Del Bosque, segunda, e Di Matteo, terceira). Cada elemento tem um boletim com três votos, para colocar na ordem que bem entender (sendo que o primeiro vale mais pontos).

Se existem fortes *lobbies* nas eleições dos países anfitriões para os Mundiais, neste caso não é muito diferente. As federações e clubes que têm candidatos à Bola de Ouro também fazem uso do seu poder para tentar convencer os homens com direito a votos. Portugal e Real Madrid tinham dois indicados: Cristiano Ronaldo para melhor jogador e

Mourinho para melhor técnico. Havia dúvidas sobre os vencedores em ambas as categorias.

No caso dos jogadores, contudo, a poucos dias da votação já se começava a dar mais favoritismo a Messi do que a Ronaldo. E o argentino acabaria por ganhar a Bola de Ouro pela quarta vez consecutiva (41,60% contra 23,68%, e 10,91% para Iniesta, do Barcelona e da seleção espanhola, que seria o terceiro mais votado).

No caso dos técnicos reinava a ideia de que o equilíbrio poderia ser maior. Mas a poucos dias da decisão, começaram a ser lançados vários rumores na imprensa de todo o mundo que davam a vitória a Del Bosque e deixavam Mourinho como o segundo mais votado. Quem defendeu esta teoria não se enganou.

Del Bosque: 34,51%.

Mourinho: 20,49%.

Guardiola: 12,91%.

Comecemos pelo último. O título mais importante de clubes é a Liga dos Campeões. Neste ano, não foi para Mourinho nem para Guardiola. A Champions foi conquistada pelo Chelsea, do italiano Roberto Di Matteo, que eliminou o Barça nas semi-finais. A não-inclusão de Di Matteo (também ganhou a Copa da Inglaterra) na lista dos três é sintomática: a FIFA e aqueles que votaram consideraram que ganhar a Champions era menos importante do que ganhar a Copa do Rei (Guardiola). Ficou ainda faltando Diego Simeone. O técnico do Atlético de Madrid tinha ganho a Liga Europa (segunda competição de clubes mais importante da Europa) e a Supercopa Europeia. Também não estava no lote final dos três indicados.

A situação de Di Matteo e Simeone é apenas mais um pormenor revelador das injustiças relacionadas com a Bola de Ouro. Mas apenas isso. Um pormenor entre muitos. O que estava prestes a seguir-se era outra coisa. Uma nova bomba com o carimbo de José Mourinho.

Em entrevista dada à RTP, exibida em 18 de março de 2013, o treinador português revelou os verdadeiros motivos que o levaram a não comparecer à festa da Bola de Ouro. Por causa do jogo da Copa? Não. Muito melhor do que isso. Ou pior…

"Quando mais de duas ou três pessoas me ligaram dizendo eu votei em você e o voto foi para outro, decidi não ir. Acuso a FIFA de irregularidades na eleição do melhor técnico do mundo. Houve falta de transparência."

Mais: "A FIFA tinha conhecimento destas irregularidades, sabia que existiam e não as evitou."

Mourinho está habituado a ser o centro das polêmicas. Vive bem nesse papel. Mas isto era completamente novo. Até para ele. Acusar a FIFA de forma tão clara? Só podia estar muito seguro das suas afirmações, caso contrário arriscava um pesado castigo. Nem ele se atreveria a falar neste tom sem a garantia de que realmente tinham existido irregularidades.

O que disse a FIFA?

Desmentiu tudo, claro. E um dos seus elementos aproveitou para fazer o habitual discurso ameaçador sempre que alguém coloca em causa a integridade do órgão.

Em 21 de março, Bryan Jiménez, membro da comissão de esporte e responsabilidade social da FIFA e presidente da federação da Guatemala, foi ao programa *Al Primer Toque* (da rádio espanhola Onda Cero) e atacou Mourinho.

"Esta personagem está falando de alteração na votação. Parece-me uma irresponsabilidade. Vamos analisar as palavras, ver como José Mourinho se expressou, para decidir que ações tomaremos em benefício da imagem da FIFA. Se provar que realmente quis dizer isso [que existiram irregularidades], tomaremos as ações pertinentes e adequadas, porque a FIFA promove o *fair play* e a responsabilidade."

Também deixou uma palavrinha simpática ao técnico espanhol.

"Del Bosque é o justo vencedor. É uma pessoa que cumpre com tudo o que a FIFA exige para ser indicado e vencedor."

Jiménez acha tudo isto de Del Bosque e considera Mourinho uma personagem irresponsável. Pois então, o dirigente não deve ter ficado nada contente com o voto de Humberto Ruiz, capitão da seleção da Guatemala, ou do seu técnico, Ever Hugo Almeida.

1º Mourinho.
2º Guardiola.

3º Del Bosque.

O técnico e o capitão da Guatemala também acham que Del Bosque "cumpre com tudo o que a FIFA exige para ser indicado e vencedor"… logo a seguir a Mourinho e Guardiola.

O único voto que poderá ter agradado Jiménez foi o de Francisco Aguilar, jornalista do seu país. Mourinho nem entrou nos três:

1º Del Bosque.

2º Di Matteo.

3º Guardiola.

E qual foi a reação do técnico da Espanha às polêmicas acusações de Mourinho?

Também prestou declarações a uma rádio espanhola, em 21 de março. Falou para os microfones do programa *El Larguero*, da Cadena SER, e desvalorizou as queixas do seu colega de profissão.

"Declarações de Mourinho parecem coisa de crianças, mas nem quero rir, para que não me interpretem mal."

Jiménez e Del Bosque em sintonia.

Mourinho parecia estar cada vez mais sozinho no meio das suas acusações. Onde estavam as duas ou três pessoas que tinham ligado para dizer que os votos foram alterados? Por que não apareciam para dar a cara pelo amigo em quem votaram? Tinham deixado Mourinho sem testemunhas? Claro que não!

A esta altura, Goran Pandev já tinha confirmado todas as palavras do português. O capitão da seleção da Macedônia e campeão europeu pelo Inter de Mourinho, em 2010, veio defender o seu antigo técnico ainda antes das reações de Del Bosque e de Jiménez, numa entrevista à televisão espanhola La Sexta, exibida em 20 de março.

"Votei em Mourinho, sempre Mourinho. Não sei o que se passou, aconteceram coisas muito estranhas. Eu disse-lhe que votei nele, não sei o que aconteceu." Pandev queixava-se que o seu voto tinha sido alterado para Del Bosque (primeiro), mantendo-se os outros dois em Roberto Mancini (segundo) e Jurgen Klopp (terceiro).

"Contei a Mourinho e ele ficou um pouco triste, mas não podemos mudar estas coisas. Com quem é que eu poderia falar da FIFA?".

Pandev foi o único a dar a cara por Mourinho. Uma decisão de coragem. O treinador português percebeu isso mesmo e agradeceu publicamente o gesto do seu ex-jogador.

"Quero agradecer a uma pessoa entre as muitas que me telefonaram, mas que pediram anonimato, e quero agradecer àquele que veio publicamente falar", disse o então técnico do Real Madrid em 23 de março, numa conferência de imprensa em Setúbal quando de uma exposição que assinalava os seus 50 anos.

O aparecimento de Pandev deu força aos argumentos de Mourinho. A La Sexta também mostrou mais duas pessoas, dois técnicos portugueses, que iriam votar no "Special One" e não puderam fazê-lo. Paulo Duarte foi um deles. Na época era técnico do Gabão e garantiu que iria votar em Mourinho, mas a sua federação não lhe entregou a documentação a tempo, impedindo-o assim de participar na votação. Paulo Duarte disse ainda que aconteceu o mesmo com outro português, Carlos Manuel, técnico da Guiné-Bissau.

Com estas novas versões, a FIFA voltava a estar debaixo de fogo e precisava defender-se. De uma forma inequívoca. Sem deixar margem para dúvidas. E tentou fazê-lo em 22 de março. A entidade usou o seu *site* para publicar o voto de Pandev que tinha sido enviado pela federação da Macedônia. Ali apareciam novamente as três escolhas que tinham sido publicadas na lista conjunta tornada pública logo a seguir à festa de 7 de janeiro. E nenhuma delas era para Mourinho. A publicação deste fax manchava o nome de Pandev. O jogador ficava visto como um mentiroso e a FIFA parecia ter ganho esta batalha pela transparência. Mas o capitão da Macedônia não se deu por vencido. Logo no mesmo dia insistiu que o primeiro dos seus votos foi dado a Mourinho e teria sido alterado para Del Bosque.

"Não quero fazer declarações oficiais, porque esta noite vamos ter de jogar uma partida importante contra a Bélgica. Só posso dizer que a assinatura no fax não é a minha. Mourinho é o meu favorito, todos sabem disso", afirmou o jogador ao *site* italiano *Calciomercato*.

Acusações, desmentidos, versões diferentes. Provas publicadas, assinaturas alegadamente mudadas. Quem tinha razão? Pandev ou a FIFA?

E onde ficava a federação da Macedônia no meio desta guerra? A resposta veio em 29 de março, num comunicado oficial deste organismo.

Afinal, Pandev votou mesmo em Mourinho para melhor treinador de 2012. A federação da Macedônia alegou que Pandev elegeu o técnico português, mas, devido a um "erro técnico" antes de o boletim ser enviado para a FIFA, o voto que era para o português foi atribuído ao selecionador Vicente Del Bosque.

E pronto.

Fim da polêmica.

Tudo por causa de um "erro técnico".

A federação da Macedônia assumiu o erro. Limpou a FIFA e Pandev de quaisquer culpas. Nenhuma das partes voltou a tocar no assunto. Mourinho também não. Quando se fala em erros técnicos não há muito mais a fazer. A culpa é da máquina. Seja ela qual for. Seja lá isso o que for. O jogador assinou um boletim com o voto de Mourinho, mas um "erro técnico" mudou uma folha de papel para o nome de Del Bosque.

É óbvio que não foi pelo voto de Pandev que Mourinho perdeu para Del Bosque. Nem pelos dois votos, que não entraram, de Paulo Duarte e Carlos Manuel. Mas podemos fazer uma pergunta legítima: o voto de Pandev terá sido o único que foi alterado por causa de um "erro técnico"? Mourinho diz que mais gente lhe ligou a dar conta das alterações de voto do seu nome para o de Del Bosque…

Muito antes deste caso dos técnicos, houve outro relacionado com a atribuição da Bola de Ouro para o melhor jogador de 2012.

Em 12 de janeiro, poucos dias após a festa, a Al Jazeera publicou uma reportagem com declarações de Thiago Silva (capitão brasileiro) e Tomas Rosicky (capitão da República Checa).

Os dois jogadores, supostamente, teriam dito que votaram no italiano Mario Balotelli para primeira escolha, mas que os seus votos tinham ido para Messi. A FIFA reagiu de imediato em comunicado.

"É um rumor falso. Fizemos as averiguações necessárias e podemos confirmar o que foi publicado depois da cerimônia da Bola de Ouro.

Tudo é perfeitamente correto. Cada um é livre de interpretar o porquê de alguns não se lembrarem em quem votaram."

A batata quente passava assim para as mãos dos jogadores, mas desta vez a polêmica morreu à nascença por um deles. Thiago Silva negou ter prestado quaisquer declarações à Al Jazeera e garantiu que os seus votos foram dados exatamente como a FIFA os tinha publicado.

Caso encerrado.

Aqui, contudo, podemos novamente entrar nas teorias da conspiração. A Al Jazeera é uma cadeia de televisão do Qatar. O mesmo país de Bin Hammam. Esta notícia saiu numa altura em que o dirigente já tinha abandonado o comitê executivo da FIFA por suspeitas de corrupção, que também o impediram de concorrer contra Blatter no ato eleitoral de 2011.

Pode ter sido uma pequena vingança do qatari contra a FIFA?

Pode ter sido mau trabalho jornalístico?

Podem os jogadores ter afirmado isto e depois desmentido?

Fica a critério de cada um. Uma coisa é certa: as dúvidas sobre as escolhas da Bola de Ouro não são um caso exclusivo da última edição. Já tinham aparecido na eleição dos melhores de 2011. Na altura, o macaense Geofredo Cheung, capitão da seleção, garantia que nem sabia ter direito a um voto, mas que também nunca recebeu o documento.

"O formulário nunca me foi entregue. Eu nem sabia que tinha esse direito [a votar], só descobri agora", disse ao *site* brasileiro *Lancenet*, em 12 de janeiro de 2012.

Estes casos, ainda assim, são bem menos graves do que aquele que envolveu Mourinho, Pandev, a federação da Macedônia e a FIFA. E mostram, uma vez mais, que todos os processos eleitorais da FIFA estão sujeitos a grandes suspeitas de irregularidades. Mas voltemos a pegar nas palavras de Del Bosque. Estas alegações relacionadas com a Bola de Ouro são, realmente, uma brincadeira de criança comparadas com o que vem a seguir.

É tempo de falarmos sobre armas…

E sobre futebol…

E sobre…

CAPÍTULO 11

Armas em troca de votos

"O Mundial deve ser organizado pela África do Sul em 2006, e se isso acontecer vai concretizar não apenas os meus sonhos, mas também como os de uma nação inteira."

Esta era a vontade de Nelson Mandela. O Prêmio Nobel da Paz queria que a festa do futebol viajasse até o seu país depois do sucesso que foi o Mundial de Rugby de 1995. O evento tinha permitido unir brancos e negros à volta do esporte e da seleção dos Springboks, que acabaria por vencer a competição. Ultrapassada esta fase de grande ódio racial, após o período terrível do *apartheid*, agora o objetivo de Mandela e da África do Sul era outro. O governo esperava que o Campeonato do Mundo permitisse criar mais de 130 mil novos postos de trabalho e trazer ao país lucros a rondar meio bilhão de dólares (cerca de 390 bilhões de euros).

Com outro pormenor: nunca uma nação africana tinha organizado um Mundial. Esse sempre foi um argumento de peso dentro da FIFA. Além disso, os sul-africanos tinham outras vantagens: a experiência de sucesso com o Mundial de Rugby, os acessos, o dinheiro para investir e, claro, o próprio Mandela. Uma figura de peso em todo o planeta.

Quem estava do outro lado?

A candidatura alemã era a principal adversária da realização do sonho de Mandela. E fazia-se valer da força do seu continente dentro da própria FIFA. Entre os elementos do comitê executivo, os europeus estavam em maior número. África contava apenas com três membros com direito a votar. A Europa tinha oito dos 13 votos de que precisava. E, desta vez, os homens da UEFA iriam manter-se unidos. Era a única forma de mostrarem coesão depois das eleições de 1998 em que Blatter conseguiu dividir as federações europeias.

Em vésperas deste ato eleitoral, Lennart Johansson, o outro candidato, chegou a garantir que lhe tinham prometido cem votos e que esse número era suficiente para a vitória. Disse-o a David Yallop, numa entrevista publicada no livro *How They Stole The Game*, mas fez uma ressalva: "Tenho cem votos, a menos que me estejam mentindo."

Alguns deles mentiram, como se sabe, porque muitos dos votos que Johansson garantia terem-lhe sido prometidos acabaram indo para Blatter. Um desses votos foi o da federação inglesa.

Por quê?

Porque João Havelange, quando ainda era presidente da FIFA, prometeu que iria apoiar a Inglaterra numa candidatura ao Mundial de 2006 caso os ingleses votassem em Blatter. O autor britânico lembra essa história.

Em 13 de março de 1998, Havelange teve uma reunião com o então primeiro-ministro inglês, Tony Blair, e o seu ministro dos Esportes, Tony Banks. Durante essa reunião, o brasileiro afirmou que seria a favor de ver a Inglaterra organizar o Mundial de 2006. Uma declaração que teve amplo destaque nos mais variados meios de comunicação. Yallop assegura que Tony Blair ficou muito contente com este apoio e comprometeu-se a gastar, pelo menos, "um bilhão de libras em obras nos estádios" (perto de 1,2 bilhões de euros).

"Com a recessão que se abateu no país na segunda metade de 1998, é interessante refletir nas prioridades do governo. Esqueçamos a saúde, os idosos, os doentes, os pobres, os sem-abrigo e todos os outros setores da nossa sociedade a chorarem desesperadamente por mais fundos. Um Mundial na Inglaterra durante 2006, que poderia ser anunciado antes de o primeiro-ministro ser obrigado a entrar em novas eleições, iria garantir a Blair a vitória nas urnas", analisou Yallop numa referência ao poder do futebol e à forma como a política tenta utilizá-lo.

O governo britânico, porém, não percebeu o que se passava. Eram eles que estavam sendo usados, a exemplo do que viria a acontecer para a candidatura de 2018.

Havelange prometeu apoiar os ingleses, mas também já tinha dito o mesmo a alemães e sul-africanos, embora a decisão não fosse dele.

Quando chegasse a altura da votação, o brasileiro já nem sequer seria o presidente da FIFA. Queria apenas garantir a continuidade da sua gestão através de Blatter. Contra Johansson. Com a declaração de apoio dada ao primeiro-ministro inglês, poderia conseguir que o governo influenciasse a federação inglesa. E se a federação inglesa anunciasse o seu voto um ou dois dias antes de o sufrágio ter lugar, talvez essa posição também levasse outras federações europeias a apoiar o suíço em vez do presidente da UEFA. Foi precisamente isso que aconteceu.

O que se passou a partir daqui? A Inglaterra organizou o Mundial de 2006? O apoio de Havelange deu a festa do futebol aos britânicos?

Nem pensar!

O apoio de Havelange foi importante para ele próprio e para Blatter. Nunca para os ingleses. Na verdade, a poucos dias da decisão para o Mundial de 2006, os ingleses já nem apareciam entre os favoritos. Todas as intenções de voto indicavam uma luta a dois, entre Alemanha e África do Sul. Uma queda de braço muito equilibrada em que os ingleses caíram logo na primeira votação.

E, desta vez, depois da má imagem passada nas eleições presidenciais de 1998, a Europa estava unida a apoiar os alemães. Até o próprio membro britânico, David Will, transferiu o seu voto para os germânicos assim que viu a candidatura inglesa perder na fase inicial. O recado dos europeus que pertenciam ao comité executivo da FIFA era simples: eles queriam um Mundial na Europa (algo que não acontecia desde o França'98). Os alemães sabiam que podiam contar com o seu continente, mas precisavam encontrar aliados noutras partes do Mundo.

Como?

Começaram pelos direitos televisivos e pela utilização do colosso Bayern de Munique, o maior clube alemão e um dos melhores do mundo. Os jogadores do Bayern teriam de disputar quatro jogos amistosos contra clubes de Tailândia, Malta, Tunísia e Trinidad. Cada uma destas federações receberia 300 mil dólares (cerca de 235 mil euros) pelos direitos televisivos das partidas, mesmo que ninguém se desse ao trabalho de assistir. Basta perguntar a qualquer torcedor do futebol europeu ou sul-americano e a resposta viria de pronto. Um jogo amistoso entre o

Bayern e um clube desconhecido de outra parte do mundo? Perda de tempo, claro. Mas isso não interessava.

O grande objetivo era agradar a quatro homens do comitê executivo da FIFA: Worawi Makudi (Tailândia), Joseph Mifsud (Malta), Slim Aloulou (Tunísia) e Jack "Três Votos" Warner (Trinidad). Esta prática, no entanto, é legal. Não é considerada suborno. Por quê? Tem tudo a ver com os destinatários do dinheiro. As verbas não foram parar nas contas destes dirigentes. Foram transferidas para as respectivas federações.

A outra medida foi diferente e nada teve a ver com jogos de futebol desinteressantes.

No livro *Foul!*, Andrew Jennings alega que os alemães podem ter conseguido um dos votos com armas. Aqui fica a passagem...

"Nove dias antes da votação, o Departamento de Defesa alemão reuniu-se em privado. O chanceler [Gerhard Schröder] e mais quatro ministros concordaram em inverter a sua política de exportação de armas e votaram a favor de entregar 1200 mísseis antitanque à Arábia Saudita. Boas notícias para o saudita Abdullah Al-Dabal, membro do comitê executivo com direito a votar no país organizador do Mundial."

Com todos estes apoios, os alemães quase garantiram a vitória. Entre direitos televisivos – e outras promessas – conseguiram assegurar 12 votos. Mas Mandela não se entregou. Fez uso do seu grande poder diplomático, vestiu a camisa da candidatura sul-africana e foi o maior embaixador que o país poderia utilizar nesta luta.

Tinha o apoio dos africanos e também podia contar com os três votos da facção sul-americana (composta por Leoz, Grondona e Teixeira), sempre interessada em brigar de frente com a Europa. A África do Sul até teve capacidade de mudar a intenção de voto de Jack Warner e dos seus dois afiliados no comitê executivo da FIFA (Blazer Isaac e Sasso Sasso, então presidente da Federação da Costa Rica). Assim, ficava com 11 apoiantes. Estava apenas a um voto dos alemães. Esse voto era do neozelandês Charlie Dempsey, representante da região da Oceania. Foi dos últimos a serem sondados e também prometeu o seu apoio ao país de Mandela. Ficava 12-12.

Quem poderia desempatar?

Blatter!

O presidente da FIFA já tinha prometido o seu voto à África do Sul. Ou seja: o sonho de Mandela estava prestes a concretizar-se.

A votação teve lugar em 6 de julho de 2000. E... a Alemanha venceu. Sem ser necessário o voto de desempate de Blatter.

Por quê?

Charlie Dempsey, o homem da Nova Zelândia, foi-se embora. Absteve-se de votar. E, assim, os alemães ganharam 12-11. Dempsey não deve ter ficado com muitos amigos na África do Sul. Mas reagiu a esta decisão "sem arrependimento". Na ocasião, deu uma conferência de imprensa. Disse que tinha sido "ameaçado" e "pressionado por interesses europeus com muita influência", mas não aprofundou.

"Na noite anterior à votação, recebi muitas chamadas que me deixaram incomodado. Uma delas foi uma ameaça telefônica."

De quem? Não disse.

"Interesses europeus com muita influência também me fizeram crer, de forma clara, que, se eu votasse a favor da África do Sul, essa decisão teria um impacto muito adverso na OFC [confederação da Oceania] dentro da FIFA."

Mas que interesses europeus? Também ficamos sem saber.

"Fui pressionado por ambas as partes. Depois de uma conversa com os meus advogados, eles disseram-me para não votar, porque, fosse qual fosse a minha escolha, seria sempre acusado de receber favores e subornos."

Mais alguma coisa?

"Acredito que a minha decisão foi no melhor interesse do futebol e, em particular, da OFC."

Bem... é uma opinião. Lee Harmon, presidente da federação das Ilhas Cook, uma das que pertencem à OFC, fez outra análise do assunto numa declaração dada à *National Radio*, da Nova Zelândia, no seguimento da conferência de imprensa de Dempsey. Disse que Dempsey desiludiu a OFC.

Quem é que não ficou desiludido?

Sim, os alemães. Acolheram o Mundial. Foi um sucesso organizativo e desportivo. A Itália venceu a França na final. A mítica final da cabeçada de Zidane em Materazzi.

Seis anos depois, em 16 de julho de 2012, foi Blatter quem deu uma "cabeçada" nos alemães.

Em entrevista publicada pelo jornal suíço *Sonntags-Blick*, o presidente da FIFA foi questionado sobre o processo de voto na escolha do Mundial de 2006. Quis deixar a polêmica no ar...

"Recordo-me que no momento da adjudicação alguém se foi embora. Por isso, em vez de um empate, ficamos com um voto a favor da Alemanha. Fiquei contente, porque não foi preciso um voto de desempate. Mas, há que ver, alguém se levantou e foi embora."

O suíço afirmou ainda que não estava "a supor nada", mas sim "a constatá-lo."

As críticas germânicas apareceram como uma tempestade...

Franz Beckenbauer considerou "incompreensíveis as declarações de Blatter", enquanto Reinhard Rauball, presidente da federação alemã, defendeu que Blatter deveria se demitir. Por sua vez, Helmut Sandrock, secretário-geral da mesma federação, disse tratarem-se de "nebulosas insinuações".

O que fez Blatter?

Usou uma das suas estratégias preferidas. Contradição. Dar o dito por não-dito. Mudar o disco por completo.

No dia seguinte, publicou uma carta aberta destinada ao povo germânico no jornal *Bild*.

"Um sonho de verão extraordinário de que o país pode ficar orgulhoso. Não acredito em teorias da conspiração, mas em fatos (...) Se não houver provas concretas de que alguma coisa correu mal na concessão de um Mundial, temos de assumir que tudo foi lícito no processo de escolha. Isto é válido para a Alemanha e para todos os outros países."

Assim se resolve um problema. De um dia para o outro. Com a alusão a um "sonho de verão extraordinário" que Andrew Jennings alega poder ter sido conseguido, parcialmente, através de negócios de armas entre o governo alemão e a Arábia Saudita. Esta não foi a primeira vez que as histórias relacionadas com armamento se atravessaram no caminho da FIFA. Começaram ainda no tempo de Havelange.

Com uma pequena ajuda dos portugueses...

CAPÍTULO 12

Investimento português em Havelange

A FIFA começou a mudar a 10 de junho de 1974. Foi nesse dia que João Havelange venceu o anterior presidente, Stanley Rous. Nada voltou a ser como antes. Para o bem e para o mal. Sobretudo para o mal.

Mas como conseguiu o brasileiro vencer as eleições?

Com dinheiro. Muito dinheiro.

Onde arranjou esse dinheiro?

Veio de várias fontes.

Alguns desses milhões até poderão ter saído do Estado português.

Vamos por partes.

Havelange foi presidente da Confederação Brasileira de Desportos (CBD) de 1958 a 1975. Esta instituição era a responsável pela organização de todo o esporte no Brasil. Atualmente, cada modalidade tem a sua própria federação, ficando a estratégia global, pelo menos na teoria, entregue ao Comitê Olímpico Brasileiro (não é muito diferente do que acontece em outros países, incluindo Portugal).

Nem sempre foi assim. Antes de cada esporte ter a sua própria federação, todos tinham como referência a CBD. Era a voz máxima do mundo desportivo brasileiro. O organismo seria extinto em 1979 e só aí é que foi criada a federação de futebol do Brasil (CBF).

Resumindo: até esse momento, a CBD é que mandava. E Havelange mandou muito no desporto brasileiro. Ele próprio, aliás, tinha sido um desportista de elite: antigo nadador olímpico do Brasil. O seu passado nas piscinas permitiu-lhe chegar à CBD. Por consequência, o cargo na CBD fez com que ganhasse destaque no mundo do desporto e, em particular, no futebol internacional. Muito por causa das grandes seleções do futebol brasileiro de Pelé e companhia.

Os três primeiros Campeonatos do Mundo ganhos pela "canarinho" aconteceram em 1958, 1962 e 1970. Ou seja: no período em que Havelange era o presidente da CBD. Os brasileiros arrasavam a concorrência porque tinham melhores jogadores do que os outros. Intérpretes de grande talento.

Além de Pelé, este também foi o tempo de vários monstros sagrados do futebol mundial, como Garrincha, Zagallo, Rivelino, Jairzinho, Tostão, Carlos Alberto e tantos outros que ajudaram o Brasil a ganhar o troféu Jules Rimet – galardão destinado ao primeiro país que conseguisse ganhar o Mundial por três vezes, batizado com o nome do francês que foi presidente da FIFA e responsável pela organização do primeiro Mundial, realizado no Uruguai em 1930.

Em matéria de títulos conquistados, o Brasil que conseguiu este "tri" foi uma das melhores gerações de sempre da história do futebol. E Havelange voou para o reconhecimento internacional nas asas destes jogadores. Mas ele tem outra ideia. Disse, várias vezes, que o Brasil também tinha de lhe agradecer a conquista desses Mundiais. Garante ter profissionalizado a CBD e a seleção brasileira para que essas conquistas se tornassem mais fáceis. Poderá até ter alguma razão, mas afirmar que foi um dos responsáveis por conquistas de equipes onde estavam, entre outros, gênios como Pelé e Garrincha, é, no mínimo, uma tremenda falta de modéstia.

Continuemos…

O Brasil era grande, Havelange cresceu e quis mais do que a presidência da CBD. Ele queria mandar no futebol mundial. A partir da cadeira da FIFA. Mas havia um problema: tinha nascido no Brasil. A FIFA nunca tivera um presidente que não fosse europeu. E parecia impossível ver alguém fora do Velho Continente ocupar o lugar. Ainda mais, um lugar que pertencia a um inglês. Alguém que assumiu a presidência… depois de outro inglês. Só havia uma maneira de derrubar um poder tão forte: ter ainda mais poder.

A estratégia política de Havelange foi inteligente. Passava por angariar votos em todas as outras partes do mundo para fazer frente ao poder europeu. Prometia mais influência para essas outras regiões se fosse eleito presidente. Uma FIFA globalizada. Uma FIFA em que os sul-americanos, asiáticos e africanos também teriam voz. Uma FIFA para todos.

Os europeus tinham-se fechado sobre si próprios e ignoraram as outras federações. Duvidavam que aparecesse alguém com visão política capaz de criar uma espécie de rebelião contra a forma inglesa de governar. Havelange teve essa astúcia e partiu para o ataque.

Esta era uma parte importante do plano do brasileiro, mas faltavam os recursos. Os meios para destituir Stanley Rous. Para começar, falemos de despesas óbvias. Havelange sabia que precisava realizar uma campanha eleitoral muito forte. Pelo mundo inteiro. Durante bastante tempo.

Foi o que fez…

Uma campanha com sucessivas viagens, promessas, acordos e negociações num período que durou mais do que um ano. Só para esta parte era preciso ter muitos fundos.

Ele tinha…

Aqui fica um exemplo simples: neste período, Havelange chegou a fazer uma espécie de digressão de dez semanas por 86 países. Daquelas coisas que custam uma pequena fortuna.

Em 1986, a revista *Playboy* entrevistou aquele que já era presidente da FIFA. Falou-se de vários temas. Incluindo dinheiro. Incluindo os custos desta campanha eleitoral.

"Visitar 86 países custa muito. Quem pagou a viagem?"

"Eu próprio. Depois de trabalhar quase 50 anos, posso permitir-me alguns luxos."

"E quanto gastou?"

"Não faço a menor ideia."

Este trabalho da *Playboy* também é recordado no livro de Yallop. Na mesma entrevista, Havelange disse que não ganhava qualquer salário da FIFA.

"Tenho rendimentos da Cometa [empresa do ramo dos ônibus no Brasil], onde sou acionista majoritário. Forneço os meus serviços à FIFA de forma gratuita."

A Viação Cometa foi, realmente, um negócio ao qual Havelange teve ligações, mas não da forma como se referiu. A investigação de Yallop mostra outro cenário.

Em 1993, a publicação das contas anuais desta empresa revelava que Havelange não era o acionista majoritário. Em vez disso, ocupava uma posição honorária na direção, sem qualquer influência e pela qual recebia apenas 6 mil dólares mensais (menos de 5 mil euros no câmbio atual). Não era um mau salário, mas estava muito longe de ser suficiente para pagar uma campanha como a que o brasileiro realizou antes de chegar à presidência da FIFA.

Mais uma vez fica a pergunta: onde foi ele encontrar o dinheiro?

Yallop entrevistou uma pessoa que denomina de doutor Lobo, antigo sócio de Havelange em alguns negócios. Por volta de 1971, altura em que Havelange inicia a sua campanha, Lobo era diretor e um dos sócios de uma empresa chamada Orwec. A Orwec tinha dois ramos de negócio: atividades químicas e metalúrgicas; venda de explosivos e minas. Aqui vai um excerto da entrevista.

"Sabe como João Havelange financiou a sua candidatura à presidência da FIFA?"

"Parte do dinheiro veio de fundos retirados da CBD. A outra parte veio da Orwec."

"E isso era legal?"

"Ele era um dos sócios. Tirava dinheiro da conta da empresa e depositava-o na sua conta pessoal."

"Isso era legal?"

"Se os sócios aceitassem, sim."

"O senhor, como sócio, sancionou essa ação?"

"Nessa altura, ele era um amigo… Esta era uma dívida que ele tinha para com a Orwec. Uma dívida por saldar."

Segundo Lobo, esses desvios da Orwec, juntamente com o dinheiro retirado da CBD, financiaram a campanha de Havelange.

Por aqui pode ver-se que o brasileiro recebe uma dupla acusação: desvio de dinheiro de uma empresa privada e apropriação de fundos de uma instituição pública como era a CBD.

Mas houve um momento em que os negócios da Orwec dispararam e beneficiaram a candidatura de Havelange. Com o alto patrocínio de um antigo ministro de Antônio de Oliveira Salazar...

Salazar morreu a 27 de julho de 1970. O Estado Novo continuou sob a liderança de Marcelo Caetano, mas alguns dos antigos elementos do governo salazarista anteciparam a queda do regime e decidiram mudar de ares antes que fosse tarde demais.

O Brasil era um paraíso para estes homens que queriam investir em novos negócios fora de Portugal e longe de uma revolução que deitasse abaixo o regime ditatorial.

Segundo Yallop, um desses elementos era Luís Maria Teixeira Pinto. Antigo ministro da Economia no governo de Salazar. O Brasil soou-lhe a El Dorado. Assim como os possíveis negócios de armas que podia fazer neste novo país com a mesma língua. Mas era preciso chegar com capital para investir. Yallop assegura que Teixeira Pinto, durante o tempo em que era ministro, "roubou uma quantia estimada entre os 500 milhões e 1 bilhão de dólares."

Num primeiro momento, este dinheiro terá sido desviado para Nova Iorque e depois foi espalhado por várias contas bancárias. Parte da verba foi usada para investir em negócios emergentes. Uma dessas empresas, a Empreendimentos Portugueses no Brasil Participações, terá sido criada com a ambição de comprar cotas majoritárias em várias empresas de explosivos e armas no Brasil.

A Orwec, alegadamente, era a lavanderia perfeita para essas transações. O dinheiro vinha diretamente das contas de Nova Iorque e era canalizado para o Brasil através de participações em empresas como esta.

Yallop salienta ainda que a Orwec estava "financeiramente de joelhos" no período em que poderá ter aparecido este investimento português. A operação passava por duas fases. Primeiro, os portugueses terão emprestado dinheiro à Orwec para tirar a empresa do cenário de bancarrota e para ficar com as contas limpas. Em seguida, compraram 51% das participações. Ou seja: tornaram-se majoritários.

Lobo contou a Yallop que Havelange tentou ficar com a sua percentagem resultante do investimento português na empresa. Nessa altura, porém, Lobo conseguiu evitar a fraude depois de ameaçar recorrer aos tribunais. Havelange queria ser presidente da FIFA e bastava uma entrevista do seu sócio para acabar com esse objetivo. O diretor da Orwec terá falado com o advogado de Havelange e disse-lhe que se não recebesse o dinheiro a que tinha direito… Resolvido.

"O advogado dele pagou-me a quantia toda no espaço de uma semana."

A partir de então, a relação entre os dois esfriou. Lobo abandonou a Orwec em 1973 e deixou Havelange com os portugueses, mas lembra que, logo após a sua saída, o futuro presidente da FIFA e os amigos de Portugal iniciaram um negócio de tráfico de armas com o ditador boliviano Hugo Banzer e com outros elementos da sua junta militar. A operação seria realizada através da Orwec, usando um segundo livro de contas, para esconder tudo o que se estava a passar. Yallop diz que a Orwec terá vendido cerca de 8 mil granadas de mão aos bolivianos por um valor muito acima daquele que era praticado no mercado. Após a conclusão deste negócio, o brasileiro pôde concentrar-se novamente na sua campanha para chegar à presidência da FIFA.

Com algum dinheiro para gastar…

Yallop também garante que Havelange foi informante dos serviços secretos do Brasil durante várias décadas. Antes de ser presidente da FIFA, colaborou com o governo ditatorial de Vargas. Também terá continuado como informante de outros governos brasileiros já depois de ocupar o trono do futebol mundial.

No seu livro, o investigador britânico publica uma entrevista com Márcio Braga, antigo presidente do Flamengo, que lhe garantiu esta informação, a qual, segundo Yallop, também lhe foi confirmada por fontes pertencentes ao departamento latino-americano da CIA.

Todas estas alegações mostram que Havelange esteve sempre próximo dos grandes poderes. Este fator ajudou-o a subir nos negócios e no mundo do esporte. E também foi fundamental para que chegasse a presidente da FIFA.

Nesta aventura teve, igualmente, o apoio de uma figura muito importante: Horst Dassler. O herdeiro da Adidas.

Dassler era um visionário. Um homem que quis transformar o esporte num grande negócio através dos direitos comerciais e das receitas televisivas. Muito antes de todos os outros pensarem nisso. E conseguiu. É o pai do esporte-patrocinado.

Apoiou muitos candidatos que queriam chegar a presidente das federações internacionais de várias modalidades. Havelange foi um deles. Aliás, foi o mais importante de todos eles, porque queria ser o presidente do futebol mundial. Queria estar no comando do esporte-rei. Da modalidade que tem mais torcedores em todo o mundo. Como o próprio chegou a declarar: o poder do futebol é o maior poder de todos. Não era o único a pensar assim. Dassler tinha a mesma opinião muito antes de o brasileiro aparecer na sua vida. E viu aqui uma oportunidade de enriquecimento a uma escala obscena…

Havelange precisou investir muito dinheiro na sua própria campanha, mas isso não era suficiente. Também teve de prometer grandes injeções de capital a muitas federações espalhadas pelo Mundo. Por isso, precisava de dinheiro fresco assim que chegasse a presidente da FIFA. Necessitava de uma garantia bancária. Alguém que fosse capaz de ter acesso a essas verbas para investir nas várias federações (claro que o brasileiro podia prometer e não cumprir, mas assim exterminava qualquer hipótese de concorrer a um segundo mandato).

Como herdeiro da Adidas, Dassler tinha acesso a essa fortuna. Vários investigadores da história da FIFA garantem que havia um acordo entre os dois homens: Dassler permitia a Havelange fazer todos os compromissos à vontade porque o dinheiro iria aparecer para pagar essas promessas. Em troca, quando o brasileiro fosse presidente, Dassler passaria a ser o dono dos direitos comerciais e televisivos dos mundiais. Foi o que aconteceu.

É aqui que começa a história da ISL. A empresa foi fundada em 1986 para ficar com os direitos comerciais do Mundial do México, disputado nesse ano. A ISL começa a dar os primeiros passos com Dassler, o empresário francês André Guelfi e a empresa japonesa Dentsu. O cérebro de toda a operação, porém, era Dassler. Também foi ele o responsável por fazer Blatter entrar na FIFA. Era um dos seus amigos. Um fiel escudeiro. Pronto a fazer tudo o que o seu patrão mandasse.

Blatter entrou na FIFA em 1975, apenas um ano após a chegada de Havelange à presidência. O suíço, inicialmente, seria responsável por chefiar um projeto pago pela Coca-Cola para formar novos treinadores, árbitros e outros especialistas em diferentes áreas do futebol (desde a parte técnica à organização da modalidade). Antes de entrar no mundo do futebol tinha sido secretário-geral da federação suíça de hóquei no gelo. Dassler precisava de um novo aliado e encontrou Blatter quando este trabalhava na empresa de relógios Longines. Blatter tinha então 39 anos e muita vontade de aprender e subir na vida. Viu Dassler como um mentor. O professor que o levou para a família FIFA.

Helmut Kaser era o secretário-geral da entidade. Não foi consultado quando da contratação de Blatter. Aliás, Kaser era uma pedra no sapato de Dassler. Demasiado certinho para os gostos do patrão da Adidas. Queria provas de tudo, papéis organizados, transparência nas contas, relatórios, etc. A postura errada para sobreviver ao lado de homens como Dassler ou Havelange.

A história é recordada por André Guelfi, outro dos sócios da ISL, numa entrevista dada a Andrew Jennings, publicada no livro *Foul!*.

"Horst Dassler queria ver-se livre de Helmut Kaser. Por isso, o Horst disse-me: "Não consegue organizar alguma coisa para nos vermos livres dele? Dispensá-lo, mas não fisicamente"."

O que queria dizer esta parte do "não fisicamente"? Sem recurso à violência. Guelfi disse que tratava do assunto e considerou desnecessária e chocante a sugestão de que ele poderia sequer pensar em usar o músculo para tirar Kaser da FIFA.

"Não sou um assassino", disse.

Para fazer a vontade a Dassler, foi ter com Kaser e tentou convencê-lo a demitir-se.

"Se não o fizer, eles transformam sua vida num inferno e tudo vai ser mais duro. Eles vão esperar que cometa um erro, encontrar falhas para te colocarem numa posição difícil e te demitirem."

Segundo Guelfi, Kaser ouviu, mas não se assustou e não estava nada interessado em entregar a sua posição na FIFA. A partir daqui inicia-se uma verdadeira perseguição ao secretário-geral. Tal como Guelfi tinha previsto. Chegou a um ponto em que Kaser não aguentou a pressão. Em 1981, negociou a sua saída e foi-se embora com uma quantia próxima de 1,6 milhão de francos suíços (cerca de 1,2 milhão de euros na taxa atual).

Mais uma batalha ganha por Dassler. O caminho ficava livre para um dos seus homens. O novo homem. Treinado na sede da Adidas antes de dar os primeiros passos na FIFA. Bastava ter a colaboração do presidente da FIFA. E essa parte era fácil. Sem consultar o comitê executivo, Havelange nomeou Blatter para a posição de secretário-geral deixada por Kaser. O homem do hóquei no gelo e dos relógios Longines chegava agora a número 2 da FIFA. Guelfi recorda esse momento.

"Graças a Dassler, o senhor Blatter foi nomeado. Assim, sem mais nem menos. Dassler disse-me: Vamos pôr este companheiro aqui, ele é bom, é um dos nossos. Posso dizer que Blatter era o lacaio de Dassler. Ele era, a meu ver, um esfregão para limpar o chão. Blatter pode dizer o que lhe apetecer, fazendo os outros acreditarem que conseguiu tudo sozinho. A verdade é que ele deve o seu emprego a Dassler. Blatter era comandado por Dassler. (…) Quando Blatter estava perto dele, era como se estivesse na presença de Deus."

Este "deus" de Blatter faleceu em 1987, mas as bases do seu trabalho estavam lançadas. A escola de Dassler estava fundada. A escola do grande enriquecimento através dos direitos comerciais proporcionados pelo futebol. O alemão, contudo, já não teve tempo de ver Blatter chegar a presidente da FIFA. Também não testemunhou o colapso da sua ISL.

Blatter participou neste escândalo quando ainda era secretário-geral da FIFA. O caso foi tornado público através de um relatório da FIFA na sequência da investigação dos tribunais suíços em que ficou provado que Havelange, Ricardo Teixeira e Nicolás Leoz tinham recebido comissões para favorecer a ISL em contratos de exploração comercial dos Mundiais.

Tudo começa no inverno de 1998, meses antes de Blatter assumir a presidência da FIFA. Um pagamento da ISL, destinado a Havelange, foi depositado na conta da FIFA por engano. Erwin Schmid, então diretor financeiro da FIFA, foi ter com Blatter e mostrou-se muito preocupado.

O que fez o secretário-geral da FIFA? Denunciou este pagamento ao seu comitê de ética? Chamou a polícia?

Não!

Optou por uma solução mais simples.

Imagine-se o pânico dos dois homens quando viram o suborno destinado a Havelange cair nas contas da FIFA. Um erro. Um estúpido erro que poderia desencadear mais um grande escândalo em torno da entidade. Deverão ter andado às tontas, preocupados, até que Blatter se decidiu e terá dito algo como isto: "Este dinheiro não é nosso. Deve seguir imediatamente para a conta do destinatário." A ordem foi dada a Schmid e este transferiu o dinheiro para a conta de Havelange, que nesta altura estava a passar uns dias de férias no Brasil.

Problema resolvido!

Mas não ficou enterrado. Foi um dos primeiros casos a vir à baila assim que a ISL faliu.

A atitude de Blatter, contudo, não seria considerada ilegal. Naquela época, a lei suíça não considerava estes pagamentos como subornos, mas sim como comissões. Foi este pormenor que permitiu a Blatter continuar vivo no seio da FIFA já depois de terem sido divulgados os subornos para vários dirigentes da instituição. O relatório do comitê de ética da FIFA sobre este caso, divulgado já em 2013, inocenta Blatter de qualquer crime, mas considera a sua conduta "infeliz", uma vez que tinha conhecimento da situação e podia ter agido de maneira diferente.

"Infeliz" é algo com que Blatter consegue viver. "Infeliz" é bem melhor do que "culpado". "Infeliz" dá para continuar a ser presidente da FIFA e deixar que o tempo se encarregue de fazer esquecer todo o caso da ISL.

O que disse ele sobre a sua atitude? Mostrou arrependimento?

Bem… ainda antes da divulgação do relatório, Blatter deu uma entrevista ao *site* da FIFA, a 12 de julho de 2012, e usou o tal discurso de que não estava fazendo nada de mal.

Pergunta: "O senhor sabia destes pagamentos?"

Resposta: "Sabia o quê? Que eram pagas comissões? Naquela época, tais pagamentos podiam ser deduzidos até mesmo de impostos como despesas de negócios. Hoje seriam punidos pela lei. Não se pode julgar o passado com base nos padrões de hoje. Caso contrário, acabaria como justiça moral. Eu não poderia saber de uma ofensa que na época não era ofensa."

Noutro momento, Blatter terá mesmo afirmado que não sabia tratarem-se de subornos até que a ISL faliu, em 2001, e a investigação começou. Para além de infeliz, também foi ingênuo? Outro adjetivo com o qual pode continuar a viver descansado.

O caso da ISL mostrou mais uma das inesgotáveis vidas de Blatter. O protegido de Dassler aprendeu bem todas as lições e continua a passar pelos intervalos da chuva que têm limpado a FIFA de muitas das grandes figuras do passado. Neste ponto, há que dar mérito a Dassler. Foi ele quem descobriu e treinou Blatter. Foi a sua veia de caça-talentos que lançou o suíço na grande esfera do futebol mundial. Esta é uma marca importante destes homens. Todos eles sabem encontrar bons aliados.

Veja-se...

Os portugueses de Salazar apostaram em Havelange. Dassler apostou em Havelange. Dassler apostou em Blatter. Blatter, mais tarde, apostou em Platini. Havelange, ainda antes, apostou num familiar.

A entrada de Havelange na FIFA não significou a perda de poder no futebol do seu país. Podia estar em Zurique, mas encontrou alguém para ajudá-lo a comandar o jogo no Brasil. O homem que era então casado com a sua filha Lúcia.

Se Blatter pode agradecer a Dassler muito daquilo que conseguiu na vida, o mesmo se aplica a Ricardo Teixeira em relação a Havelange.

Teixeira chegou à liderança da CBF em 1989 e entrou para o comitê executivo da FIFA em 1994. Apenas por causa do poder e influência do seu sogro. Para trás ficava uma carreira de empresário modesto. Pela frente viria o estatuto de milionário com uma fortuna que ainda ninguém conseguiu quantificar. Ah, claro, e muitas acusações de corrupção...

Alegados subornos, utilização indevida de dinheiros da CBF, perseguição a jornalistas, favorecimentos a juízes...

Mais?

Suspeitas de utilizar a seleção brasileira para tráfico de narcóticos.

CAPÍTULO 13

Uma taça e nove toneladas

O Rose Bowl, em Los Angeles, apresenta lotação esgotada. Perto de 100 mil pessoas enchem as arquibancadas de um dos vários estádios de futebol americano adaptados para o Mundial. É dia de final. É dia de conhecer o campeão do Mundo de 1994.

Sepp Blatter, secretário-geral da FIFA, está próximo da taça. Juntamente com Havelange, o presidente da entidade, e outros dirigentes. Ricardo Teixeira, presidente da CBF, também anda por ali. Mais nervoso do que os outros. Aguardam pelo desempate na disputa de pênaltis depois de um jogo muito emocionante, mas sem gols.

Quem vai ganhar?

O Brasil de Romário?

A Itália de Baggio?

Vêm os pênaltis. Romário marca. Baggio atira por cima. Muito por cima. Antes dele, Baresi e Massaro também não tinham conseguido.

As lágrimas da derrota apoderam-se dos italianos. O Brasil sagra-se campeão do Mundo pela quarta vez. Reconquista o título que lhe fugia desde 1970. Desde Pelé. Ele também ali está. Vestido com uma gravata com a bandeira norte-americana. Salta e grita. Em êxtase. Como todos os brasileiros.

Dunga, o capitão de equipe, recebe a taça. Romário tem o corpo tapado com uma bandeira do Brasil. Os festejos invadem o gramado perante o olhar sorridente de Blatter e do brasileiro Havelange. Os jogadores correm à volta do estádio. Com o troféu bem levantado. Fazem a festa ainda em território norte-americano. Dali seguem para as várias cidades do Brasil. Até chegarem ao Rio de Janeiro.

E é aqui que começam os problemas…

Mais de um milhão de pessoas esperavam os novos heróis brasileiros nas ruas do Rio de Janeiro para a grande parada dos Campeões do Mundo. Os responsáveis do aeroporto não tinham interesse em atrasar os jogadores. Um deles, Belson Pureza, o chefe da alfândega, terá dito a Ricardo Teixeira que a comitiva podia sair imediatamente com a bagagem de mão e regressar no dia seguinte para ir buscar a bagagem que estava no porão e que ainda tinha de ser inspecionada. Era necessário ver todos os bens que os brasileiros tinham trazido dos EUA, conferir a legalidade dos mesmos e apurar quais as taxas a pagar por todo esse material que iria agora entrar no Brasil. O processo normal. Mas Teixeira não gostou e explodiu de raiva. A história é lembrada no livro de David Yallop.

"Como se atreve a falar comigo assim? Sou campeão do mundo. Acabei de ganhar o Mundial. Ordeno que liberem toda a bagagem imediatamente sem qualquer inspeção. Temos caminhões à espera, lá fora, para levar tudo. É isso que nós vamos fazer e ninguém nos vai parar. Como é que fala assim comigo? Não me reconhece? Não sabe quem eu sou?"

A partir daqui, dá-se uma queda de braço entre a delegação brasileira e o chefe de alfândega. Uma queda de braço fácil de ganhar para Teixeira, por tudo aquilo que os seus jogadores representavam no momento. E veio a natural chantagem do presidente da CBF.

"Se não me obedecer, não vai haver desfile de campeões."

O que poderia acontecer se a CBF cancelasse este evento?

Fácil de adivinhar: tumultos nas ruas do Rio de Janeiro. Ruas cheias de pessoas que já esperavam há horas.

Quem seriam os responsáveis?

Teixeira iria fazer questão de apontar o dedo aos homens do aeroporto. Era muita pressão para os funcionários da alfândega. Pior ainda: os jogadores também ajudaram a dramatizar a situação. Branco, uma das figuras da equipe, terá sido um deles. Agarrou a taça e disse a Belson Pureza: "Toma, confisca a taça."

O treinador Carlos Alberto Parreira, juntamente com o seu adjunto Zagallo, também entrou neste jogo.

"Se quiserem inspecionar toda a bagagem, vamos fazê-lo já. Não estamos preocupados com multas. Mas não se esqueçam que vamos passar a noite aqui. Gostaria de saber o que vão fazer com todas as pessoas que estão ali fora."

Usar os novos campeões do mundo como manobra de chantagem era um argumento demasiado forte para os poderes de Belson Pureza. Na comitiva também estavam elementos do governo brasileiro do então presidente Itamar Franco. Juntaram-se à CBF. Queriam que toda a bagagem passasse. A inspeção não interessava. O mais importante era os jogadores seguirem para a festa de forma a acalmar os ânimos: começava a respirar-se alguma tensão nas ruas e seria uma humilhação para o governo caso os novos heróis nacionais continuassem retidos...

O homem da alfândega ficou de mãos atadas e teve de ceder: a totalidade da bagagem saiu do aeroporto sem qualquer inspeção. Computadores, telemóveis, caixas de som, aparelhagens, frigoríficos e outros eletrodomésticos.

Ao todo, nove toneladas de material. Nove toneladas que foram levadas para cinco caminhões e saíram do aeroporto em direção ao Hotel Intercontinental, no Rio, sob supervisão de elementos da CBF. Yallop diz que tudo isto foi feito numa operação secreta para despistar jornalistas mais curiosos. A imprensa brasileira, contudo, tomou conhecimento e investigou esta história nos dias seguintes.

O que seriam essas nove toneladas?

Houve muita especulação em torno do assunto. A Procuradoria-Geral do Estado do Rio de Janeiro tinha uma suspeita. O avião dos novos campeões do mundo pode ter sido utilizado para fazer entrar drogas no Brasil.

Yallop chegou a entrevistar uma das procuradoras que tinham esta desconfiança. Maria Emília Arauto defendeu que as práticas ilegais poderiam ter ido muito além deste voo.

"O nosso departamento acredita que o futebol está sendo usado para lavar dinheiro do tráfico de drogas. Estamos totalmente convencidos disso. Neste momento, estamos tentando reunir provas sobre este assunto. Sabemos que na Itália, Espanha e Brasil esta atividade já acontece há alguns anos."

A procuradora também alegava que Ricardo Teixeira poderia estar envolvido nestas atividades juntamente com Castor de Andrade, um conhecido contraventor brasileiro que fez fortuna com o jogo do bicho e que também estava ligado a outras práticas ilícitas, como o narcotráfico (foi capturado em outubro de 1994, depois de andar fugido das autoridades, e acabaria por morrer em 1997). Castor de Andrade também teve ligações com o futebol: foi dono do Bangu (clube do Rio de Janeiro). Terá sido nestas funções que se aproximou de Ricardo Teixeira. Os dois eram bons amigos. Depois, Castor de Andrade foi acusado do crime de jogo ilegal, andou fugido e acabaria por ser capturado.

"Acreditamos que Castor de Andrade estava envolvido nestas atividades [utilização do futebol para lavagem de dinheiro do tráfico de droga], juntamente com outras figuras do jogo ilegal, outros bicheiros. Usam vários clubes de futebol com os quais têm ligações para fazerem esta lavagem. Também usam escolas de samba. São boas fachadas para os bicheiros."

Estas declarações são de 1998, quatro anos depois do Mundial dos Estados Unidos. Quatro anos depois de ter começado a investigação sobre as atividades de Ricardo Teixeira, na sequência da bagagem não inspecionada que chegou ao Rio de Janeiro.

Maria Emília Arauto garantiu que era impossível constituir um caso contra o então presidente da CBF, por causa da grande influência que ele tinha.

"Cada vez que tentamos tocar em Teixeira, ele exige milhões de dólares por difamação. Por isso, sempre que começamos uma ação, o processo é atrasado porque Teixeira processa o governo. Ele afirma que estamos causando-lhe danos morais. (…) Está sempre nos processando."

Como conseguia ele que os processos fossem sempre atrasados?

"É muito protegido pelo Tribunal de Justiça do Rio de Janeiro e pelo Tribunal de Contas."

A procuradora revela que muitos dos juízes destes tribunais foram convidados de honra da CBF nos vários Mundiais, incluindo o Mundial de 1998, disputado em França, numa época em que corriam vários processos contra Teixeira.

Nunca se soube o que poderiam ser as nove toneladas de material vindas dos Estados Unidos em 1994. A suspeita de drogas foi levantada apenas pela Procuradoria-Geral.

Qual foi a reação do tribunal?

"Não têm nada a dizer", afirmou Maria Emília Arauto. A procuradora revela que parte desse material também poderia ser equipamento sofisticado para servir bebidas numa discoteca, El Turf, que era propriedade do presidente da CBF.

"Parte, não todo", assegurou a procuradora.

Teixeira passou por cima destas acusações. Como de todas as outras. Viessem de procuradores ou de jornalistas. Reagiu sempre com processos por difamação. Ganhou alguns, outros foram arquivados. Todas as alegações de ilegalidades nunca lhe tocaram. Só abandonou os seus cargos no futebol em 2011 na sequência do caso ISL (onde ficou provado que tinha sido um dos dirigentes a receber subornos). De resto, no Brasil, muitas suspeitas, muitas investigações, zero condenações.

Sobre ele há uma certeza: é milionário. Vive uma aposentadoria dourada. Entre o Brasil e a Flórida. Ainda se sabe outra coisa: em 1994, quando chegou ao aeroporto do Rio de Janeiro, usou o poder do futebol para concretizar a sua vontade. Não queria a bagagem inspecionada e conseguiu. Com a concordância dos próprios homens do governo.

Teixeira foi apenas mais um dirigente desportivo (leia-se: dirigente de futebol) que aproveitou o poder do jogo para fazer amigos na política. Seguiu uma tradição antiga. Uma tradição que também foi alimentada por Havelange e Blatter…

CAPÍTULO 14

Meu querido ditador…

A FIFA…
Representa o futebol. O desporto mais jogado no Mundo. Com praticantes e adeptos em todas as partes do globo.

A FIFA…

Fala de *fair play* e liberdade. Porque o esporte é liberdade. Não tem raça, cores partidárias, religião.

A FIFA…

Diz que é contra a discriminação. Contra a violência. Contra as violações dos direitos humanos. Contra a influência dos governos no esporte.

Sim, a FIFA é contra tudo isto. No papel, pelo menos. Na prática? A história tem sido outra… Desde os tempos de João Havelange.

O brasileiro que presidiu à FIFA, entre 1974 e 1998, não se livra da fama de ter feito bons amigos entre alguns dos ditadores mais cruéis da América do Sul. Ainda antes de chegar à liderança da FIFA, manteve relações muito próximas com o governo ditatorial de Vargas. Um dos seus antigos sócios também o acusa de ter negociado armas com o ditador boliviano Hugo Banzer.

Jorge Videla foi outra destas figuras nada recomendáveis…

Em 1978, durante o Mundial da Argentina, também foi um companheiro inseparável de Havelange.

Videla ocupou a presidência da Argentina entre 1976 e 1981. Chegou ao poder depois de um golpe de Estado em que depôs Isabel Perón, dando início a um período de grande repressão. Várias organizações de direitos humanos defendem que o general foi responsável pela morte de mais de 30 mil opositores. Números que fazem do regime de Videla o mais sanguinário de todos na América do Sul. Acabou condenado a prisão perpétua apenas em 2010, depois de ser acusado por crimes contra a Humanidade. Faleceu a 17 de maio de 2013. Encarcerado. A sua morte não deixou qualquer sentimento de saudade nos argentinos.

Pelo contrário…

"A morte de Videla não deve alegrar ninguém. Foi um homem que passou pela vida fazendo muitos danos e traiu os valores de todo um país", disse Adolfo Pérez Esquivel, Prêmio Nobel da Paz, também ele um dos presos políticos de Videla, que acabaria por ser solto, devido a pressões internacionais, a dois dias da final do Mundial de 1978.

"Foi um ser desprezível que nunca se arrependeu", afirmou Estela de Carlotto, presidente da Associação das Avós da Praça de Maio, que há décadas se dedica a tentar encontrar filhos de desaparecidos, roubados durante a ditadura. Pessoas como Macarena Gelman, neta do poeta argentino Juan Gelman, que nasceu enquanto sua mãe estava sequestrada no Uruguai e não soube a sua verdadeira identidade até os 23 anos. Lamentou, em entrevista à Agência EFE, que o ex-ditador tenha morrido sem dar informações sobre o que ocorreu com os desaparecidos.

Sim, Videla foi tudo menos um tipo simpático. Mas o que queria ele do futebol e de Havelange? Nada de original. Apenas um dos truques mais antigos no livro do esporte e da política. O ditador argentino quis usar o futebol para promover o seu regime, a exemplo do que já tinham feito Mussolini com o Mundial italiano (1934) ou Adolf Hitler nos Jogos Olímpicos de Berlim (1936).

Videla era acusado pela comunidade internacional de violar os direitos humanos e por isso tinha o objetivo de mostrar outra Argentina. Uma Argentina em festa. Unida pela sua seleção. E nada melhor do que ser essa seleção a ganhar o Mundial organizado no país… A promoção de um regime, sem vitórias, pode ter um efeito humilhante. Como as vitórias de Jesse Owens, um negro norte-americano, perante o olhar incrédulo e revoltado de Hitler nos Jogos de Berlim. Videla não queria passar pelo mesmo. Queria que a Argentina levantasse o troféu. E teve mais sorte do que Hitler…

Os argentinos, liderados pelo instinto goleador de Mario Kempes, venceram a Holanda, na final, por 3-1. Os holandeses partiram para este Mundial sem Johan Cruyff, a estrela da companhia e um dos melhores jogadores de sempre. Na verdade, houve muitos rumores sobre os motivos que levaram Cruyff a não viajar com a sua equipe.

Chegou a dizer-se que foi uma forma que o jogador encontrou para se manifestar contra o regime de Videla e contra a decisão da FIFA de manter o Mundial na Argentina. Esta foi uma das versões que ganharam mais força ao longo dos anos. Seria, no entanto, desmentida pelo próprio Cruyff em abril de 2008, numa entrevista dada à Rádio Catalunha, em que o ex-jogador alegou ter sido alvo de uma tentativa de sequestro, em Barcelona, poucos meses antes da partida da sua seleção contra a Argentina.

"Tive uma pistola apontada para minha cabeça, estava atado juntamente com minha mulher. As crianças estavam no apartamento em Barcelona."

O holandês não revelou como tudo acabou, nem sequer entrou em pormenores sobre os motivos desta situação. Na época, a serviço do Barcelona, era um dos jogadores mais pressionados do mundo. Poderão ter sido torcedores catalães que não queriam que ele abandonasse o clube. Ou qualquer outro motivo. Nunca revelou. Mas garante que foi por esta situação, e pela segurança da sua família, que decidiu não viajar para a Argentina.

"Para jogar num Mundial teria de estar a 200 por cento. Há momentos em que outros valores se sobrepõem."

Sem Cruyff do outro lado, a vida dos argentinos seria mais fácil. E, por consequência, cumpriu-se o desejo de Jorge Videla. Um Mundial para o regime. Ganho pela seleção. Para os argentinos. E para ele. Numa final em que teve sempre a seu lado o presidente da FIFA.

O que diz João Havelange sobre Videla, o seu regime e este Mundial?

"Quando cheguei à FIFA, quem decidiu que o Mundial ia ser na Argentina não fui eu nem o comitê executivo. Foi o congresso [da FIFA], e você não pode mudar uma decisão do congresso. Podem dizer o que quiserem, mas eu apenas segui com uma decisão do governo anterior, que era da senhora Perón", contou o dirigente em entrevista ao jornal *Folha de São Paulo,* em 2008.

É verdade: a escolha da Argentina para anfitriã do Mundial aconteceu em 1966. Antes de Havelange e de Videla. O brasileiro entrou na FIFA em 1974. Videla ocupou o governo da Argentina dois anos depois.

Havelange diz, na mesma entrevista, que não conhecia o ditador argentino, embora isso não tenha sido um problema para que os dois se entendessem.

"Fui ver o presidente Videla, não o conhecia. Ele disse-me: Senhor Havelange, não lhe vou dar o melhor Mundial, mas vou dar-lhe um dos melhores, pode estar certo. E fez tudo."

Fez tudo, sim. Também é responsável pelo assassínio de cerca de 30 mil pessoas, mas esse assunto não é com Havelange. Importante, mesmo, era a organização do Mundial. E Videla… "fez tudo".

Entre esse "tudo", também não se livra das acusações de corrupção para ajudar o seu país a ganhar. A principal suspeita de influência está relacionada com o jogo que levou a Argentina para a final: a goleada de 6-0 contra o Peru.

Ramón Quiroga, argentino naturalizado que defendia a baliza dos peruanos, chegou a dizer, em 1998, numa entrevista ao diário argentino *La Nación,* que os seus companheiros receberam dinheiro para perder o jogo. Recuou mais tarde e desmentiu tudo.

O atacante Oblitas, por sua vez, revelou que a seleção peruana recebeu a visita de Videla no vestiário, antes do jogo, e que o ditador seguia acompanhado pelo então secretário de Estado dos EUA, Henry Kissinger.

Nada disto interessa a Havelange. Porque Videla "fez tudo". E é sempre bom ter um chefe de Estado disposto a fazer "tudo" para bem do futebol. Ou, como diz a FIFA, "*for the good of the game*".

Blatter seguiu a mesma linha do seu antecessor. Pelo bem do jogo? Pelo bem do jogo, qual é o problema de ter amigos como Kadhafi? Ou Charles Taylor? Veja-se o caso do ditador da Líbia e do seu filho (um fracassado jogador de futebol).

Al-Saadi Kadhafi queria ser jogador de futebol. Tinha a vontade, o dinheiro e a influência do pai. Faltava-lhe apenas uma coisa: talento.

Um pormenor insignificante quando se possui todo o resto. Al-Saadi conseguiu chegar ao futebol italiano e fazer parte de vários clubes da poderosa Série A. O Perugia foi um desses clubes. O filho do ditador da Líbia passou duas temporadas a irritar os sócios deste com a sua falta de qualidade. Mas por ali continuou. E foi precisamente no fim de um treino com a sua equipe, em agosto de 2003, que aproveitou para dar uma conferência de imprensa em que falou da sua relação com Blatter. O Kadhafi mais novo tinha esperança de que a Líbia pudesse organizar o Mundial de 2010 e sublinhou as boas relações com o presidente da FIFA.

"Blatter sabe que apenas eu e Bin Hammam o ajudamos a segurar a presidência da FIFA. (…) Blatter veio ter comigo e pediu-me para ajudá-lo contra Hayatou [nas eleições de 2002]. Eu e Bin Hammam devemos receber todo o crédito pela sua reeleição."

Contra quem? Issa Hayatou. Um camaronês. Ou seja: um africano. A influência de Blatter é tão grande que conseguiu ser apoiado por representantes de federações africanas contra um homem nascido nos Camarões. No que toca a eleições para a presidência da FIFA, realmente, o suíço nunca jogou fora de casa, fosse quem fosse que estivesse do outro lado. E a sua vitória foi esmagadora: 139 votos contra 66.

Uma vantagem demasiado grande para ter sido causada apenas pela influência de Al-Saadi e Bin Hammam. Nada, porém, que demovesse o fraco atacante do Perugia.

Por quê?

O Mundial de 2006 seria para a Alemanha. Derrotou a forte candidatura sul-africana em mais um processo muito estranho. Mas a FIFA tinha prometido que o Mundial de 2010 seria organizado, pela primeira vez, por um país africano. A África do Sul voltava à carga e era a grande favorita. Tinha como adversários Tunísia, Marrocos, Egito e… Líbia.

A candidatura da Líbia provocou a gargalhada geral por todo o mundo. Os líbios não tinham um único estádio de padrão internacional. Mas o jovem Kadhafi mostrava-se otimista.

"Não é sobre infraestruturas. É sobre relações, e as nossas relações com as pessoas da FIFA são muito fortes. Afinal de contas, eles devem-nos muito. Tenho a certeza de que a Líbia vai ganhar."

As infraestruturas, no entender dos líbios, eram um pormenor ultrapassável. Havia muitos milhões para gastar. Ou melhor: bilhões. O coronel Kadhafi tinha prometido investir 14 bilhões de dólares (mais de 10 bilhões de euros) na construção de novos estádios. Blatter fez o papel do costume. Disse que todos tinham chances.

Todos!

O jovem Kadhafi ficou entusiasmado e já via o seu país organizando o Mundial. Sendo ele o capitão da seleção. Debaixo do olhar atento do pai e restante da família.

"Tenho excelentes relações com as figuras predominantes da FIFA, como o senhor Blatter, Julio Grondona e Franz Beckenbauer. Isso será vital para a nossa campanha."

No que toca a Blatter, foi possível comprová-lo nesse mesmo mês de agosto de 2003, quando o presidente da FIFA foi convidado de honra do governo líbio, viajando até Trípoli e assistindo à vitória da Juventus (clube no qual Al-Saadi tinha uma participação de 5%) sobre o Parma, num jogo da Supercopa da Itália (os responsáveis do futebol italiano costumam aceitar organizar este jogo noutros países em troca de elevados cachês para a liga e os clubes envolvidos).

Os homens da FIFA não tiraram a esperança a Al-Saadi sobre a possibilidade de ser a Líbia a ficar com o Mundial de 2010. Os treinadores de Al-Saadi, por outro lado, não lhe alimentavam qualquer ilusão sobre as suas fracas capacidades para jogar futebol. No Perugia raramente saía do banco de suplentes. Dizia-se que estava no plantel apenas porque tinha investido dinheiro no clube. Mais grave ainda: chegou a um ponto em que nem sequer jogava na seleção do seu país.

E quem teve coragem para tomar uma atitude dessas?

Francesco Scoglio, um treinador… italiano.

Acabou demitido em 2002 depois de uma impressionante série de três vitórias consecutivas. Na hora do adeus, em setembro, disse ao *Corriere dello Sport*: "Despediram-me porque não o punha para jogar. E continuaria a não deixá-lo jogar, nem por um minuto. Como jogador, ele não vale nada. Sou um treinador, não sou uma marionete. Com ele na equipe, estávamos perdendo. Com ele fora, começamos a ganhar."

Este não era um problema para Blatter e seus pares. Que o rapaz não soubesse jogar, era uma coisa. Que lhe matassem logo o sonho de realizar o Mundial… podia esperar mais uns tempos. Antes disso, Blatter aproveitou para viajar até a Líbia acompanhado por Bin Hammam. Viu, com os seus próprios olhos, aquilo que todos já tinham visto: o país de Kadhafi não tinha qualquer condição para organizar o Mundial. Os próprios líbios também começaram a perceber que o dinheiro que tinham para gastar podia não ser suficiente. Foi então que tiveram a ideia de se juntar à Tunísia para apresentarem uma candidatura conjunta. Isto soou como música para os ouvidos do velho Sepp.

Uma candidatura conjunta? Depois de todas as despesas geradas pelo Coreia-Japão em 2002?

Não podia ser, claro!

Aqui estava uma bela forma de eliminar dois países de uma só vez e colocar o Mundial mais próximo da África do Sul, sem, no entanto, criar inimizades com o filho de Kadhafi e o governo tunisino.

Já em 2004, ano da votação para o país anfitrião para 2010, Blatter convocou os jornalistas e disse o que todos esperavam ouvir sobre as ambições da Líbia e da Tunísia.

"Uma candidatura conjunta da Líbia e da Tunísia não será aceita pelo comitê executivo da FIFA. Quando temos países individuais com capacidade de organizar o evento, não vamos entrar numa discussão que é contra os nossos estatutos."

Os países individuais que ficaram na disputa foram Egito, Marrocos e África do Sul. Ganharam os sul-africanos.

Blatter justificou o afastamento de Líbia e Tunísia com base na candidatura conjunta, gastos elevados e os problemas de logística que um Mundial a dois poderia trazer (depois da difícil experiência asiática em 2002). Outro dos argumentos também era a inexistência de infraestruturas por parte dos líbios (uma vez que as dos tunisinos eram "impressionantes", como o próprio chegou a afirmar).

Argumentos válidos, claro, mas o presidente da FIFA poderia ter lançado outro argumento. Poderia ter dito que o Mundial nunca iria para países que proibissem a liberdade de expressão e violassem os direitos humanos, como era o caso da Líbia e da Tunísia. Mas essa não é uma preocupação da FIFA. A falta de democracia até pode ser útil. Torna tudo mais fácil. Pelo menos, é a opinião de Jérôme Valcke.

Em 24 de abril de 2013, durante a realização de um simpósio sobre futebol, o secretário-geral da FIFA defendeu que "é mais fácil organizar o Mundial em países com menos democracia".

"Vou dizer algo que pode parecer maluco, mas menos democracia às vezes é melhor para se organizar um Mundial. Quando há um chefe de Estado forte, que pode decidir, assim como Putin poderá ser em 2018, é mais fácil para nós, organizadores, do que um país como a Alemanha, onde é preciso negociar em diferentes níveis [numa alusão às eventuais dificuldades que surgiram quando do Mundial de 2006].

O Mundial do Brasil, em 2014, é um desses problemas de excesso de democracia.

"A principal dificuldade que temos é quando entramos num país onde a estrutura política é dividida, como no Brasil, em três níveis: federal, estadual e municipal. São pessoas diferentes, movimentos diferentes, interesses diferentes, e é difícil organizar um Mundial nessas condições."

A democracia, para Valcke, é uma chatice. Estamos a falar de um homem que está em boas condições de ser o próximo presidente da FIFA. Quem sai aos seus…

O Mundial de 2010 não foi para a Líbia de Kadhafi. Nem para a Tunísia de Ben Ali. Seguiu para a África do Sul de Nelson Mandela. Menos mal.

Mandela, no entanto, teve de dançar ao som da FIFA antes da decisão. E ao som de Jack Warner.

O caribenho foi um dos convidados de honra na tomada de posse do segundo mandato do presidente sul-africano Thabo Mbeki. Ficou hospedado na suíte presidencial de Mandela.

Andrew Jennings relata o episódio no livro *Foul!*: "Warner dormiu na cama de Mandela. O que mais tinham os sul-africanos de fazer?"

Simples: Warner aproveitou a hospitalidade do governo sul-africano e retribuiu o convite a Mandela e ao Prêmio Nobel da Paz, o arcebispo Desmond Tutu.

Mandela estava com 85 anos e tinha sido aconselhado pelo seu médico a evitar as viagens internacionais. Tutu, com 72 anos, submetia-se a tratamento para um câncer.

E então? Não era problema da FIFA ou de Jack Warner. Se os sul-africanos queriam o apoio de Warner, tinham de aceitar esta obrigação mascarada de convite.

Aceitaram…

Warner preparou um imenso carnaval para receber os dois homens. Com um itinerário repleto de homenagens e cerimônias. Sem espaço para descanso. Blatter não iria ficar em Zurique e dar o protagonismo todo a Warner. Também queria uma fatia de Mandela. Viajou logo para Trinidad.

Mandela estava doente, cansado, mas não rejeitou mais uma batalha pelo seu amado país. Apoiado numa bengala, fez todas as vontades a Warner. Regressou a casa esgotado depois de uma sofrida missão.

O Mundial de 2010 acabou por viajar para a África do Sul. E começou da forma mais trágica possível para Mandela e seus familiares. Na véspera do pontapé inicial, a bisneta de Mandela faleceu após um acidente em que o carro em que viajava capotou nos arredores de Joanesburgo. O bisavô ficou devastado e faltou à cerimônia de inauguração do Mundial. Assim como os jogos que se seguiram.

A FIFA estava preocupada.

"E se Mandela faltar na a final?"

Isso, sim, seria um problema.

O organismo começou então a fazer muita força para que o herói da África do Sul estivesse no jogo da decisão. O episódio foi contado por um dos netos de Mandela, no dia da final, em declarações à BBC.

"Estamos sob uma pressão extrema da FIFA, que quer que o meu avô esteja na final, mas isso dependerá só dele, de como se levante hoje, de como se sentir e do que diga o seu médico", afirmou Mandla Mandela, que também mostrou preocupação pela saúde do seu avô.

"Ele vai completar 92 anos na próxima semana e este será um jogo noturno. A entrega do troféu está prevista para as 22h30, ou 23h. Será esgotante para ele."

E ainda havia outro pormenor insignificante para a FIFA: o luto da família pela morte de uma criança de 13 anos.

"Eles [FIFA] dizem que Sepp Blatter deseja que o meu avô apareça na final. As pessoas têm de perceber as tradições e costumes da família. Tivemos uma grande perda e estamos de luto. Para mim, é razão suficiente para nos deixarem sossegados. Eles querem apenas ter um ícone mundial no estádio, mas não querem saber de nós enquanto pessoas e família."

Precisamente.

Blatter, aliás, já tinha confirmado isso mesmo dias antes, quando disse que seria "maravilhoso" se Mandela fosse à final.

"Mandela teve o troféu nas mãos quando esteve em Zurique, em 2004, e seria um momento maravilhoso, para ele, para o futebol e para África, se ele pudesse estar presente."

Mais uma vez, para bem do jogo. "*For the good of the game*", o luto de Mandela podia esperar.

Eles queriam.

Eles pressionaram.

Eles conseguiram.

Mandela foi ao gramado antes do início do jogo entre Espanha e Holanda. Acenou e sorriu. A FIFA sorriu de volta. Mais uma vez conseguiram o que queriam. Com "pressão extrema". Para com um homem doente. Para com um homem de luto.

Para bem do jogo…

"Implacáveis com os heróis e amigáveis com os vilões."

"Amigos dos bons e dos maus."

Este poderia ser o lema de alguns dirigentes da FIFA. Num dia podem surgir com um herói mundial como Mandela. No outro, podem aparecer na companhia de um monstro como Charles Taylor.

O antigo presidente da Libéria foi acusado de todo o tipo de violações dos direitos humanos… Homicídio, mutilação, tortura, canibalismo. Utilização de mulheres e adolescentes como escravas sexuais, rapto de adultos e crianças. Obrigar crianças a trabalhos forçados e a serem soldados. Ou ainda: enterrar viva uma mulher grávida.

Blatter esteve com ele na Libéria em 23 de novembro de 1999. Há fotos que mostram os dois, lado a lado, sorridentes. Motivo? Taylor homenageou Blatter com a mais alta distinção da Libéria: a Ordem Humana da Redenção Africana.

Por que Blatter foi à Libéria visitar a casa de um dos líderes africanos mais sanguinários da História? Para agradecer o apoio dado pela Libéria nas eleições presidenciais da FIFA, em 1998. Para Blatter tudo se resume a uma máxima simples: "um voto é um voto". Venha de onde vier.

Com esta visita, o suíço também queria ajudar a desfazer a imagem de ditador e agressor dos direitos humanos que o mundo inteiro tinha de Taylor. O favor foi devolvido pouco tempo depois, quando o genro de Taylor, Edwin Snowe, presidente da federação de futebol da Libéria, fez campanha por Blatter para a eleição presidencial da FIFA de 2002 (o segundo mandato do suíço). Quando Taylor foi afastado do poder, Edwin Snowe teve de fugir da Libéria às pressas.

Quem pagaria a fuga?

Andrew Jennings declara, nas páginas de *Foul!*, que tudo ficou a cargo da família do futebol. Ou seja: a fuga foi patrocinada… pela FIFA.

Como?

A Libéria, fustigada pela pobreza, teve uma concessão anual da FIFA de 250 mil dólares (cerca de 192 mil euros). Foi permitido a Edwin ficar com esse dinheiro e fugir para os EUA, onde se matriculou na Universidade de Denver para estudar Gestão Desportiva e Eventos de Entretenimento.

Jennings escreve: "O porta-voz de Blatter, Andreas Herren, anunciou, sorridente, que a FIFA se sentia feliz por pagar a Edwin a sua formação."

Ajudar familiares de violadores dos direitos humanos. Aceitar homenagens de ditadores. Organizar Mundiais em países com regimes sanguinários. Obrigar um ícone mundial, como Mandela, a interromper o seu luto para aparecer num jogo.

Tudo isto por quê? Para bem do jogo.

Sempre. Em todos os momentos.

"*For the good of the game.*"

CAPÍTULO 15

FIFA contra o racismo? Nem pensar!

"Não foi a primeira vez na minha vida que sofri insultos racistas. Mas agora tenho 25 anos e não quero aturar mais estas ofensas."
Em 3 de dezembro de 2013, o jogador do AC Milan Kevin-Prince Boateng tornou-se um pioneiro. Foi o primeiro jogador a abandonar um campo de futebol devido a insultos racistas.

Durante o jogo-treino que a sua equipe disputava no campo do Pro Patria, o internacional ganês, nascido na Alemanha, não aguentou os sons de macaco vindos da plateia e sentiu que era o momento de tomar uma posição. Dias depois, numa entrevista dada à CNN, prometeu não ficar só nisso.

"Se isto acontecer de novo, volto a abandonar o campo. Mesmo que seja num jogo da Série A ou da Liga dos Campeões."

Prince passou a ser o novo herói da luta contra a discriminação no futebol. Um símbolo para todos os desportistas insultados racialmente. O presidente da FIFA, Sepp Blatter, preferiu colocar-se no lado contrário da barricada e vestiu a pele de vilão.

"Sair do campo? Não me parece que seja a solução. Fugir não resolve nada. Este tema é muito particular, mas repito que temos de ter tolerância zero quando confrontados com esse tipo de comportamento. A única solução é criar sanções ainda mais duras", disse o dirigente ao jornal *The National*, do Qatar.

Enquanto o mundo do futebol entendeu que Prince teve coragem para mostrar um cartão vermelho ao racismo, Blatter classificou a mesma atitude de fuga. As críticas choveram e o departamento de comunicação da FIFA teve de fazer horas extras para limpar a imagem do seu presidente. Dias depois, Blatter aproveitou a festa da Bola de Ouro 2012 para tentar atenuar o impacto da primeira intervenção: "O Protesto de Boateng foi corajoso. Chamou a atenção para o problema."

Mais tarde, o presidente da FIFA até convidou Boateng para discutir o problema do racismo no futebol e tentar encontrar soluções. O jogador aceitou o convite e esteve com Blatter na sede do organismo, em Zurique, a 22 de março. Também foi chamado para fazer parte de um grupo de trabalho criado pela FIFA com o intuito de lutar contra a discriminação no futebol. Esta *task force* é presidida pelo presidente da CONCACAF, Jeffrey Webb.

À saída da reunião, Boateng estava satisfeito e deu uma entrevista ao *FIFA.com* em que mostrou o seu otimismo.

"Todos nós precisamos reconhecer que o racismo é um assunto muito complicado. Nem sempre é fácil punir alguém ou aplicar uma sanção, mas acho que, por termos tanta gente inteligente a apoiar a causa neste momento, encontraremos uma maneira. Felizmente as coisas começarão a partir de hoje."

Boateng merece todos os elogios. Se não fosse o seu gesto, nunca haveria uma reunião. A FIFA nunca teria criado um grupo de trabalho. Nunca seria obrigada a agir de forma tão rápida contra o ódio racial que invade alguns estádios de futebol.

Blatter também percebeu a gravidade das suas primeiras declarações e fez tudo para sair da situação por cima. Durante várias semanas não falou de outra coisa. "Tolerância zero" para o racismo. Ainda em janeiro, deu uma entrevista para o *site* da instituição e defendeu pesadas sanções desportivas.

"O melhor seria a perda de pontos e despromoção da equipe, porque os clubes têm de ser responsáveis pelos seus torcedores."

Assim. Sem mais nem menos. Do oito (em que sair de campo não era a solução) para o oitenta (em que uma equipe tem de ser rebaixada se algum dos seus torcedores insistir em práticas discriminatórias num estádio).

Em 5 de abril, no entanto, pensou melhor e reformulou. Aproveitou uma conferência da FIFA sobre ética no esporte para dar mais uma marcha à ré nas suas opiniões sobre o racismo e a forma de combatê-lo.

"A despromoção não é uma solução simples porque pode levar a que algumas pessoas vão aos estádios para interromperem o jogo intencionalmente."
Claro!

O presidente da FIFA pode ter suavizado as promessas iniciais. Ainda assim, este discurso é uma evolução digna de nota em relação ao que Blatter dizia em 2011, quando nem admitia a existência de racismo no futebol. Sobretudo entre jogadores.

"Não existe racismo. Existe, talvez, um jogador para outro jogador, que tem uma palavra ou um gesto que não é correto. Mas aquele que é afetado deve dizer que é um jogo, que estamos num jogo e no final devemos apertar as mãos", referiu numa entrevista à CNN, em novembro de 2011.

Os jogadores negros ficaram furiosos. Rio Ferdinand, zagueiro do Manchester United, mostrou toda a sua indignação via Twitter: "Os seus comentários sobre o racismo são tão condescendentes como cômicos. Se os torcedores gritarem cânticos racistas, mas depois nos apertarem as mãos, fica tudo bem?" Ou ainda: "O que disse sobre o racismo no futebol revela a sua ignorância no assunto."

Jermaine Jenas, na época a serviço do Aston Villa, foi outro que usou a mesma rede social para criticar as palavras do presidente da FIFA.

"Como é possível que o maior chefe do futebol mundial seja tão ignorante em relação ao racismo? Os comentários de Joseph Blatter são ridículos. Eduque-se a si mesmo."

Em 2011, no entanto, Blatter tinha obrigação de saber mais sobre este tema. Muito mais. Especialmente depois de ter ouvido declarações racistas de um dos seus colegas na FIFA, como aconteceu com Julio Grondona, vice-presidente do organismo e presidente da federação argentina (AFA). Uma das figuras mais importantes da FIFA, como chegou a lembrar o filho de Kadhafi.

A 5 de julho de 2003, Grondona estava em período eleitoral para mais um mandato na presidência da AFA (ocupa o lugar desde 1979). Embora não aprecie muito o contato com os jornalistas, era momento de fazer campanha e decidiu dar uma entrevista ao programa *El Sello*, da estação argentina TyC Sports. Ali estava o segundo homem mais poderoso do futebol mundial. Falou sobre a liga argentina. O presente e o futuro.

Sem percalços.
Sem escorregar.
Sem hesitações.

Até que apareceu uma última pergunta. O jornalista Ramiro Sánchez Ordóñez disse: "E sobre os mitos que temos no futebol do nosso país? Como não ter árbitros judeus na primeira divisão?"

Grondona, mais uma vez, respondeu de pronto.

"Não acredito que um judeu possa ser árbitro a esse nível, porque é um trabalho duro e os judeus, como sabemos, não gostam de trabalho duro."

Mais um escândalo na FIFA. No dia seguinte, a imprensa argentina – não ligada a Grondona – dava amplo destaque a esta declaração. O caminho foi seguido pela imprensa mundial. Manchetes e mais manchetes com o comentário xenófobo do vice-presidente da FIFA.

Ainda assim, não foi nada que tenha prejudicado as intenções de Grondona. Em novembro de 2003, seria reeleito pela sexta vez consecutiva para mais um mandato de quatro anos. A partir de Zurique, Blatter falou para a Radio Rivadavia, de Buenos Aires, e mostrou a sua satisfação pela vitória do companheiro de armas.

"O *señor* Grondona é um monumento. Desempenha um grande trabalho na América do Sul e somos amigos para sempre. Juntos, vamos defender o futebol e a transparência na FIFA."

E sobre os comentários do *señor* Grondona em relação aos judeus? Nem uma palavra!

É difícil acreditar que a FIFA alguma vez venha a ter uma política forte contra o racismo quando o mesmo é vulgarizado pelos seus próprios dirigentes. Apesar das frases feitas como "tolerância zero", há uma grande diferença entre as palavras e as sanções.

Na sequência do gesto de Prince, a FIFA condenou a Hungria e a Bulgária a realizarem um jogo classificatório para o Mundial 2014 com portões fechados, por infrações de caráter racista. Um jogo não é o melhor exemplo de "tolerância zero".

No passado, Mario Balotelli, Marc Zoro e Samuel Eto'o foram alguns dos jogadores que ameaçaram abandonar encontros na sequência de insultos racistas, embora aguentassem sem o ter feito. Muitos destes casos acontecem no futebol europeu. E qual é a posição da UEFA sobre o racismo? Consegue ser ainda pior do que a FIFA.

Aqui fica um exemplo…

Junho de 2007.
Torcedores da Sérvia lançam cânticos racistas contra o jogador inglês Nedum Onuoha durante um jogo entre as duas seleções no Europeu de Sub-21, realizado na Holanda. A federação sérvia é multada pela UEFA em 20 mil euros.

Junho de 2008.
No Euro organizado em parceria por Áustria e Suíça, um grupo de torcedores croatas mostra um cartaz racista contra os turcos a meio do jogo entre as duas equipes. A federação croata é multada pela UEFA em cerca de 12 mil euros.

Fevereiro de 2012.
Numa eliminatória da Liga Europa, alguns torcedores do FC Porto imitam gritos de macacos dirigidos aos jogadores do Manchester City Mario Balotelli e Yaya Touré. Os "dragões" são multados com um valor perto de 20 mil euros. No mesmo jogo, a equipe do Manchester City atrasa-se um minuto a regressar ao gramado após o intervalo. O atraso custou ao clube inglês perto de 32 mil euros.

Euro-2012, parte 1.
Mais uma vez os croatas. Mais uma vez Mario Balotelli. No jogo frente aos italianos, um dos grupos de apoio da equipe croata acendeu algumas tochas e brindou o atacante com cânticos racistas, entre os quais estavam os habituais barulhos de macaco. Multa: 80 mil curos.

Euro-2012, parte 2.
Jogo entre Portugal e Dinamarca. Nicklas Bendtner, atacante dinamarquês, mostra uma publicidade de uma casa de apostas na sua roupa interior quando celebra o segundo dos dois gols que marcou. Esta atitu-

de viola os regulamentos da UEFA. Os jogadores não estão autorizados a mostrar publicidade nos seus equipamentos. Ainda mais, publicidade que não esteja entre os patrocinadores oficiais da competição (como era o caso desta casa de apostas irlandesa). Bendtner foi castigado com 100 mil euros de multa e teve de cumprir um jogo de suspensão na campanha classificatória para o Mundial de 2014, em setembro, frente à República Checa.

Aceita-se que Bendtner seja punido por violar as regras de *marketing* da UEFA. O futebol tornou-se um enorme negócio e algumas marcas pagam muito dinheiro para estar entre os patrocinadores oficiais de uma competição como o Euro. Nenhum interveniente do jogo tem direito a violar essas normas, em proveito próprio, e ficar inocente. Mas o comportamento do atacante dinamarquês nunca deve merecer uma multa mais pesada do que aquelas que foram aplicadas em casos de racismo. Aqui poderá argumentar-se que as federações e direções de clubes não podem controlar as atitudes dos seus torcedores, enquanto Bendtner podia decidir se queria, ou não, mostrar a publicidade na sua roupa interior. É um falso argumento: os grandes problemas de hooliganismo no futebol inglês só começaram a ser resolvidos depois da punição que afastou os clubes das principais competições europeias.

A UEFA aposta muito na publicidade contra a discriminação (tal como a FIFA). Dentro e fora do campo. Os seus responsáveis falam bastante sobre este lado de responsabilidade social da instituição. Mas sempre que têm oportunidade de transformar as palavras em atos, optam por castigos, no mínimo, ridículos.

Esta hipocrisia começou na própria escolha de Polônia e Ucrânia para anfitriões do último Euro. Dois países com graves manifestações neonazistas ligadas ao futebol. Dois campeonatos onde é perigoso ir aos estádios para todos aqueles que não pertençam a grupos organizados.

E no caso de muitas equipes da Polônia e da Ucrânia, não estamos falando de claques, mas sim de gangues.

O documentário *Estádios de Ódio*, da BBC Panorama, testemunhou esta cruel realidade meses antes do Euro-2012.

Um dos entrevistados é o nigeriano Prince Okachi, atacante do Widzew FC, da Polônia. Confessou ser vítima de racismo em vários jogos e que nada pôde fazer a não ser queixar-se ao árbitro, mas o árbitro nunca fazia nada.

Num estádio ucraniano também se pode ver um grupo de torcedores com cânticos racistas contra os jogadores negros de uma equipe adversária. Um dos jogadores visados faz barulhos de macaco como resposta, em desespero, às ofensas que está sofrendo. Uma cena chocante perante o olhar da polícia. Os insultos racistas são vistos com naturalidade pelas autoridades. Como se fizessem parte do jogo. Mas, tal como Prince lembrou na entrevista ao *Fifa.com*, não fazem. "Nem do esporte, nem da vida."

No estádio do Methalist Kharkiv, onde Portugal derrotou a Holanda durante o Euro-2012, o ambiente não é melhor. O documentário da BBC mostra um comportamento habitual durante os jogos da equipe da casa. Vários torcedores fazem a saudação nazista, acompanhada pelo grito "*Sieg Heil*", enquanto o jogo decorre. Incluindo muitas crianças e algumas mulheres. A polícia foi confrontada com as imagens. Mesmo perante os vídeos, negou tudo.

O mesmo documentário mostra ainda torcedores asiáticos sendo agredidos por extremistas ucranianos. Todos eles torcedores do Methalist. Identificados. Tal como os asiáticos que ali estavam a trabalhar e a estudar. Também usavam cachecóis da equipe da casa. Mas nem isso os salvou. Foram espancados nas arquibancadas e tiveram de sair. Os agressores continuaram a ver o jogo sem que fossem perturbados pela polícia.

Sol Campbell, antigo internacional inglês, foi outro dos entrevistados que viram as imagens e ficaram em estado de choque. Deixou um aviso a todos os torcedores ingleses de origem africana ou asiática. Pediu-lhes para não irem ao Euro-2012.

"Fiquem em casa, vejam na televisão. Nem sequer arrisquem… porque podem acabar por voltar a casa num caixão. Penso que eles [UEFA] erraram."

Sim, eles erraram várias vezes. Veja-se o caso de Croácia e Sérvia. Sempre que estas seleções jogam contra países que tenham jogadores negros ou muçulmanos, estes são vítimas de todo o tipo de provocações. O racismo nos grupos de futebol da Europa do Leste, aliás, assume tremendas proporções de violência e crime organizado. Alguns destes grupos são bem mais radicais e perigosos do que os piores *hooligans* do futebol inglês da década de 80. Há dezenas de vídeos que mostram torcedores destes países, nos estádios, a realizarem saudações nazistas antes de espancarem todos aqueles que por ali andam e não sejam… brancos. A polícia não faz nada. E a UEFA também não. Aliás, premiou a Polónia e a Ucrânia com a organização do Euro-2012.

Na antecâmara desta competição, Michel Platini também mostrou tiques da pior versão de Blatter em matéria de racismo. Balotelli ameaçou abandonar o campo se fosse vítima de insultos racistas na Polónia ou na Ucrânia, depois de ter experimentado situações semelhantes na Itália.

Eis a reação de Platini: "Não cabe a ele decidir, mas sim ao árbitro. Os árbitros têm de respeitar as regras, que incluem a opção de suspender o jogo. Se Balotelli sair de campo sem permissão, será castigado."

O atacante italiano sofreu insultos racistas dos torcedores da Croácia. Não abandonou o campo. Da mesma forma, o árbitro não parou o jogo. E o que fez a UEFA? Multou a federação croata em 80 mil euros. Um castigo, ainda assim, inferior em 20 mil euros ao aplicado a Bendtner (100 mil euros) por mostrar uma publicidade na roupa interior. A análise que se pode fazer destes dois casos é muito simples: a UEFA mostra estar mais preocupada em defender os interesses dos seus patrocinadores oficiais do que em combater o racismo no futebol. Primeiro, o lucro. Depois, as medidas contra a xenofobia.

O mesmo se aplica à FIFA. A "tolerância zero" é apenas uma força de expressão.

Bons exemplos nesta matéria? Kevin-Prince Boateng. Não esperou por qualquer decisão dos organismos do futebol mundial. Saiu do campo. Acompanhado por todos os seus colegas. Irredutível perante os apelos do árbitro e dos jogadores adversários. Passou a melhor mensagem de "tolerância zero" contra o racismo. E deu uma lição a Blatter, Grondona e Platini.

Se eles quiserem aprender…

CAPÍTULO 16

Quanto custa um Mundial?

Regressamos ao ponto de partida desta viagem. As votações para os Mundiais de 2018 e 2022. Holandeses e belgas formaram uma candidatura conjunta, mas sabiam que não tinham qualquer hipótese de ganhar. Por causa dos holandeses. Melhor: por causa do atrevimento dos holandeses. Publicaram documentos secretos da FIFA. Exigências do organismo para os países que querem organizar a fase final do Campeonato do Mundo. Um conjunto de garantias a que todos os governos têm de dizer "sim" ou "sim". A regra é simples: "Ou aceitam, ou não há Mundial." Entre estas imposições, as mais polêmicas estão relacionadas com impostos e com os direitos comerciais das competições.

A garantia número 3, por exemplo, requer total isenção fiscal para a FIFA, todos os seus subsidiários e parceiros durante o Mundial e a Taça das Confederações. Estão incluídos funcionários de empresas parceiras (a serviço dos patrocinadores oficiais da FIFA). Ninguém ligado à FIFA – mesmo que indiretamente – pode ser obrigado a pagar taxas por qualquer transação financeira.

Isto significa que, para serem bem-sucedidos nas suas propostas, os governos interessados em organizar o Mundial devem concordar em abrir mão de dezenas de milhões de euros em impostos para benefício da FIFA, uma organização com o estatuto de instituição de caridade que não paga quase nenhuma contribuição na Suíça, o país onde esta sediada.

É um bom negócio para a família FIFA e amigos. Todos os candidatos tiveram de assinar este pacote de medidas para que as suas candidaturas pudessem ser consideradas válidas. Outro pormenor importante: estes documentos eram confidenciais. Nenhum país podia divulgá-los.

Ah... claro, mas os holandeses não quiseram saber. Usaram o *site* do governo para divulgar todas as garantias governamentais da FIFA. Os belgas ficaram chateados?

Pelo contrário...

"É inconcebível que entidades internacionais como a FIFA tenham isenções fiscais perante os trilhões de lucros obtidos", afirmou o senador belga Bert Anciaux à imprensa do seu país, em agosto de 2010. Segundo ele, a proposta de candidatura de Bélgica e Holanda tinha de ser discutido no Parlamento belga. Ou seja: os dois países queriam o Mundial, mas não a qualquer custo. Políticos belgas e holandeses também questionaram as regras de comercialização à volta dos estádios. A FIFA quer a garantia de que os parceiros comerciais não tenham qualquer tipo de concorrência de outras marcas nas imediações dos estádios. Não basta a exclusividade dentro dos recintos. Eles querem as duas partes da laranja: o sumo e a casca.

Os responsáveis da federação holandesa de futebol ficaram preocupados com a reação dos dois governos. Depressa tentaram minimizar os efeitos das exigências da FIFA, considerando-as "não excessivas". E mais assustados se sentiram quando receberam uma correspondência ameaçadora de Jörg Vollmüller, chefe do departamento de comércio legal da FIFA.

Em reação à discussão nos dois países, Vollmüller endereçou uma carta à candidatura de Holanda/Bélgica, em 16 de setembro de 2010, relembrando a necessidade das garantias governamentais serem cumpridas. Caso contrário, seria impossível levar o Mundial para os dois países.

Holanda e Bélgica ficaram divididas entre a vontade dos homens do futebol – que queriam o Mundial a qualquer custo – e a preocupação dos homens do Parlamento – eleitos para defender os melhores interesses dos seus governados.

Havia ainda outro episódio a incomodar os holandeses. Uma má lembrança que estava relacionada com os direitos comerciais e o Mundial de 2010, na África do Sul. O caso ficou conhecido como "*Bavaria Babes*" (as meninas da *Bavaria*).

A *Bavaria* é uma marca de cerveja holandesa. Concorrente da *Heineken* (patrocinadora oficial do Mundial de 2010). Os senhores da *Ba-*

varia são conhecidos por fazer publicidade com mulheres bonitas em trajes ousados. Seja na televisão, seja na rua em ações de *marketing* de guerrilha originais... e sensuais. Estas mulheres são as *Bavaria Babes*. Algumas delas tornaram-se celebridades. Viajam pelo Mundo para promover a cerveja. E também vão aos países onde a seleção holandesa esteja a jogar. A África do Sul não foi exceção.

Durante um dos jogos da Holanda, as *Bavaria Babes* estavam na plateia. Com vestidos cor de laranja que, no entanto, não tinham qualquer alusão à marca que as patrocinava. Cantavam, dançavam e contagiavam de beleza e boa disposição quem estava no estádio. Um grupo de jovens mulheres holandesas, bonitas e simpáticas.

O que fizeram os funcionários da FIFA no local? Pediram o número de telefone? Convidaram-nas para jantar? Não! Prenderam as *Bavaria Babes*. Isso mesmo! As bonitas meninas tiveram de sair do estádio e foram interrogadas na delegacia durante horas.

O caso inundou as páginas dos jornais holandeses. Alguma imprensa comparou esta censura, ocorrida na África do Sul, aos tempos do *apartheid*. Não é preciso ir tão longe, mas fica na história dos Mundiais o que a FIFA está disposta a fazer para proteger os seus interesses comerciais.

Os jornalistas sul-africanos também já estavam fartos das regras do organismo de Zurique. Um desses jornais, o *The Star*, falou com uma das mulheres detidas e documentou o surreal de toda esta situação.

Barbara Kastein, uma das 36 meninas da *Bavaria*, ficou incrédula: "Estávamos no estádio, nos divertindo. A cantar e a tirar fotografias. No segundo tempo, um funcionário da FIFA nos abordou e disse que não podíamos usar vestidos da *Bavaria* dentro do estádio. Deu-nos uma escolha: ou saíamos voluntariamente, ou a polícia tinha ordens para nos prender."

A modelo holandesa garante que ainda tentou resistir, mas nem a sua beleza ajudou.

"Disse ao homem que ele não podia fazer aquilo apenas por causa dos nossos vestidos, mas fomos cercadas por 40 seguranças que nos puxaram e levaram das arquibancadas. Uma das garotas caiu pelas escadas abaixo."

Algumas meninas da *Bavaria* foram interrogadas durante horas e ficaram sem os seus passaportes. "Um dos agentes disse-nos que podíamos ser multadas e encarceradas durante seis meses. Por usar um vestido laranja!"

Sim, por usar um vestido laranja que (convém repetir) não tinha o logo da *Bavaria* em nenhum lugar. Mas não interessa. Elas estavam no estádio e eram as meninas de uma marca de cerveja que não paga à FIFA. Logo, têm de ser presas e ameaçadas pelas autoridades sul-africanas. Para não repetirem a gracinha.

O CEO da cervejaria, Peer Swinkels, disse que a FIFA tinha agido de forma insana: "São vestidos bonitos sem o nome da marca. As pessoas podem usar roupa da *Ralph Lauren* sem problema, mas o nosso vestido é banido? Onde está escrito que a FIFA pode controlar o que as pessoas vestem?"

Não está escrito, mas a FIFA pode. Porque a FIFA é dona do Mundial. E, durante o tempo da competição, também é dona do país anfitrião. Tal como mostram as suas garantias governamentais, usadas nas várias competições.

O caso das *Bavaria Babes* é um dos vários exemplos da censura comercial que ocorre em Mundiais. Mas o radicalismo da FIFA não se limita à roupa. Também vai a números e palavras. Aconteceu na África do Sul e na Alemanha. Dois países onde o organismo de Blatter recorreu aos tribunais para impedir campanhas de empresas que não eram suas parceiras e tentaram vincular-se ao Mundial.

Na África do Sul, o alvo foi a companhia aérea Kulula. A FIFA conseguiu impedir uma campanha da empresa que fazia menção ao Mundial, usando, somente, o número – 2010. Basicamente, a FIFA achava que era dona do número. Do ano inteiro. Se o Mundial tem lugar em 2010, nenhuma empresa pode usar o número sem a autorização da entidade que manda no futebol internacional. Ridículo? Os tribunais sul-africanos não acharam e deram razão ao organismo de Zurique.

A Kulula aceitou o veredicto, reagiu com senso de humor e lançou uma nova campanha na qual abordava o Mundial como um evento que iria ter lugar "nem no próximo ano, nem no ano passado, mas entre estes dois anos". A ideia acabou por ser um sucesso, mas não poupou a empresa de nova batalha jurídica com a FIFA.

Em 2006, na Alemanha, o caso mais polêmico foi com a fabricante dos chocolates *Ferrero Rocher*. A empresa distribuiu brindes, com bonecos alusivos à competição, onde estava escrito, em alemão e inglês, "Mundial de 2006".

O quê?

Usar o nome do Mundial?

Nem pensar!

Lá foi a FIFA para os tribunais. Conseguiu impedir a campanha. No entanto, a Ferrero Spa recorreu e, em 2008, o tribunal alemão deu razão à empresa de chocolates, libertando das correntes da FIFA o uso das marcas WM 2006, WORLD CUP 2006, WORLD CUP GERMANY, GERMANY 2006 e WORLD CUP GERMANY 2006.

Mas isto foi em 2008. O Mundial da Alemanha aconteceu dois anos antes. Azar para os senhores dos chocolates. Irrelevante para a FIFA, que tinha conseguido impedir a campanha publicitária durante a competição.

Estes casos acontecem porque os governos dos países anfitriões permitem. Aceitam todas as condições para organizar o Mundial. Alemanha, África do Sul, Brasil, Rússia e Qatar. Mas também as candidaturas que foram derrotadas. Como a de Portugal e Espanha. Um episódio parecido ao das *Bavaria Babes* poderia acontecer num estádio português durante 2018. Assim, será um problema dos russos. Porém, os russos não dão problemas, como referiu Jérôme Valcke. Porque há menos democracia. Ao contrário de países como a Holanda e a Bélgica.

O comitê organizador desta candidatura afirmava que os dois países iriam ter lucros na ordem dos 300 milhões de euros. Lucros! O mesmo é dizer que esta verba já estaria acima de tudo o que seria investido em novos estádios, acessos, acomodações, etc. Depois de recuperar todo esse investimento ainda sobravam 300 milhões de euros. Nada mau. Mas um comitê independente fez outras contas e chegou à conclusão de que o Mundial iria trazer um prejuízo à Holanda na ordem dos 150 milhões de euros. Qualquer coisa como 9 euros por cidadão. Pode argumentar-se que, mesmo com esse prejuízo, o Mundial é uma oportunidade única para promover o país. Para ganhar mais no futuro em turismo e investimento estrangeiro? Não é bem assim.

No futuro, o Mundial será organizado noutra nação. Com mais investimento, novos estádios, etc. E aqui entramos novamente nas palavras de Valcke. É este o problema de países com democracia e liberdade de expressão. Revelam muita coisa, fazem contas, protestam, colocam a FIFA em causa. Países sem "um chefe de Estado forte, que pode decidir tudo sozinho, como Putin será em 2018".

Países como o Brasil…

Capítulo 17

Muda a coleira…

Um coquetel de boas emoções. Samba, festa, cor, caipirinha e beleza. Como na música de Seu Jorge: "Uma mulher brasileira/ um avião tropical."

E futebol, claro.

A Copa 2014.

No Brasil.

Sonho tornado realidade para os torcedores de todo o mundo. Paraíso na terra para os brasileiros. E nada mais interessa. Será? Bem, a FIFA talvez tenha pensado isso. E a CBF de Ricardo Teixeira e José Maria Marín? O mesmo! Até o governo brasileiro, primeiro com Lula e depois com Dilma, seguiu raciocínio semelhante.

O que poderia correr mal com um Mundial abençoado em solo brasileiro? Nada! Seria tudo joia. Mas o impensável aconteceu. Aquilo que ninguém esperava. Já chegamos lá. Por agora, regressamos a uma imagem familiar.

O pequeno homem no meio do palco e os líderes do futebol mundial em suspense. Blatter está habituado a ser o centro das atenções. Ele gosta. Até pensa que é comediante. Faz piadas sobre comandantes, cabeleireiros e os filhos que, segundo ele, todo mundo gostaria de ter.

Gosta de comparar Messi e Cristiano Ronaldo. Gosta de dar espetáculo para plateias de estudantes, como fez em Oxford, em 25 de outubro de 2013, quando tirou onda com Cristiano Ronaldo e faltou ao respeito aos portugueses e ao Real Madrid. Depois, usou o *twitter* para fazer um lamentável pedido de desculpas.

"Querido Cristiano, peço-te desculpa se te magoou o meu comentário bem-disposto num evento privado na sexta-feira. Nunca quis ofender-te."

Podia ter pensado numa forma mais educada do que um simples *post* no *twitter*. Talvez não fosse difícil dizer isto – e mais qualquer coisa – para uma câmera de filmar em vez de mandar alguém escrever. Ainda assim, por ele, o assunto estava resolvido.

Segue jogo!

Não foi mais do que uma brincadeira sem qualquer intenção jocosa. Pode ter sido provocada por excesso de divertimento no almoço. Ou então o mau gosto do suíço dispensa a desinibição dada por um bom vinho. Provavelmente, a inconveniência é-lhe inata. Natural. Constante.

Afinal de contas, é um homem habituado à ribalta. Seja com imitações ridículas ou com os papéis dourados que anunciam qual o próximo país a organizar um Mundial. Sempre ele. No centro do palco. A desdobrar o papel.

"E o vencedor é..."

A história da Copa de 2014 começa assim. Tal como todas as outras. Em 3 de junho de 2003, a CONMEBOL anunciou que Argentina, Brasil e Colômbia seriam candidatas a receber o evento. Três anos depois, em 17 de março de 2006, as federações da CONMEBOL votaram, de forma unânime, na escolha do Brasil como seu único candidato. Até os argentinos. Era o poder de Teixeira, Havelange, Leoz e restantes camaradas.

E Blatter?

Veio logo de lá. Com as mudanças de opinião do costume. Em 4 de julho de 2006 disse que, nesse caso, haveria uma forte possibilidade de organizar o Mundial em solo brasileiro. Mas o país tinha de provar que era capaz. Ou seja: uma oportunidade para Blatter assustar os brasileiros e valorizar a corrida pelo evento.

Em 13 de abril de 2007, o suíço visita o Maracanã (Rio de Janeiro), o Morumbi (São Paulo), o Mineirão, (Belo Horizonte) e o Beira-Rio (Porto Alegre). Ficou feliz? Mostrou estar feliz? Escondeu as preocupações?

Nem pensar!

Disse que nenhum estádio brasileiro tinha condições para receber um jogo do Mundial. Ali estava ele, a lançar o pânico. Mas Lula fez questão de tranquilizar o pequeno homem.

Em 15 de setembro de 2006, Lula disse aos jornalistas que o Brasil deveria construir 12 novos estádios para ser capaz de sediar a Copa. Blatter tinha aqui as suas garantias. Dadas, nem mais, nem menos, pelo líder do governo brasileiro. O relógio da Copa continuou a andar.

Em 31 de julho de 2007, a CBF entregou na sede da FIFA, em Zurique, os documentos da sua candidatura, na qual apareciam 18 cidades selecionadas. No final do mês de agosto, os inspetores da FIFA estiveram nas cidades de São Paulo, Rio de Janeiro, Belo Horizonte, Brasília e Porto Alegre. Missão: vistoriar os estádios e infraestruturas de cada uma das cidades para fazer um relatório que animasse Blatter.

Correu bem!

Para a FIFA, para o governo brasileiro, para várias empresas ligadas a obras de estádios e acessos. Para o povo brasileiro a história é outra, mas já lá iremos.

Com base em relatórios favoráveis e nas garantias governamentais dadas pelo governo de Lula, a FIFA escolheu o Brasil como país-sede da Copa do Mundo de 2014. Foi em 30 de outubro de 2007. Uma data histórica (pelos melhores e piores motivos). Com Blatter, mais uma vez, a mostrar o papelzinho vencedor.

"Brasil!"

As pedras estavam lançadas e começava aqui a intifada da FIFA sobre o país tropical. Até junho de 2013, pensávamos em Mundial no Brasil e nunca nos vinham à cabeça palavras como "protestos", "descontentamento", "manifestações". Os brasileiros revoltarem-se por causa dos elevados gastos do governo na organização do Mundial? Nunca. Isso é utopia! Ficção!

Não, não é! É a realidade. É o agora!

Os brasileiros fizeram barulho. Deram uma lição ao mundo. Mostraram um cartão vermelho ao seu governo e à FIFA. O povo do país de Pelé, Garrincha, Ronaldo e Romário não quer o futebol a qualquer custo. Não quer um mês de jogos às suas custas. E usaram a Copa das Confederações para lutarem pelos seus direitos. Contra a cegueira do governo. Contra as leis de lucro desmedido impostas pela FIFA.

Frases como "o gigante acordou" ou "professor vale mais do que Neymar" prometem entrar para a história do Brasil contemporâneo e do próprio futebol internacional. Neymar, claro, não tem qualquer culpa. É apenas um jogador de futebol. Mas foi utilizado como símbolo de um ópio futebolístico que o governo e a FIFA tentaram impor ao povo brasileiro. Aos contribuintes brasileiros. Não deu certo. A indignação não foi parada pelos gols de Fred, pelos dribles de Neymar ou pela voz de comando de Scolari. O futebol não chegou para impedir a "revolta dos 20 centavos". Ficou com este nome quando os integrantes do movimento Passe Livre saíram às ruas, em 6 de junho de 2013, para protestar contra o aumento de 20 centavos na passagem de ônibus na cidade de São Paulo. Esses primeiros manifestantes nunca imaginaram que o seu protesto desse início a um movimento de contestação nacional que invadiu as ruas do Brasil durante a última Copa das Confederações.

Ninguém esperava, claro. Porque é futebol. Porque são brasileiros. Porque é futebol no Brasil. Mas aconteceu de forma espontânea. E explosiva.

O governo brasileiro foi pressionado a agir e anunciou aquilo que todos sabiam. Aquilo que acontece sempre nos países que organizam o Campeonato do Mundo: os custos serão superiores ao que estava inicialmente previsto. O valor total deverá ascender a 28 bilhões de reais (cerca de 9,7 bilhões de euros), quando a estimativa, em fevereiro, era de 26,5 bilhões de reais (9,18 bilhões de euros). A construção e remodelação de estádios, melhoramentos das redes rodoviárias, de transportes públicos e aeroportos teve um custo superior em 5,6% ao que tinha sido estipulado.

Quanto ganha a FIFA?

"O Mundial de 2014 deverá dar-nos um lucro de 3,5 bilhões de dólares e as despesas devem chegar aos 2,3 bilhões de dólares, pelo que teremos um resultado positivo de 1,2 bilhões de dólares", disse Jérôme Valcke numa conferência de imprensa em 19 de janeiro de 2013.

O secretário-geral, porém, ressalvou que a entidade fica apenas com uma pequena parte: "Oitenta por cento do dinheiro que recebemos regressam ao futebol na forma de ajuda financeira." Se assim for, os lucros da FIFA com o Mundial de 2014 – e já retirados os 80% para "ajuda financeira" – ficam próximos dos 186 milhões de euros.

E quanto gasta?

A melhor resposta foi dada por Romário num vídeo publicado na internet durante os protestos no Brasil. O ex-jogador e campeão do Mundo (EUA – 1994) fez contas diferentes das de Valcke e apontou ainda mais lucros para o organismo de Blatter e companhia.

"A FIFA chega, monta o circo, não gasta nada e leva tudo."

"O verdadeiro presidente do Brasil hoje chama-se FIFA. Ela chega aqui e monta um Estado dentro do Estado", afirmou Romário, que também é deputado federal pelo estado do Rio de Janeiro.

"A FIFA terá um lucro de quatro bilhões de reais [cerca de 1,6 bilhões de euros] e teria de pagar impostos de bilhões de reais, mas não vai pagar nada", garantiu, ao citar as concessões fiscais decididas pelo governo brasileiro (as tais garantias governamentais exigidas pela FIFA).

Romário limitou-se a dizer o que os brasileiros gritavam na rua. Futebol, sim. Mas há outras prioridades.

"Os nossos governantes têm de entender, definitivamente, que, a partir de agora, acabaram os dias de desvios, corrupção, roubos, desonestidade e, principalmente, de falta de respeito para com o nosso povo."

Quem paga os Mundiais são as populações. A FIFA apenas exige: isenção fiscal, exclusividade comercial, acessos, hotéis e estádios. Novos estádios. Muitos estádios. Entre obras de raiz e reconstruções, o Brasil ergueu 12 novos estádios para o Mundial. Atenção: 12 estádios para um mês de futebol, com 32 equipes e 64 jogos. Na África do Sul foram 10. Hoje são elefantes brancos. Algumas dessas construções milionárias estão abandonadas.

Um torneio com 64 jogos pode decorrer em oito estádios. Sem problemas. Sem complicações organizativas. Mas isso teria pouco *glamour* para o que a FIFA exige. A entidade quer obras de grande magnitude. Espalhadas pelos vários pontos do país. Estádios enormes que, por vezes, recebem apenas dois jogos do Mundial. Depois, a festa do futebol vai-se embora. Restam as lembranças… e as elevadas despesas de manutenção.

Este é um requisito que tem de ser cumprido. Grandes recintos desportivos em tempo recorde. E quando um país se atrasa? É ameaçado e insultado pela FIFA. Como aconteceu com o Brasil e com Valcke.

Em março de 2012, o secretário-geral estava preocupado com as demoras nas obras (estádios, acessos e hotéis) e disse que o país precisava ser pressionado. Mas com recurso a outras palavras.

"O Brasil precisa levar um chute no traseiro."

Incidente diplomático. Valcke atacado em toda a imprensa. Valcke a pedir desculpa dias depois. Valcke a dizer que nunca foi sua intenção ofender o povo brasileiro, porque eles são os melhores do Mundo e com certeza que vai ser um grande Mundial, etc., etc., etc.

Copa das Confederações: milhões de brasileiros invadem as ruas do Brasil para se manifestarem contra o governo e contra a FIFA. Esse foi o verdadeiro chute no traseiro. Dado pelo povo brasileiro a homens como Valcke e Blatter. O presidente da FIFA ficou assustado com a dimensão dos protestos. O hotel onde estava chegou a ser apedrejado. Aconteceu o mesmo com um ônibus da entidade. A meio da Copa das Confederações, Blatter abandonou o Brasil para viajar até a Turquia (precisamente quando as manifestações assumiam a maior escalada de violência). O dirigente justificou a sua ausência temporária com a participação na cerimônia de abertura do Mundial de sub-20. A imprensa brasileira, porém, acusa Blatter de ter dado essa desculpa para fugir do país uns dias e voltar quando as coisas estivessem mais calmas.

Valcke continuou no Brasil. É o responsável da FIFA pela organização do Mundial. Tem passado os últimos anos entre Zurique e as cidades anfitriãs brasileiras para 2014. Entre declarações polêmicas e pedidos de desculpa. Ou seja: entre altos e baixos. Uma sensação que ele já conhecia antes da sua aventura por terras brasileiras.

Começou como diretor de *marketing* da FIFA, mas a sua reputação foi manchada num tribunal de Manhattan, em 2006, quando a MasterCard processou a FIFA por mentir sobre um contrato publicitário. Valcke estava negociando, em segredo, com a rival Visa. O advogado da MasterCard, Martin Hyman, disse ao juiz: "Com o grupo de *marketing* da FIFA, aprendemos sobre os seis graus de prevaricação: mentiras pequenas, mentiras comerciais, blefes, mentiras puras, mentiras diretas e perjúrio. O senhor Valcke mentiu até quando testemunhou sobre as suas mentiras. Mas no mundo da FIFA isso é perfeitamente normal."

O juiz concordou, a FIFA perdeu o processo (uma coisa rara) e Blatter não teve outra saída a não ser demitir Valcke. Isto foi em dezembro de 2006. Seis meses depois, contudo, Valcke seria contratado para um cargo ainda mais alto: diretor-executivo da FIFA. Hoje é secretário-geral e a principal aposta de Blatter para lhe suceder como presidente. Está sendo preparado para esse momento (como, em tempos, aconteceu com Platini).

O francês com cara de fiscal simpático ganhou ainda mais midiatismo durante o sorteio da Copa, realizado em 6 de dezembro de 2013, na Costa do Sauípe. Foi o homem escolhido pela FIFA para mostrar os papéis com os nomes das seleções que estavam nas bolas retiradas por várias glórias do futebol mundial: Cafu (Brasil); Canavarro (Itália); Zidane (França); Ghiggia (Uruguai); Matthäus (Alemanha); Kempes (Argentina); Hurst (Inglaterra) e Hierro (Espanha). Todos eles foram campeões do mundo em campo, tirando o espanhol Hierro, embora fosse diretor técnico da La Roja que venceu o Mundial da África do Sul, em 2010. E todos eles seriam abafados por Valcke. Terá sido pelos dotes de apresentador do secretário-geral da FIFA? Pela sua grande postura televisiva? Por qualquer veia de animal de palco que estava escondida e pôde soltar-se naquele momento?

Nada disso!

Valcke tornou-se o nova *popstar* da FIFA por causa de um vídeo de origem desconhecida que passou a circular na Internet. Uma das maiores teorias da conspiração a envolver a FIFA.

Este vídeo tenta provar que todo o procedimento foi falseado e que o sorteio não passou de uma encenação para que a FIFA pudesse manipular os grupos do Mundial (de forma a colocar em grupos mais favoráveis as seleções da sua preferência, por questões comerciais, interesses políticos, promessas anteriores ou outros). Um vídeo que sugere práticas corruptas na FIFA não é novidade. Mas tem sempre impacto.

As imagens defendem-se pelas próprias imagens. E mostram que as bolinhas do sorteio dadas a Valcke são abertas por ele à frente das câmeras, mas depois o braço-direito de Blatter baixa as mãos atrás da mesa da mesa antes de mostrar o papel com o nome da seleção x que irá parar ao grupo y. Faz isto de todas as vezes.

Por quê?

A suspeita levantada pelo vídeo garante que Valcke aproveita ter as mãos escondidas debaixo da bancada para trocar os papéis e mostrar uma equipe já pré-determinada. Rebuscado? Nunca arriscaria tal coisa à frente de todo o mundo? Estamos falando da FIFA: impossível de provar; impossível de contrariar.

O vídeo faz ainda a comparação com a bolinha do Brasil: já todos sabiam que seria o cabeça de chave do grupo A. Por isso, Cafu abre a bola à frente de toda a gente. A partir daí, todas as outras bolas são manuseadas por Valcke, mas sempre com as mãos escondidas.

A apresentadora Fernanda Lima estava ao lado do francês e ficou com a responsabilidade de tirar as bolas com o emparelhamento dos grupos (a ordem de cada seleção no respectivo grupo). Mas a bonita brasileira abre a bolinha e tira o papel sem nunca esconder as mãos cuidadas do público e dos telespectadores.

Mais: o mesmo vídeo mostra ainda que os papéis exibidos por Fernanda Lima voltam a enrolar-se quando ela solta uma das pontas, enquanto os de Valcke ficam esticados e imaculados – essa diferença mostraria, alegadamente, que os papéis do dirigente não estavam dentro da bola. Apareciam de outro lado. Como magia. Como um número Houdini.

O mundo chocado.

O mundo a pedir explicações.

O mundo a precisar de novo comunicado da FIFA.

"Gostaríamos de esclarecer que essas alegações são completamente infundadas. Três representantes da Ernst & Young supervisionaram e validaram todos os preparativos do sorteio. Além disso, havia pelo menos sete câmeras a filmar o sorteio de vários ângulos em todos os momentos: três estavam localizadas no centro, duas nas diagonais e mais duas câmaras em *dollys*, sem contar a câmara que filmava diretamente de cima o secretário-geral da FIFA." Sim, Valcke estava vigiado por todo o lado. Tantos ângulos, tantas lentes. Curiosamente, neste imenso Big Brother em torno do francês, a filmagem de televisão nunca mostra nenhum dos outros ângulos em que se pudesse ver o que estava na bancada por trás da qual ficavam as mãos de Valcke.

Mais uma vez: teoria da conspiração. Mas era tão fácil de evitar. Bastava que o francês que escondeu a verdade da MasterCard no processo em 2006, não escondesse as mãos na Costa do Sauípe em 2013. Bastava que ficasse com as mãos à vista. Como Cafu. Como Fernanda Lima. E aqui está um ponto fundamental…

Antes do aparecimento do tal vídeo, ninguém tinha reparado em qualquer movimento estranho de Valcke. Arrisco mesmo a dizer que o público masculino nem sequer tinha reparado em Valcke. Ele estava ao lado da bela Fernanda Lima. E o mundo inteiro gostou do que viu. Aliás, quase todo o mundo. Segundo o jornal francês *Le Point*, a transmissão iraniana foi abruptamente interrompida quando Fernanda Lima apareceu com o seu vestido curto e o decote sensual. Em resumo: os torcedores do Irã, comandado pelo treinador português Carlos Queiroz, conheceram os seus rivais no Mundial de 2014 apenas devido ao som.

Não viram Fernanda, ao contrário de todos nós.

Não viram as mãos de Valcke, tal como todos nós.

Vamos supor que o francês até poderia estar com vergonha de mostrar as mãos porque naquele dia tinha-se esquecido de ir a manicure. E até pode não ter trocado qualquer papel. Mas todo o caso MasterCard, ainda em 2006, mostra que nunca devia estar presente num sorteio do Mundial, nem sequer devia integrar um organismo que tinha de fazer da transparência de processos a sua maior bandeira.

Num mundo perfeito seria assim, claro. Na FIFA, é outra história. A falta de transparência e de verdade estão entre os principais requisitos para quem quer chegar longe neste organismo.

Essa educação dos sucessores tem sido uma constante. Havelange deu o lugar ao seu secretário-geral. Blatter deseja fazer o mesmo com Valcke, seja em 2015 ou mais tarde. Nicolás Leoz deixou a cadeira da CONMEBOL para o "vice" Eugenio Figueredo. Ricardo Teixeira saiu da CBF e foi rendido pelo seu braço-direito José Maria Marin (sobre o qual também recaem várias suspeitas de práticas ilícitas).

Os brasileiros têm um ditado para estas situações: "Muda a coleira, não muda o cachorro." Mas durante a Copa das Confederações, os brasileiros também provaram que a tradição já não é o que era. Mostraram que estavam fartos de ver o futebol ser utilizado como sedativo. Contrariaram a frase do escritor Millôr Fernandes: "O futebol é o ópio do povo e o narcotráfico da mídia." Acordaram, foram para a rua. Para os estádios. Em nome das suas vidas, dos seus direitos e do próprio futebol. Deram o exemplo.

 Gritaram contra a FIFA!
 Gritaram contra a corrupção!
 E vocês?

ANEXOS

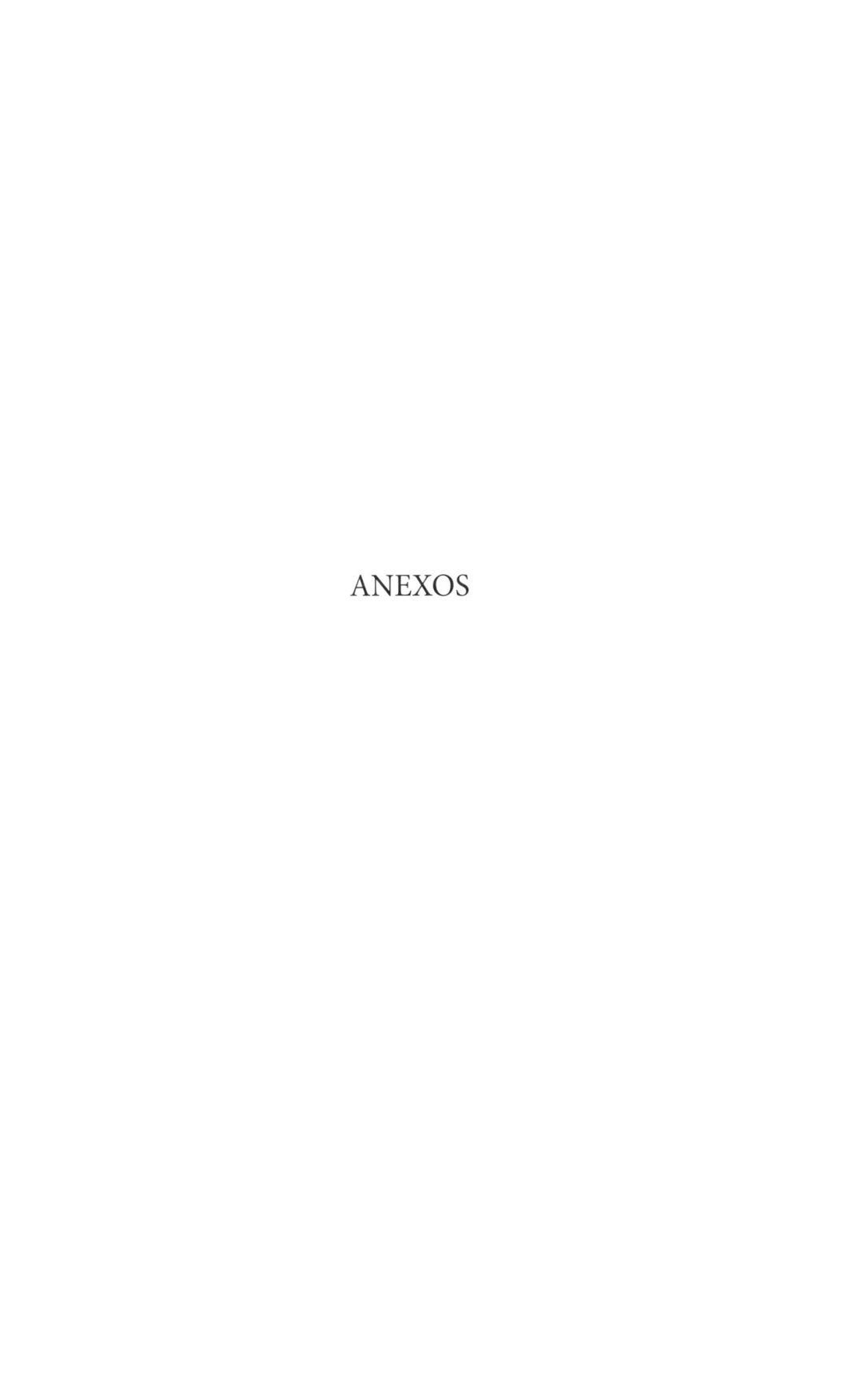

Carta da candidatura inglesa ao Mundial de 2018 para o comitê executivo da FIFA

Os membros da candidatura inglesa queriam afastar-se das reportagens de alguns meios de comunicação britânicos sobre alegações de corrupção dentro da FIFA.

BIDDING NATION ENGLAND

12 November 2010

England 2018
President: Prince William
T: +44 (0) 208 733 2800 x4545
F: +44 (0) 208 782 6750
E: info@thefa.com

Dear FIFA Executive Committee Member, dear colleague,

Hope all is well with you.

We are now entering the final weeks before the vote for the 2018/22 FIFA World Cup. Much has happened in recent weeks and there are a number of issues which we would like to raise with you formally on behalf of England 2018.

Over the years, and throughout the FIFA World Cup bidding process, we have built up strong personal relationships which will endure long into the future. It is the strength of these relationships which gives us the confidence to address these issues with you directly and honestly.

Throughout the bidding process all the members of the FIFA Executive Committee have welcomed the bid team into their family and for that we feel very privileged and grateful.

In recent weeks, the role of the British media and its relationship with both FIFA as an organisation and the individual members of the FIFA Executive Committee has come under the spotlight and there has been significant speculation as to the effect that this might have on our bid.

It has been a difficult time for FIFA and as a member of the football family we naturally feel solidarity with you and your colleagues.

The actions FIFA has taken have been appropriate, demonstrating a robust process. We all agree that if there is evidence of corruption it must be investigated and, if proven, cannot be condoned. At the same time your colleagues and our friends are facing investigation by the Ethics Committee and are rightly entitled to a fair hearing.

Rest assured we have done all we can to assist FIFA and its members during recent weeks. It was members of the England bid which alerted the FIFA General Secretary, on September 29, to the activities of a bogus company which turned out to be The Sunday Times investigation. We kept him informed on regular occasions as we conducted our investigation into this company. We are certain that he, and other members, will confirm these actions to you.

Furthermore it is now public knowledge that we have made representations to the BBC regarding a forthcoming documentary they are planning. We are alerting you to fact that the programme appears in part to be raking over allegations some of which are up to 10 years old and have already been formally dealt with by FIFA and the Swiss courts.
We hope England's bid will not be judged negatively due to the activities of individual media organisations, regardless of one's view of their conduct. We hope you appreciate that we have no control over the British media.

The England bid stands on its own above any such activities, representing our country as a whole, and the millions of fans who are desperate to see a World Cup in England. As such we have run a professional and vigorous campaign always conducted within FIFA guidelines.

Whilst there is currently a critical assessment of the British media we should also emphasise it has a huge positive impact and can be a powerful force for change for the global football family.

Every day it devotes more space and air time to football than in any other country. It pays more for rights and invests more in football than in any other market directly benefiting football around the world.

Concern over what the future might hold for FIFA in its relationship with the British media if we were to be successful should also be dismissed. We are sure that FIFA would receive a positive reception and can use this unprecedented platform to generate increased awareness for its partners and stakeholders and the promotion of the game globally.

We all want a FIFA World Cup vote to focus on the positive elements of the overall bidding process. In this regard, the forthcoming publication of the FIFA technical evaluation and inspection visit reports is critical and will show how bidding nations have put huge amounts of work and imagination into demonstrating their respective attributes.

In our case we believe our passion for football, the diverse and welcoming nature of our communities, the commercial certainty of a FIFA World Cup in England, our major events experience and our significant plans for an impactful global legacy will be well received and it is on this basis we would like to be judged.

We believe a FIFA World Cup in England hands FIFA its greatest platform to stage the most spectacular festival of football imaginable and to create the greatest global impact through football and social development.

We know you will want to make your decision based on what is best for football. We naturally believe England represents the best choice for FIFA.

We look forward to seeing you in the final weeks of the campaign.

With best regards,

Geoff Thompson,
FIFA and UEFA Vice-President
and Chairman, England 2018

David Dein,
International President,
England 2018

Congresso da FIFA (1904-2014)

João Havelange foi eleito presidente no congresso de Frankfurt (1974). Sepp Blatter seria o presidente seguinte, eleito em Paris (1998).

FACT Sheet

FIFA
For the Game. For the World.

FIFA Congress venues 1904 -2014

Year	City	Country	#	Year	City	Country	#
1904	Paris	FRA	1	1962	Santiago	CHI	33
1905	Paris	FRA	2	1964	Tokyo	JPN	34
1906	Berne	SUI	3	1966	London	ENG	35
1907	Amsterdam	NED	4	1968	Guadalajara	MEX	36
1908	Vienna	AUT	5	1970	Mexico City	MEX	37
1908*	Brussels	BEL		1972	Paris	FRA	38
1909	Budapest	HUN	6	1974	Frankfurt	FRG	39
1910	Milan	ITA	7	1976	Montreal	CAN	40
1911	Dresden	GER	8	1978	Buenos Aires	ARG	41
1912	Stockholm	SWE	9	1980	Zurich	SUI	42
1913	Copenhagen	DEN	10	1982	Madrid	ESP	43
1914	Christiana	NOR	11	1984	Zurich	SUI	44
1923	Geneva	SUI	12	1986	Mexico City	MEX	45
1924	Paris	FRA	13	1988	Zurich	SUI	46
1925	Prague	TCH	14	1990	Rome	ITA	47
1926	Rome	ITA	15	1992	Zurich	SUI	48
1927	Helsingfors	FIN	16	1994	Chicago	USA	49
1928	Amsterdam	NED	17	1996	Zurich	SUI	50
1929	Barcelona	ESP	18	1998	Paris	FRA	51
1930	Budapest	HUN	19	1999*	Los Angeles	USA	
1931	Berlin	GER	20	2000	Zurich	SUI	52
1932	Stockholm	SWE	21	2001*	Buenos Aires	ARG	
1934	Rome	ITA	22	2002	Seoul	KOR	53
1936	Berlin	GER	23	2003*	Doha	QAT	
1938	Paris	FRA	24	2004	Paris	FRA	54
1946	Luxembourg	LUX	25	2005	Marrakesh	MAR	55
1948	London	ENG	26	2006	Munich	GER	56
1950	Rio de Janeiro	BRA	27	2007	Zurich	SUI	57
1952	Helsinki	FIN	28	2008	Sydney	AUS	58
1954	Berne	SUI	29	2009	Nassau	BAH	59
1956	Lisbon	POR	30	2010	Johannesburg	RSA	60
1958	Stockholm	SWE	31	2011	Zurich	SUI	61
1960	Rome	ITA	32	2012	Budapest	HUN	62
1961*	London	ENG		30./31.05. 2013	Pailles	MRI	63
				10./11.06.2014	Sao Paolo	BRA	64

* Extraordinary Congress

Patrocinadores oficiais da FIFA

A FIFA conseguiu usar o poder do futebol e do Campeonato do Mundo para angariar apoios comerciais de algumas das maiores empresas do mundo.

FACT Sheet

FIFA
For the Game. For the World.

The Official FIFA World Cup™ Partners & Sponsors since 1982

	2014*	2010*	2006	2002	1998	1994	1990	1986	1982
adidas	x	x	x	x	x				
Coca-Cola	x	x	x	x	x	x	x	x	x
Emirates	x	x	x						
Hyundai -Kia Motors (2002 -2006: Hyundai)	x	x	x	x					
Sony	x	x							
Visa	x	x							
Alfa Romeo							x		
Anheuser-Busch (Budweiser)	(x)	(x)	x	x	x		x	x	
Avaya			x	x					
Bata								x	
Canon					x	x	x	x	x
Castrol	(x)	(x)							
Cinzano								x	
Continental	(x)	(x)	x						
Deutsche Telekom			x						
Energizer							x		
Fuji Xerox				x					
Fujifilm			x	x	x	x	x	x	x
Gillette			x	x	x	x	x	x	x
Iveco									x
Johnson & Johnson	(x)								
JVC				x	x	x	x	x	x
Korea Telekom/NTT				x					
MasterCard			x	x	x	x			
McDonald's	(x)	(x)	x	x	x	x			
Metaxa									x
MTN		(x)							
Oi	(x)								
Opel (1994: General Motors)					x	x		x	
Philips			x	x	x	x	x	x	
R.J. Reynolds (1986: Camel/1982: Winston)								x	x
Satyam		(x)							
Seara	(x)								
Seiko								x	x
Snickers (1990: Mars/m&m's)					x	x	x		
Toshiba			x	x					
Vini d'Italia							x		
Yahoo!			x	x					
Yingli Solar	(x)								
TOTAL	6 (+8)	6 (+6)	15	15	12	11	10	12	9

*FIFA's commercial hierarchy now comprises six FIFA Partners (shown in bold), eight FIFA World Cup Sponsors (previously six) and six National Supporters

Bola de Ouro FIFA 2012 - *Top* 3

FIFA Ballon d'Or 2012 - voting results

FIFA BALLON D'OR 2012

Rank	Surname	Name	Country	% of total votes
1	Messi	Lionel	Argentina	41.60
2	Cristiano Ronaldo		Portugal	23.68
3	Iniesta	Andrés	Spain	10.91

FIFA WOMEN'S WORLD PLAYER 2012

Rank	Surname	Name	Country	% of total votes
1	Wambach	Abby	USA	20.67
2	Marta		Brazil	13.50
3	Morgan	Alex	USA	10.87

FIFA WORLD COACH MEN'S FOOTBALL 2012

Rank	Surname	Name	Country	% of total votes
1	del Bosque	Vicente	Spain	34.51
2	Mourinho	José	Portugal	20.49
3	Guardiola	Pep	Spain	12.91

FIFA WORLD COACH WOMEN'S FOOTBALL 2012

Rank	Surname	Name	Country	% of total votes
1	Sundhage	Pia	Sweden	28.59
2	Sasaki	Norio	Japan	23.83
3	Bini	Bruno	France	9.02

Bola de Ouro FIFA 2012 - por *ranking*

FIFA Ballon d'Or 2012 - voting results

FIFA BALLON D'OR 2012

Rank	Surname	Name	Country	% of total votes	% of coaches votes	% of captains' votes	% of media votes
1	Messi	Lionel	Argentina	41.60	14.79	13.25	13.56
2	Cristiano Ronaldo		Portugal	23.68	7.69	7.23	8.76
3	Iniesta	Andrés	Spain	10.91	2.66	3.33	4.92
4	Xavi		Spain	4.08	1.26	1.92	0.90
5	Falcao	Radamel	Colombia	3.67	1.39	1.15	1.12
6	Casillas	Iker	Spain	3.18	0.78	0.72	1.68
7	Pirlo	Andrea	Italy	2.66	0.85	1.02	0.79
8	Drogba	Didier	Côte d'Ivoire	2.60	0.87	0.92	0.81
9	van Persie	Robin	Netherlands	1.45	0.31	0.72	0.43
10	Ibrahimovic	Zlatan	Sweden	1.24	0.63	0.59	0.02
11	Alonso	Xabi	Spain	1.09	0.50	0.59	0.00
12	Touré	Yaya	Côte d'Ivoire	0.76	0.31	0.35	0.11
13	Neymar		Brazil	0.61	0.37	0.24	0.00
14	Özil	Mesut	Germany	0.41	0.22	0.17	0.02
15	Rooney	Wayne	England	0.39	0.09	0.28	0.02
16	Buffon	Gianluigi	Italy	0.35	0.20	0.13	0.02
17	Agüero	Sergio	Argentina	0.30	0.13	0.15	0.02
18	Ramos	Sergio	Spain	0.22	0.02	0.20	0.00
19	Neuer	Manuel	Germany	0.21	0.15	0.02	0.04
20	Busquets	Sergio	Spain	0.20	0.11	0.09	0.00
21	Piqué	Gerard	Spain	0.11	0.00	0.09	0.02
22	Benzema	Karim	France	0.11	0.00	0.11	0.00
23	Balotelli	Mario	Italy	0.07	0.00	0.07	0.00
	Invalid points			0.09	0.00	0.00	0.09
				100.00	33.33	33.33	33.33

FIFA BALLON D'OR 2012

FIFA WOMEN'S WORLD PLAYER 2012

Rank	Surname	Name	Country	% of total votes	% of coaches votes	% of captains' votes	% of media votes
1	Wambach	Abby	USA	20.67	6.93	5.68	8.06
2	Marta		Brazil	13.50	4.38	4.95	4.17
3	Morgan	Alex	USA	10.87	3.25	3.73	3.89
4	Sawa	Homare	Japan	10.85	4.55	4.35	1.94
5	Sinclair	Christine	Canada	10.33	2.88	3.28	4.17
6	Lloyd	Carli	USA	7.99	1.55	1.81	4.63
7	Abily	Camille	France	7.70	2.32	2.88	2.50
8	Miyama	Aya	Japan	7.51	3.25	3.05	1.20
9	Fukumoto	Miho	Japan	7.32	3.39	1.89	2.04
10	Rapinoe	Megan	USA	2.89	0.82	1.70	0.37
	Invalid points			0.37	0.00	0.00	0.37
				100.00	33.33	33.33	33.33

FIFA WORLD COACH MEN'S FOOTBALL 2012

Rank	Surname	Name	Country	% of total votes	% of coaches votes	% of captains' votes	% of media votes
1	del Bosque	Vicente	Spain	34.51	11.96	8.41	14.14
2	Mourinho	Jose	Portugal	20.49	5.90	8.76	5.83
3	Guardiola	Pep	Spain	12.91	5.08	5.77	2.06
4	Di Matteo	Roberto	Italy	12.02	2.88	3.05	6.09
5	Ferguson	Alex	Scotland	5.82	2.51	2.81	0.50
6	Klopp	Jürgen	Germany	4.78	1.55	1.68	1.56
7	Prandelli	Cesare	Italy	3.34	1.26	0.78	1.29
8	Mancini	Roberto	Italy	3.10	0.96	1.33	0.81
9	Löw	Joachim	Germany	1.15	0.57	0.54	0.04
10	Heynckes	Jupp	Germany	1.00	0.68	0.20	0.13
	Invalid points			0.88	0.00	0.00	0.88
				100.00	33.33	33.33	33.33

FIFA WORLD COACH WOMEN'S FOOTBALL 2012

Rank	Surname	Name	Country	% of total votes	% of coaches votes	% of captains' votes	% of media votes
1	Sundhage	Pia	Sweden	28.59	8.14	8.14	12.31
2	Sasaki	Norio	Japan	23.83	9.76	8.14	5.93
3	Bini	Bruno	France	9.02	3.48	2.67	2.87
4	Lair	Patrice	France	7.64	1.80	2.33	3.52
5	Neid	Silvia	Germany	6.48	1.85	2.78	1.85
6	Herdman	John	England	6.31	1.66	1.60	3.06
7	Yoshida	Hiroshi	Japan	5.75	2.19	2.64	0.93
8	Swanson	Steve	USA	5.02	1.60	1.57	1.85
9	Meinert	Maren	Germany	3.70	1.29	1.85	0.56
10	Powell	Hope	England	3.29	1.57	1.63	0.09
	Invalid points			0.37	0.00	0.00	0.37
				100.00	33.33	33.33	33.33

Fonte: Fifa.com

Bola de Ouro-Melhor Técnico FIFA 2012

lista apresenta o voto do capitão da Macedônia, Goran Pandev, em Vicente Del Bosque (cf. p. 220). jogador, no entanto, garantiu ter votado em Mourinho.

FIFA WORLD COACH MEN'S FOOTBALL 2012

Vote	Country	Name	First (5 points)	Second (3 points)	Third (1 point)
Captain	Afghanistan	Yosufzai Hamidullah	Mourinho José	Guardiola Pep	Löw Joachim
Captain	Albania	Cana Lorik	Klopp Jürgen	Mourinho José	Di Matteo Roberto
Captain	Algeria	Bougherra Madjid	Mourinho José	Di Matteo Roberto	Ferguson Alex
Captain	American Samoa	Amisone Liatama	Ferguson Alex	del Bosque Vicente	Guardiola Pep
Captain	Andorra	Sonejee Masand Oscar	del Bosque Vicente	Mourinho José	Di Matteo Roberto
Captain	Anguilla	Girdon Connor	Mancini Roberto	Ferguson Alex	Guardiola Pep
Captain	Antigua and Barbuda	Dublin George	Mourinho José	Guardiola Pep	Ferguson Alex
Captain	Argentina	Messi Lionel	Guardiola Pep	del Bosque Vicente	Mourinho José
Captain	Armenia	Berezovski Roman	del Bosque Vicente	Mourinho José	Guardiola Pep
Captain	Aruba	Baten Raymond	del Bosque Vicente	Klopp Jürgen	Guardiola Pep
Captain	Australia	Neill Lucas	Mourinho José	del Bosque Vicente	Klopp Jürgen
Captain	Austria	Fuchs Christian	Guardiola Pep	del Bosque Vicente	Mancini Roberto
Captain	Azerbaijan	Sadikhov Rashad	del Bosque Vicente	Mourinho José	Klopp Jürgen
Captain	Bahamas	Leslie St. Fleur	Di Matteo Roberto	Ferguson Alex	del Bosque Vicente
Captain	Bangladesh	Sujon Md.	Mourinho José	Guardiola Pep	Di Matteo Roberto
Captain	Barbados	Williams Rashida	del Bosque Vicente	Ferguson Alex	Guardiola Pep
Captain	Belarus	Veremko Siarhei	del Bosque Vicente	Prandelli Cesare	Klopp Jürgen
Captain	Belgium	Kompany Vincent	Klopp Jürgen	Guardiola Pep	del Bosque Vicente
Captain	Belize	Gaynair Ian	Mourinho José	Guardiola Pep	Di Matteo Roberto
Captain	Bermuda	Nusum John Barry	del Bosque Vicente	Mourinho José	Mancini Roberto
Captain	Bhutan	Tshering Pasang	Mourinho José	Ferguson Alex	Guardiola Pep
Captain	Bolivia	Raldes Ronald	Mourinho José	del Bosque Vicente	Guardiola Pep
Captain	Bosnia-Herzegovina	Emir Spahic	Guardiola Pep	Mourinho José	Ferguson Alex
Captain	Botswana	Thuma Mompati	Ferguson Alex	Heynckes Jupp	Mourinho José
Captain	Brazil	Da Silva Thiago Emiliano	Mourinho José	del Bosque Vicente	Di Matteo Roberto
Captain	Brunei Darussalam	Haji Kamis Rosmin	Mourinho José	del Bosque Vicente	Guardiola Pep
Captain	Bulgaria	Popov Ivelin	del Bosque Vicente	Di Matteo Roberto	Mancini Roberto
Captain	Burkina Faso	Dagano Moumouni	Guardiola Pep	Löw Joachim	Mourinho José
Captain	Burundi	Nahayo Valery	Guardiola Pep	Ferguson Alex	Mourinho José
Captain	Cambodia	Sok Ngon Keo	del Bosque Vicente	Heynckes Jupp	Prandelli Cesare
Captain	Cameroon	Eto'o Fils Samuel	Mourinho José	del Bosque Vicente	Löw Joachim
Captain	Canada	Mckenna Kevin	del Bosque Vicente	Klopp Jürgen	Mancini Roberto
Captain	Cape Verde Islands	Neves Fernando	Mourinho José	Guardiola Pep	del Bosque Vicente
Captain	Cayman Islands	Lindo Ian	del Bosque Vicente	Löw Joachim	Prandelli Cesare

FIFA WORLD COACH MEN'S FOOTBALL 2012

Vote	Country	Name	First (5 points)	Second (3 points)	Third (1 point)
Captain	Chad	Koulara Armel	del Bosque Vicente	Mourinho José	Di Matteo Roberto
Captain	China PR	Zheng Zhi	Mourinho José	Di Matteo Roberto	del Bosque Vicente
Captain	Colombia	Yepes Mario Alberto	del Bosque Vicente	Mourinho José	Guardiola Pep
Captain	Comoros	Mroivili Mahamoud	del Bosque Vicente	Ferguson Alex	Mourinho José
Captain	Congo	Andzouana Kevin	Mourinho José	del Bosque Vicente	Guardiola Pep
Captain	Congo DR	Mputu Mabi Trésor	del Bosque Vicente	Mourinho José	Prandelli Cesare
Captain	Costa Rica	Ruiz Bryan	Guardiola Pep	Mourinho José	Ferguson Alex
Captain	Croatia	Srna Darijo	Guardiola Pep	Mourinho José	Ferguson Alex
Captain	Cuba	Molina Odelin	del Bosque Vicente	Mourinho José	Mourinho José
Captain	Curaçao	Bernardus Ashar	del Bosque Vicente	Guardiola Pep	Di Matteo Roberto
Captain	Cyprus	Constantinou Michael	del Bosque Vicente	Guardiola Pep	Di Matteo Roberto
Captain	Czech Republic	Rosický Tomáš	del Bosque Vicente	Mourinho José	Klopp Jürgen
Captain	Denmark	Agger Daniel	Guardiola Pep	Mourinho José	Di Matteo Roberto
Captain	Djibouti	Mohamed Kader Ahmed	Mancini Roberto	Mourinho José	Di Matteo Roberto
Captain	Dominican Republic	Barmettler Heinz	del Bosque Vicente	Ferguson Alex	Mancini Roberto
Captain	Ecuador	Ayovi Walter	del Bosque Vicente	Ferguson Alex	Klopp Jürgen
Captain	Egypt	Elhadary Essam	Mourinho José	del Bosque Vicente	Guardiola Pep
Captain	El Salvador	Portillo Dagoberto	del Bosque Vicente	Guardiola Pep	Mourinho José
Captain	England	Gerrard Steven	Guardiola Pep	Mourinho José	Prandelli Cesare
Captain	Eritrea	Goitom Daniel	Mourinho José	del Bosque Vicente	Di Matteo Roberto
Captain	Estonia	Klavan Ragnar	Klopp Jürgen	del Bosque Vicente	Ferguson Alex
Captain	Ethiopia	Debebe Degu	Mourinho José	Guardiola Pep	Ferguson Alex
Captain	Faroe Islands	Benjaminsen Fróði	Guardiola Pep	Ferguson Alex	Mourinho José
Captain	Finland	Moisander Niklas	Mourinho José	Ferguson Alex	Klopp Jürgen
Captain	France	Lloris Hugo	del Bosque Vicente	Mourinho José	Di Matteo Roberto
Captain	FYR Macedonia	Pandev Goran	del Bosque Vicente	Mancini Roberto	Klopp Jürgen
Captain	Georgia	Kankava Jaba	Mourinho José	Guardiola Pep	Prandelli Cesare
Captain	Germany	Lahm Philipp	del Bosque Vicente	Mourinho José	Mancini Roberto
Captain	Ghana	Gyan Asamoah	Guardiola Pep	Mourinho José	del Bosque Vicente
Captain	Greece	Salpingidis Dimitrios	Mourinho José	Di Matteo Roberto	Mancini Roberto
Captain	Grenada	Marshall Marc	Mourinho José	Klopp Jürgen	del Bosque Vicente
Captain	Guam	Cunliffe Jason	del Bosque Vicente	Prandelli Cesare	Mourinho José
Captain	Guatemala	Ruiz Gutierrez Carlos Humberto	Mourinho José	Guardiola Pep	del Bosque Vicente
Captain	Guinea	Zayatte Kamil	Mourinho José	del Bosque Vicente	Klopp Jürgen
Captain	Guyana	Nurse Chris	del Bosque Vicente	Guardiola Pep	Ferguson Alex
Captain	Honduras	Valladares Noel	Guardiola Pep	del Bosque Vicente	Di Matteo Roberto

FIFA WORLD COACH MEN'S FOOTBALL 2012

Vote	Country	Name	First (5 points)	Second (3 points)	Third (1 point)
Captain	Hong Kong	Chan Wai Ho	Mourinho José	Guardiola Pep	Ferguson Alex
Captain	Hungary	Gera Zoltán	del Bosque Vicente	Mourinho José	Di Matteo Roberto
Captain	Iceland	Gunnarsson Aron Einar	Mourinho José	Ferguson Alex	Mancini Roberto
Captain	India	Chhetri Sunil	Mancini Roberto	del Bosque Vicente	Mourinho José
Captain	Italy	Buffon Gianluigi	Prandelli Cesare	del Bosque Vicente	Di Matteo Roberto
Captain	Jamaica	Thomas Shavar	Ferguson Alex	Guardiola Pep	Mancini Roberto
Captain	Japan	Hasebe Makoto	Klopp Jürgen	Guardiola Pep	Di Matteo Roberto
Captain	Jordan	Deeb Amer	Mourinho José	Ferguson Alex	del Bosque Vicente
Captain	Kazakhstan	Nurdauletov Kairat	Di Matteo Roberto	del Bosque Vicente	Mancini Roberto
Captain	Korea DPR	Ri Myong Guk	Mourinho José	del Bosque Vicente	Di Matteo Roberto
Captain	Korea Republic	Ha Daesung	Guardiola Pep	Mourinho José	Klopp Jürgen
Captain	Kuwait	Al-khaldi Nawaf	Guardiola Pep	Mancini Roberto	del Bosque Vicente
Captain	Kyrgyzstan	Baimatov Azamat	Mourinho José	del Bosque Vicente	Di Matteo Roberto
Captain	Laos	Phaphouvaninh Vixay	Mourinho José	Guardiola Pep	Ferguson Alex
Captain	Latvia	Gorkšs Kaspars	Guardiola Pep	Klopp Jürgen	Mancini Roberto
Captain	Lebanon	Antar Roda	Di Matteo Roberto	Mourinho José	Guardiola Pep
Captain	Liberia	Gebro George Duncan	Mourinho José	Mancini Roberto	Guardiola Pep
Captain	Liechtenstein	Stocklasa Martin	Guardiola Pep	Di Matteo Roberto	del Bosque Vicente
Captain	Lithuania	Danilevicius Tomas	del Bosque Vicente	Löw Joachim	Guardiola Pep
Captain	Luxembourg	Peters René	del Bosque Vicente	Prandelli Cesare	Klopp Jürgen
Captain	Macau	Cheng Jeong Paulo Cheang	Mourinho José	Di Matteo Roberto	Guardiola Pep
Captain	Madagascar	Rajoarimanana Yvan	Ferguson Alex	Mourinho José	del Bosque Vicente
Captain	Malawi	Chavula Moses	del Bosque Vicente	Guardiola Pep	Mourinho José
Captain	Maldives	Ashfaq Ali	Ferguson Alex	Guardiola Pep	Mourinho José
Captain	Mali	Coulibaly Adama	Mourinho José	del Bosque Vicente	Prandelli Cesare
Captain	Malta	Mifsud Michael	del Bosque Vicente	Prandelli Cesare	Guardiola Pep
Captain	Mauritania	Baghayoko Moussa	Di Matteo Roberto	Prandelli Cesare	del Bosque Vicente
Captain	Mauritius	Bell Colin	Ferguson Alex	Mourinho José	del Bosque Vicente
Captain	Mexico	Rodriguez Pinedo Francisco Javier	Di Matteo Roberto	Guardiola Pep	Mourinho José
Captain	Moldova	Epureanu Alexandru	del Bosque Vicente	Mourinho José	Prandelli Cesare
Captain	Mongolia	Donorov Lumbengarav	Di Matteo Roberto	Guardiola Pep	del Bosque Vicente
Captain	Montenegro	Vucinic Mirko	Mourinho José	del Bosque Vicente	Di Matteo Roberto
Captain	Montserrat	Mendes Junior	Di Matteo Roberto	Guardiola Pep	Mourinho José
Captain	Morocco	Lamyaghri Nadir	Guardiola Pep	Mourinho José	Ferguson Alex
Captain	Mozambique	Rafael Joao	del Bosque Vicente	Klopp Jürgen	Mourinho José
Captain	Myanmar	Khin Maung Lwin	Guardiola Pep	Ferguson Alex	Mourinho José

FIFA
WORLD COACH
MEN'S FOOTBALL 2012

Vote	Country	Name	First (5 points)	Second (3 points)	Third (1 point)
Captain	Namibia	Ketjijere Ronald	Mourinho José	Ferguson Alex	Di Matteo Roberto
Captain	Netherlands	Sneijder Wesley	Mourinho José	Klopp Jürgen	Prandelli Cesare
Captain	New Caledonia	Dokunengo Olivier	Mourinho José	Guardiola Pep	Di Matteo Roberto
Captain	New Zealand	Nelsen Ryan	Mourinho José	del Bosque Vicente	Di Matteo Roberto
Captain	Nicaragua	Solorzano David	Guardiola Pep	Ferguson Alex	Mourinho José
Captain	Niger	Ouwo Moussa Maazou	Mourinho José	del Bosque Vicente	Guardiola Pep
Captain	Nigeria	Yobo Joseph	Mancini Roberto	Di Matteo Roberto	del Bosque Vicente
Captain	Northern Ireland	Davis Steve	Di Matteo Roberto	Mourinho José	Ferguson Alex
Captain	Norway	Hangeland Brede	Mourinho José	del Bosque Vicente	Ferguson Alex
Captain	Pakistan	Khan Jaffar	Mourinho José	Guardiola Pep	Ferguson Alex
Captain	Palestine	Fahed Attal	Mancini Roberto	Mourinho José	del Bosque Vicente
Captain	Panama	Felipe Baloy	del Bosque Vicente	Mourinho José	Guardiola Pep
Captain	Papua New Guinea	Muta David	Mancini Roberto	Klopp Jürgen	Mourinho José
Captain	Philippines	Caligdong Emelio	Di Matteo Roberto	del Bosque Vicente	Mourinho José
Captain	Poland	Blaszczykowski Jakub	del Bosque Vicente	Klopp Jürgen	Di Matteo Roberto
Captain	Portugal	Alves Bruno	Mourinho José	Ferguson Alex	Di Matteo Roberto
Captain	Puerto Rico	Velez Marco	del Bosque Vicente	Di Matteo Roberto	Ferguson Alex
Captain	Republic of Ireland	Keane Robbie	del Bosque Vicente	Di Matteo Roberto	Ferguson Alex
Captain	Romania	Rat Razvan	del Bosque Vicente	Ferguson Alex	Guardiola Pep
Captain	Russia	Denisov Igor	Ferguson Alex	del Bosque Vicente	Mourinho José
Captain	Rwanda	Ndoli Jean Claude	Mourinho José	Guardiola Pep	Ferguson Alex
Captain	Samoa	Setefano Andrew	Klopp Jürgen	Prandelli Cesare	del Bosque Vicente
Captain	San Marino	Andy Selva	Guardiola Pep	Mourinho José	del Bosque Vicente
Captain	São Tomé e Príncipe	Neves Derilson	Mourinho José	del Bosque Vicente	Guardiola Pep
Captain	Saudi Arabia	Osama Hawsawi	del Bosque Vicente	Klopp Jürgen	Mancini Roberto
Captain	Scotland	Fletcher Darren	Klopp Jürgen	del Bosque Vicente	Mourinho José
Captain	Senegal	Mohamed Diame	Di Matteo Roberto	Guardiola Pep	Ferguson Alex
Captain	Serbia	Ivanovic Branislav	Di Matteo Roberto	Mourinho José	del Bosque Vicente
Captain	Seychelles	Barbe Denis	del Bosque Vicente	Di Matteo Roberto	Mancini Roberto
Captain	Singapore	Ishak Shahril	Guardiola Pep	del Bosque Vicente	Mourinho José
Captain	Slovakia	Skrtel Martin	Mourinho José	Klopp Jürgen	del Bosque Vicente
Captain	Slovenia	Handanovic Samir	Guardiola Pep	Mourinho José	Di Matteo Roberto
Captain	Somalia	Abdikarim Nur	del Bosque Vicente	Mourinho José	Prandelli Cesare
Captain	South Africa	Khumalo Bongani	Di Matteo Roberto	Heynckes Jupp	Mourinho José
Captain	South Sudan	Ritchard Jastin	Mourinho José	del Bosque Vicente	Di Matteo Roberto
Captain	Spain	Casillas Iker	Mourinho José	del Bosque Vicente	Di Matteo Roberto

FIFA
WORLD COACH
MEN'S FOOTBALL 2012

Vote	Country	Name	First (5 points)	Second (3 points)	Third (1 point)
Captain	Sri Lanka	Bandara Nipuna	Mancini Roberto	Guardiola Pep	Mourinho José
Captain	Suriname	Aloema Ronny	Guardiola Pep	Mourinho José	Ferguson Alex
Captain	Swaziland	Jerrone Ntshalintshali	del Bosque Vicente	Mourinho José	Guardiola Pep
Captain	Sweden	Ibrahimović Zlatan	Mourinho José	del Bosque Vicente	Prandelli Cesare
Captain	Switzerland	Inler Gökhan	Ferguson Alex	Di Matteo Roberto	Mourinho José
Captain	Syria	Mosab Balhous	Guardiola Pep	del Bosque Vicente	Mourinho José
Captain	Tahiti	Vallar Nicolas	Guardiola Pep	Di Matteo Roberto	del Bosque Vicente
Captain	Tajikistan	Makhmudov Khurshed	Mourinho José	Ferguson Alex	Di Matteo Roberto
Captain	Thailand	Panupong Wongsa	del Bosque Vicente	Mourinho José	Di Matteo Roberto
Captain	Trinidad and Tobago	Williams Jan Michael	Di Matteo Roberto	del Bosque Vicente	Guardiola Pep
Captain	Tunisia	Mathlouthi Aymen	Guardiola Pep	del Bosque Vicente	Di Matteo Roberto
Captain	Turkey	Belozoglu Emre	Mourinho José	Klopp Jürgen	Ferguson Alex
Captain	Turkmenistan	Bayramov Vladimir	Löw Joachim	Ferguson Alex	Mourinho José
Captain	Turks and Caicos Islands	Davilmar Rodney	Mourinho José	Di Matteo Roberto	Guardiola Pep
Captain	Uganda	Mwesigwa Andrew	Ferguson Alex	Mancini Roberto	Di Matteo Roberto
Captain	Ukraine	Tymoschuk Anatolii	del Bosque Vicente	Guardiola Pep	Mourinho José
Captain	United Arab Emirates	Ajneibi Ismaeil Matar	del Bosque Vicente	Mourinho José	Di Matteo Roberto
Captain	Uruguay	Lugano Diego	del Bosque Vicente	Löw Joachim	Mourinho José
Captain	US Virgin Islands	Klopp Reid	del Bosque Vicente	Klopp Jürgen	Di Matteo Roberto
Captain	USA	Bocanegra Carlos	del Bosque Vicente	Prandelli Cesare	Guardiola Pep
Captain	Uzbekistan	Djeparov Server	Guardiola Pep	Ferguson Alex	Mourinho José
Captain	Vanuatu	Jean Robert Yelou	Löw Joachim	Guardiola Pep	Mancini Roberto
Captain	Venezuela	Arango Juan	del Bosque Vicente	Mourinho José	Klopp Jürgen
Captain	Vietnam	Nguyen Minh Duc	Guardiola Pep	del Bosque Vicente	Mourinho José
Captain	Wales	Ashley Williams	Guardiola Pep	Di Matteo Roberto	Mourinho José
Captain	Yemen	Awad Salim	del Bosque Vicente	Guardiola Pep	Löw Joachim
Captain	Zambia	Christopher Katongo	del Bosque Vicente	Mourinho José	Guardiola Pep
Captain	Zimbabwe	Matongorere Nelson	Guardiola Pep	Mourinho José	Ferguson Alex
Coach	Afghanistan	Kargar Mohammad Yosuf	Ferguson Alex	Guardiola Pep	Löw Joachim
Coach	Albania	De Biasi Giovanni	del Bosque Vicente	Heynckes Jupp	Guardiola Pep
Coach	Algeria	Halilhodzic Vahid	Di Matteo Roberto	del Bosque Vicente	Klopp Jürgen
Coach	American Samoa	Lalogafuafua Iofi	del Bosque Vicente	Guardiola Pep	Ferguson Alex
Coach	Andorra	Alvarez De Eulate Jesus Luis	del Bosque Vicente	Mourinho José	Prandelli Cesare
Coach	Anguilla	Colin Girdon	Mancini Roberto	Ferguson Alex	Guardiola Pep
Coach	Antigua and Barbuda	Curtis Thomas	Guardiola Pep	Mourinho José	del Bosque Vicente
Coach	Argentina	Sabella Alejandro	Guardiola Pep	del Bosque Vicente	Mourinho José

FIFA WORLD COACH MEN'S FOOTBALL 2012

Vote	Country	Name	First (5 points)	Second (3 points)	Third (1 point)
Coach	Armenia	Minasyan Vardan	del Bosque Vicente	Prandelli Cesare	Mourinho José
Coach	Aruba	Beeldsnijder Herbert	del Bosque Vicente	Klopp Jürgen	Prandelli Cesare
Coach	Australia	Osieck Holger	del Bosque Vicente	Klopp Jürgen	Mourinho José
Coach	Austria	Koller Marcel	del Bosque Vicente	Prandelli Cesare	Klopp Jürgen
Coach	Azerbaijan	Vogts Hans Hubert	del Bosque Vicente	Ferguson Alex	Heynckes Jupp
Coach	Bahamas	Kevin Davies	Ferguson Alex	Guardiola Pep	Di Matteo Roberto
Coach	Bangladesh	Bari A. K. M. Saiful	del Bosque Vicente	Guardiola Pep	Mourinho José
Coach	Barbados	Forde Colin	del Bosque Vicente	Mourinho José	Guardiola Pep
Coach	Belarus	Kandratsyeu Heorhi	del Bosque Vicente	Prandelli Cesare	Klopp Jürgen
Coach	Belgium	Wilmots Marc	Mourinho José	Klopp Jürgen	Heynckes Jupp
Coach	Belize	Sherrier Le Roy	del Bosque Vicente	Ferguson Alex	Löw Joachim
Coach	Bermuda	Bascome Andrew	del Bosque Vicente	Mourinho José	Guardiola Pep
Coach	Bhutan	Kazunori Ohara	Di Matteo Roberto	Klopp Jürgen	Mourinho José
Coach	Bolivia	Azkargorta Xabier	del Bosque Vicente	Mourinho José	Heynckes Jupp
Coach	Bosnia-Herzegovina	Safet Sušic	Guardiola Pep	del Bosque Vicente	Di Matteo Roberto
Coach	Botswana	Tshosane Stanley	Ferguson Alex	Heynckes Jupp	Mourinho José
Coach	Brazil	Venker Menezes Luiz Antonio	Mourinho José	del Bosque Vicente	Heynckes Jupp
Coach	Brunei Darussalam	Oh Son Kwon	Mourinho José	Ferguson Alex	Guardiola Pep
Coach	Bulgaria	Penev Lyuboslav	del Bosque Vicente	Mourinho José	Klopp Jürgen
Coach	Burkina Faso	Put Paul	del Bosque Vicente	Guardiola Pep	Mourinho José
Coach	Burundi	Lotfy Mohammed Nasseem	del Bosque Vicente	Heynckes Jupp	Mourinho José
Coach	Cambodia	Sochetra Hok	Guardiola Pep	Ferguson Alex	Löw Joachim
Coach	Cameroon	Akono Jean Paul	del Bosque Vicente	Mourinho José	Löw Joachim
Coach	Canada	Hart Stephen	del Bosque Vicente	Di Matteo Roberto	Prandelli Cesare
Coach	Cape Verde Islands	Antunes Ulisses	Mourinho José	del Bosque Vicente	Klopp Jürgen
Coach	Cayman Islands	Tinoco Marcos	del Bosque Vicente	Mourinho José	Di Matteo Roberto
Coach	Chad	Mahamat Oumar Yaya	del Bosque Vicente	Mourinho José	Di Matteo Roberto
Coach	China PR	Camacho Jose	del Bosque Vicente	Guardiola Pep	Mourinho José
Coach	Colombia	Pekerman José	Guardiola Pep	del Bosque Vicente	Mourinho José
Coach	Comoros	Ali Mbae	Guardiola Pep	Mourinho José	del Bosque Vicente
Coach	Congo	Ngatsono Barthelemy	del Bosque Vicente	Guardiola Pep	Mourinho José
Coach	Congo DR	Le Roy Claude	del Bosque Vicente	Mourinho José	Prandelli Cesare
Coach	Costa Rica	Pinto Jorge Luis	del Bosque Vicente	Klopp Jürgen	Di Matteo Roberto
Coach	Croatia	Štimac Igor	Mourinho José	del Bosque Vicente	Di Matteo Roberto
Coach	Cuba	Benites Walter	del Bosque Vicente	Guardiola Pep	Mourinho José
Coach	Curaçao	Siliee Etienne	Guardiola Pep	del Bosque Vicente	Löw Joachim

FIFA WORLD COACH MEN'S FOOTBALL 2012

Vote	Country	Name	First (5 points)	Second (3 points)	Third (1 point)
Coach	Cyprus	Nioplias Nikolaos	Di Matteo Roberto	del Bosque Vicente	Mourinho José
Coach	Czech Republic	Bilek Michal	del Bosque Vicente	Mourinho José	Klopp Jürgen
Coach	Denmark	Olsen Morten	del Bosque Vicente	Guardiola Pep	Prandelli Cesare
Coach	Djibouti	Ahmed Arid	Guardiola Pep	Di Matteo Roberto	del Bosque Vicente
Coach	Dominican Republic	Hernadez Clemente Domingo	del Bosque Vicente	Ferguson Alex	Mancini Roberto
Coach	Ecuador	Rueda Rivera Reinaldo	del Bosque Vicente	Ferguson Alex	Prandelli Cesare
Coach	Egypt	Bradley Bob	Mourinho José	del Bosque Vicente	Guardiola Pep
Coach	El Salvador	Castillo Juan De Dios	del Bosque Vicente	Guardiola Pep	Mourinho José
Coach	England	Hodgson Roy	Guardiola Pep	Prandelli Cesare	Klopp Jürgen
Coach	Eritrea	Teklit Negash	Guardiola Pep	Mourinho José	Ferguson Alex
Coach	Estonia	Rüütli Tarmo	del Bosque Vicente	Ferguson Alex	Prandelli Cesare
Coach	Ethiopia	Bishaw Sewnet	Mourinho José	Guardiola Pep	Ferguson Alex
Coach	Faroe Islands	Olsen Lars	del Bosque Vicente	Di Matteo Roberto	Prandelli Cesare
Coach	Finland	Paatelainen Mixu	Klopp Jürgen	del Bosque Vicente	Mourinho José
Coach	France	Deschamps Didier	del Bosque Vicente	Di Matteo Roberto	Mourinho José
Coach	FYR Macedonia	Janevski Cedomir	del Bosque Vicente	Guardiola Pep	Löw Joachim
Coach	Georgia	Ketsbaia Temur	Ferguson Alex	del Bosque Vicente	Mourinho José
Coach	Germany	Löw Joachim	del Bosque Vicente	Ferguson Alex	Di Matteo Roberto
Coach	Ghana	Appiah James Akwesi	Guardiola Pep	Mourinho José	Mancini Roberto
Coach	Greece	Santos Fernando	Mourinho José	del Bosque Vicente	Ferguson Alex
Coach	Grenada	De Bellotte Alister	Mourinho José	Löw Joachim	Ferguson Alex
Coach	Guam	White Gary	del Bosque Vicente	Ferguson Alex	Mourinho José
Coach	Guatemala	Almeida Almada Ever Hugo	Mourinho José	Guardiola Pep	del Bosque Vicente
Coach	Guinea	Dussuyer Michel	del Bosque Vicente	Prandelli Cesare	Mourinho José
Coach	Guyana	Shabazz Jamaal	del Bosque Vicente	Guardiola Pep	Ferguson Alex
Coach	Honduras	Suarez Luis	del Bosque Vicente	Guardiola Pep	Mourinho José
Coach	Hong Kong	Kim Pan Gon	Guardiola Pep	Prandelli Cesare	Klopp Jürgen
Coach	Hungary	Egerváry Sándor	del Bosque Vicente	Prandelli Cesare	Mourinho José
Coach	Iceland	Lagerback Lars	del Bosque Vicente	Klopp Jürgen	Mourinho José
Coach	India	Koevermans Wim	del Bosque Vicente	Mourinho José	Klopp Jürgen
Coach	Italy	Prandelli Cesare	del Bosque Vicente	Ferguson Alex	Mancini Roberto
Coach	Jamaica	Whitmore Theodore	Guardiola Pep	Mourinho José	Ferguson Alex
Coach	Japan	Zaccheroni Alberto	del Bosque Vicente	Mourinho José	Klopp Jürgen
Coach	Jordan	Hamad Adnan	Ferguson Alex	del Bosque Vicente	Guardiola Pep
Coach	Kazakhstan	Beranek Miroslav	del Bosque Vicente	Klopp Jürgen	Mourinho José
Coach	Korea DPR	Yun Jong Su	Ferguson Alex	Mourinho José	Guardiola Pep

FIFA
WORLD COACH MEN'S FOOTBALL 2012

Vote	Country	Name	First (5 points)	Second (3 points)	Third (1 point)
Coach	Korea Republic	Choi Kanghee	del Bosque Vicente	Guardiola Pep	Ferguson Alex
Coach	Kuwait	Tufegdžic Goran	Mourinho José	del Bosque Vicente	Ferguson Alex
Coach	Kyrgyzstan	Dvoryankov Sergey	Mourinho José	Guardiola Pep	Di Matteo Roberto
Coach	Laos	Kimura Kokichi	Guardiola Pep	Mancini Roberto	Ferguson Alex
Coach	Latvia	Starkovs Aleksandrs	del Bosque Vicente	Mancini Roberto	Guardiola Pep
Coach	Lebanon	Bucker Johannes Theodor	Heynckes Jupp	Guardiola Pep	Ferguson Alex
Coach	Liberia	Smith J. Kaetu	del Bosque Vicente	Guardiola Pep	Mourinho José
Coach	Liechtenstein	Pauritsch Rene	Guardiola Pep	Klopp Jürgen	del Bosque Vicente
Coach	Lithuania	Laszlo Csaba	del Bosque Vicente	Löw Joachim	Klopp Jürgen
Coach	Luxembourg	Holtz Luc	del Bosque Vicente	Prandelli Cesare	Di Matteo Roberto
Coach	Macau	Sui Wing Leung	Mourinho José	Di Matteo Roberto	Guardiola Pep
Coach	Madagascar	Mosa Xx	del Bosque Vicente	Löw Joachim	Mourinho José
Coach	Malawi	Phiri Kinnah	del Bosque Vicente	Mourinho José	Ferguson Alex
Coach	Maldives	Istvan Urbanyi	Guardiola Pep	Heynckes Jupp	Mancini Roberto
Coach	Mali	Carteron Patrice	Mourinho José	del Bosque Vicente	Prandelli Cesare
Coach	Malta	Ghedin Pietro	del Bosque Vicente	Prandelli Cesare	Guardiola Pep
Coach	Mauritania	Neveu Patrice	Mourinho José	Ferguson Alex	del Bosque Vicente
Coach	Mauritius	Patel Akbar	del Bosque Vicente	Mourinho José	Guardiola Pep
Coach	Mexico	De La Torre Menchaca Jose Manuel	del Bosque Vicente	Di Matteo Roberto	Mourinho José
Coach	Moldova	Caras Ion	del Bosque Vicente	Prandelli Cesare	Di Matteo Roberto
Coach	Mongolia	Sandagdorj Erdenebat	Di Matteo Roberto	del Bosque Vicente	Guardiola Pep
Coach	Montenegro	Brnovic Branko	Guardiola Pep	del Bosque Vicente	Mourinho José
Coach	Montserrat	Dyer Kenny	Di Matteo Roberto	Guardiola Pep	del Bosque Vicente
Coach	Morocco	Taoussi Rachid	Guardiola Pep	Mourinho José	del Bosque Vicente
Coach	Mozambique	Engels Gerts	del Bosque Vicente	Klopp Jürgen	Prandelli Cesare
Coach	Myanmar	Sung Wha Park	Ferguson Alex	Mourinho José	Guardiola Pep
Coach	Namibia	Kaanjuka Bernhard	del Bosque Vicente	Di Matteo Roberto	Mourinho José
Coach	Netherlands	Van Gaal Louis	del Bosque Vicente	Di Matteo Roberto	Mourinho José
Coach	New Caledonia	Moizan Alain	Guardiola Pep	Di Matteo Roberto	del Bosque Vicente
Coach	New Zealand	Herbert Ricki	Guardiola Pep	del Bosque Vicente	Ferguson Alex
Coach	Nicaragua	Llena Leon Enrique	del Bosque Vicente	Guardiola Pep	Ferguson Alex
Coach	Niger	Gernot Rohr	del Bosque Vicente	Mourinho José	Di Matteo Roberto
Coach	Nigeria	Keshi Stephen	Mourinho José	Klopp Jürgen	del Bosque Vicente
Coach	Northern Ireland	O'neill Michael	del Bosque Vicente	Di Matteo Roberto	Mancini Roberto
Coach	Norway	Olsen Egil	Mourinho José	Ferguson Alex	Klopp Jürgen
Coach	Pakistan	Milosavljevic Zavisa	Mourinho José	Guardiola Pep	Ferguson Alex

FIFA
WORLD COACH
MEN'S FOOTBALL 2012

Vote	Country	Name	First (5 points)	Second (3 points)	Third (1 point)
Coach	Palestine	Hamarshe Jamal	Mancini Roberto	del Bosque Vicente	Mourinho José
Coach	Panama	Dely Julio	del Bosque Vicente	Mourinho José	Guardiola Pep
Coach	Papua New Guinea	Farina Frank	Mancini Roberto	Klopp Jürgen	Mourinho José
Coach	Philippines	Weiss Hans Michael	del Bosque Vicente	Mourinho José	Di Matteo Roberto
Coach	Poland	Fornalik Waldemar	del Bosque Vicente	Prandelli Cesare	Klopp Jürgen
Coach	Portugal	Bento Paulo	Mourinho José	Klopp Jürgen	del Bosque Vicente
Coach	Puerto Rico	Campos Jeaustin	del Bosque Vicente	Prandelli Cesare	Mourinho José
Coach	Republic of Ireland	Trapattoni Giovanni	Guardiola Pep	del Bosque Vicente	Mancini Roberto
Coach	Romania	Pitutca Victor	del Bosque Vicente	Ferguson Alex	Guardiola Pep
Coach	Russia	Capello Fabio	del Bosque Vicente	Di Matteo Roberto	Prandelli Cesare
Coach	Rwanda	Sredojevic Micho	del Bosque Vicente	Mourinho José	Klopp Jürgen
Coach	Samoa	Vaga Malo	del Bosque Vicente	Di Matteo Roberto	Klopp Jürgen
Coach	San Marino	Giampaolo Mazza	del Bosque Vicente	Prandelli Cesare	Mancini Roberto
Coach	São Tomé e Príncipe	Nyoumba Gustave	Mourinho José	del Bosque Vicente	Guardiola Pep
Coach	Saudi Arabia	Rijkaard Frank	del Bosque Vicente	Klopp Jürgen	Mancini Roberto
Coach	Scotland	Stark William	Klopp Jürgen	del Bosque Vicente	Prandelli Cesare
Coach	Senegal	Mar Mayacine	Di Matteo Roberto	Mourinho José	Ferguson Alex
Coach	Serbia	Mihajlovic Siniša	Mancini Roberto	Mourinho José	Ferguson Alex
Coach	Seychelles	Jeanne Gavin	del Bosque Vicente	Di Matteo Roberto	Mancini Roberto
Coach	Singapore	Avramovic Radojko	del Bosque Vicente	Guardiola Pep	Mourinho José
Coach	Slovakia	Hipp Michal	del Bosque Vicente	Klopp Jürgen	Mourinho José
Coach	Slovenia	Stojanovic Slaviša	Mourinho José	Di Matteo Roberto	Guardiola Pep
Coach	Somalia	Ali Abdi	del Bosque Vicente	Löw Joachim	Ferguson Alex
Coach	South Africa	Igesund Gordon	Ferguson Alex	del Bosque Vicente	Klopp Jürgen
Coach	South Sudan	Zoran Djorjvich	Mourinho José	del Bosque Vicente	Di Matteo Roberto
Coach	Spain	Del Bosque Vicente	Guardiola Pep	Di Matteo Roberto	Prandelli Cesare
Coach	Sri Lanka	Perera Sampath	Mancini Roberto	Ferguson Alex	Di Matteo Roberto
Coach	Suriname	Jaliens Kenneth	Guardiola Pep	del Bosque Vicente	Ferguson Alex
Coach	Swaziland	Billen Valere Josef Raymond	Guardiola Pep	Ferguson Alex	Mourinho José
Coach	Sweden	Hamrén Erik	del Bosque Vicente	Di Matteo Roberto	Klopp Jürgen
Coach	Switzerland	Hitzfeld Ottmar	del Bosque Vicente	Di Matteo Roberto	Heynckes Jupp
Coach	Syria	Hussam Aldin Alsaed	del Bosque Vicente	Guardiola Pep	Mourinho José
Coach	Tahiti	Etaeta Eddy	del Bosque Vicente	Di Matteo Roberto	Prandelli Cesare
Coach	Tajikistan	Kavazovic Nikola	Di Matteo Roberto	Heynckes Jupp	del Bosque Vicente
Coach	Thailand	Winfried Schaefer	Di Matteo Roberto	Heynckes Jupp	Guardiola Pep
Coach	Trinidad and Tobago	Charles Hutson	del Bosque Vicente	Di Matteo Roberto	Guardiola Pep

FIFA WORLD COACH MEN'S FOOTBALL 2012

Vote	Country	Name	First (5 points)	Second (3 points)	Third (1 point)
Coach	Tunisia	Trabelsi Sami	del Bosque Vicente	Guardiola Pep	Prandelli Cesare
Coach	Turkey	Avci Abdullah	Mourinho José	Guardiola Pep	del Bosque Vicente
Coach	Turkmenistan	Hojageldiyev Yazguly	Mourinho José	Löw Joachim	Ferguson Alex
Coach	Turks and Caicos Islands	Hurdle Ian	Mourinho José	Di Matteo Roberto	Mancini Roberto
Coach	Uganda	Bobby Williamson Robert	Di Matteo Roberto	Heynckes Jupp	Guardiola Pep
Coach	Ukraine	Zavarov Oleksandr	del Bosque Vicente	Mourinho José	Löw Joachim
Coach	United Arab Emirates	Redha Mahdi Ali	del Bosque Vicente	Mourinho José	Di Matteo Roberto
Coach	Uruguay	Tabarez Oscar Washington	del Bosque Vicente	Mourinho José	Ferguson Alex
Coach	US Virgin Islands	Bailey Eustace	Di Matteo Roberto	del Bosque Vicente	Klopp Jürgen
Coach	USA	Klinsmann Juergen	del Bosque Vicente	Prandelli Cesare	Löw Joachim
Coach	Uzbekistan	Kasimov Mirdjalal	Guardiola Pep	Ferguson Alex	Mourinho José
Coach	Vanuatu	Avock Percy	Mourinho José	Ferguson Alex	Di Matteo Roberto
Coach	Venezuela	Farias Cesar Alejandro	del Bosque Vicente	Mourinho José	Prandelli Cesare
Coach	Vietnam	Phan Thanh Hung	Guardiola Pep	Mourinho José	Di Matteo Roberto
Coach	Wales	Chris Coleman	del Bosque Vicente	Mancini Roberto	Mourinho José
Coach	Yemen	Mebratu Abraham	del Bosque Vicente	Löw Joachim	Mourinho José
Coach	Zambia	Herve Renard	del Bosque Vicente	Mourinho José	Guardiola Pep
Coach	Zimbabwe	Gumbo Ruhman	del Bosque Vicente	Guardiola Pep	Klopp Jürgen
Media	Albania	Besnik Dizdari	del Bosque Vicente	Di Matteo Roberto	Prandelli Cesare
Media	Algeria	Yazid Ouahib	Guardiola Pep	del Bosque Vicente	Mourinho José
Media	Andorra	Victor Duaso	del Bosque Vicente	Guardiola Pep	Heynckes Jupp
Media	Angola	Mateus Goncalves	del Bosque Vicente	Mourinho José	Guardiola Pep
Media	Argentina	Enrique Sacco	del Bosque Vicente	Di Matteo Roberto	Guardiola Pep
Media	Armenia	Souren Baghdasarian	del Bosque Vicente	Prandelli Cesare	Mourinho José
Media	Australia	Craig Foster	del Bosque Vicente	Mourinho José	Di Matteo Roberto
Media	Austria	Walter Kowatsch-schwarz	del Bosque Vicente	Klopp Jürgen	Di Matteo Roberto
Media	Azerbaijan	Rasim Movsumov	del Bosque Vicente	Mourinho José	Di Matteo Roberto
Media	Bahrain	Abdullah Ashoor	Mourinho José	Klopp Jürgen	del Bosque Vicente
Media	Bangladesh	Raihan Mahamud	del Bosque Vicente	Di Matteo Roberto	Ferguson Alex
Media	Barbados	Ezra Stuart	Di Matteo Roberto	no vote	no vote
Media	Belarus	Sergey Nikolaev	del Bosque Vicente	Mourinho José	Di Matteo Roberto
Media	Belgium	Michel Dubois	del Bosque Vicente	Di Matteo Roberto	Mancini Roberto
Media	Belize	Ruben Morales Iglesias	Guardiola Pep	del Bosque Vicente	Prandelli Cesare
Media	Benin	René Sagbo	Guardiola Pep	Mourinho José	Ferguson Alex
Media	Bolivia	Carlos Enrique Rivera	del Bosque Vicente	Di Matteo Roberto	Guardiola Pep
Media	Bosnia-Herzegovina	Ahmed Buric	del Bosque Vicente	Prandelli Cesare	Klopp Jürgen

FIFA
WORLD COACH
MEN'S FOOTBALL 2012

Vote	Country	Name	First (5 points)	Second (3 points)	Third (1 point)
Media	Botswana	Oaitse Mathala	Mourinho José	del Bosque Vicente	Heynckes Jupp
Media	Brazil	Cleber Machado	del Bosque Vicente	Di Matteo Roberto	Heynckes Jupp
Media	Bulgaria	Michel Savov Roumen Paytashev	del Bosque Vicente	Di Matteo Roberto	Klopp Jürgen
Media	Burkina Faso	Victorien Marie Hien	Di Matteo Roberto	del Bosque Vicente	Mourinho José
Media	Burundi	Désiré Hatungimana	del Bosque Vicente	del Bosque Vicente	Ferguson Alex
Media	Cambodia	Ung Chamroeun	Guardiola Pep	Guardiola Pep	Klopp Jürgen
Media	Cameroon	Brice Mbeze	Di Matteo Roberto	Mancini Roberto	Klopp Jürgen
Media	Canada	Neil Davidson	del Bosque Vicente	Mourinho José	Mancini Roberto
Media	Cayman Islands	Ron Shillingford	del Bosque Vicente	Di Matteo Roberto	Guardiola Pep
Media	Central African Republic	Albert Stanislas Koumbobacko	Mourinho José	del Bosque Vicente	Löw Joachim
Media	Chad	Alifa Hissein Atti	del Bosque Vicente	Guardiola Pep	Mancini Roberto
Media	Chile	Danilo Diaz	del Bosque Vicente	Mourinho José	Mancini Roberto
Media	China PR	Luo Ming	del Bosque Vicente	Di Matteo Roberto	Klopp Jürgen
Media	Colombia	Paché Andrade	Guardiola Pep	del Bosque Vicente	Di Matteo Roberto
Media	Comoros	Abdou Boina	del Bosque Vicente	Prandelli Cesare	Di Matteo Roberto
Media	Congo	James Golden Eloue	del Bosque Vicente	Di Matteo Roberto	Mourinho José
Media	Congo DR	Eddy Kabelu	del Bosque Vicente	Mourinho José	Guardiola Pep
Media	Costa Rica	Rodrigo Calvo Castro	del Bosque Vicente	Di Matteo Roberto	Mourinho José
Media	Côte d'Ivoire	Adam Khalil	del Bosque Vicente	Di Matteo Roberto	Klopp Jürgen
Media	Croatia	Zdravko Reic	Mourinho José	Di Matteo Roberto	del Bosque Vicente
Media	Cuba	Miguel Hernandez	del Bosque Vicente	Mourinho José	Guardiola Pep
Media	Cyprus	Michel Gavrielides	Di Matteo Roberto	del Bosque Vicente	Mancini Roberto
Media	Czech Republic	Stanislav Hrabe	del Bosque Vicente	Mourinho José	Di Matteo Roberto
Media	Denmark	Niels Jörgen Larsen	del Bosque Vicente	Klopp Jürgen	Di Matteo Roberto
Media	Djibouti	Kenedy Mohamed Ali	Mourinho José	del Bosque Vicente	Ferguson Alex
Media	Dominican Republic	Jorge Rolando Bauger	del Bosque Vicente	Mourinho José	Guardiola Pep
Media	Ecuador	Fabricio Zavala Garcia	del Bosque Vicente	Di Matteo Roberto	Prandelli Cesare
Media	Egypt	Inas Mazhar	del Bosque Vicente	Di Matteo Roberto	Mourinho José
Media	El Salvador	Mario Ernesto Posada Flores	del Bosque Vicente	Mourinho José	Guardiola Pep
Media	England	Henry Winter	Di Matteo Roberto	del Bosque Vicente	Mourinho José
Media	Equatorial Guinea	David Monsuy	Di Matteo Roberto	Di Matteo Roberto	Guardiola Pep
Media	Estonia	Aet Süvari	del Bosque Vicente	Guardiola Pep	Mourinho José
Media	Ethiopia	Mensur Abdulkeni	Di Matteo Roberto	Mourinho José	del Bosque Vicente
Media	Faroe Islands	Terji Nielsen	Di Matteo Roberto	del Bosque Vicente	Mourinho José
Media	Finland	Juha Kanerva	del Bosque Vicente	Heynckes Jupp	Prandelli Cesare
Media	France	Gérard Ejnes	Di Matteo Roberto	Mourinho José	Prandelli Cesare

FIFA
WORLD COACH
MEN'S FOOTBALL 2012

Vote	Country	Name	First (5 points)	Second (3 points)	Third (1 point)
Media	FYR Macedonia	Boro Timkovski Mario Sotirovski	del Bosque Vicente	Mourinho José	Di Matteo Roberto
Media	Gabon	James Angelo Loundou	del Bosque Vicente	Mourinho José	Di Matteo Roberto
Media	Gambia	Nanama Keita	Mourinho José	del Bosque Vicente	Mancini Roberto
Media	Georgia	Zurab Potskhveria Vakhtang Bzikadze	del Bosque Vicente	Ferguson Alex	Mourinho José
Media	Germany	Karl Heinz Wild	del Bosque Vicente	Klopp Jürgen	Di Matteo Roberto
Media	Ghana	Michael Oti Adjei	Di Matteo Roberto	del Bosque Vicente	Mourinho José
Media	Greece	Manos Staramopoulos	del Bosque Vicente	Di Matteo Roberto	Klopp Jürgen
Media	Grenada	Michael Bascombe	del Bosque Vicente	Mancini Roberto	Mourinho José
Media	Guatemala	Francisco Aguilar	del Bosque Vicente	Di Matteo Roberto	Guardiola Pep
Media	Guinea	Ibrahima Diallo	Di Matteo Roberto	del Bosque Vicente	Mourinho José
Media	Haiti	Enock Nere	del Bosque Vicente	Di Matteo Roberto	Mourinho José
Media	Honduras	Francisco Antonio Rivas Garcia	del Bosque Vicente	Mourinho José	Klopp Jürgen
Media	Hungary	Péter Csillag	del Bosque Vicente	Guardiola Pep	Mourinho José
Media	Iceland	Vidir Sigurdsson	del Bosque Vicente	Di Matteo Roberto	Klopp Jürgen
Media	India	Dhiman Sarkar	Di Matteo Roberto	del Bosque Vicente	Klopp Jürgen
Media	Indonesia	Nurdin Saleh	del Bosque Vicente	Di Matteo Roberto	Mourinho José
Media	Iran	Siamak Rahmani	del Bosque Vicente	Mourinho José	Prandelli Cesare
Media	Iraq	Sami Abdul Emam	del Bosque Vicente	Di Matteo Roberto	Klopp Jürgen
Media	Israel	Noah Klieger Nadav Jacobi	del Bosque Vicente	Mourinho José	Klopp Jürgen
Media	Italy	Paolo Condo	del Bosque Vicente	Mourinho José	Mancini Roberto
Media	Jamaica	Ian G Burnett	del Bosque Vicente	Prandelli Cesare	Di Matteo Roberto
Media	Japan	Shuichi Tamura	del Bosque Vicente	Prandelli Cesare	Mourinho José
Media	Jordan	Mohamed Kadri Hassan	Mourinho José	Di Matteo Roberto	Mancini Roberto
Media	Kazakhstan	Geniy Tulegenov	del Bosque Vicente	Mourinho José	Prandelli Cesare
Media	Kenya	Charles Nyende	del Bosque Vicente	del Bosque Vicente	Mourinho José
Media	Korea DPR	Ri Dong Gyu	Di Matteo Roberto	Di Matteo Roberto	Mourinho José
Media	Korea Republic	Hanseok Kim	del Bosque Vicente	Mancini Roberto	Mourinho José
Media	Kuwait	Abd Al Aziz Al Attia	Di Matteo Roberto	Ferguson Alex	Mancini Roberto
Media	Latvia	Valery Karpoushkin	del Bosque Vicente	Mourinho José	Klopp Jürgen
Media	Lebanon	Mohamed Fawaz	del Bosque Vicente	Di Matteo Roberto	Mourinho José
Media	Lesotho	Thabang Matjama	del Bosque Vicente	del Bosque Vicente	Mancini Roberto
Media	Liberia	J. Burgess Carter	del Bosque Vicente	Guardiola Pep	Mourinho José
Media	Libya	Joseph Cutajar Mjuftah Beilleid Hussein	del Bosque Vicente	Di Matteo Roberto	Klopp Jürgen
Media	Liechtenstein	Ernst Hasler	del Bosque Vicente	Di Matteo Roberto	Prandelli Cesare
Media	Lithuania	Giedrius Janonis	Klopp Jürgen	Mourinho José	Di Matteo Roberto
Media	Luxembourg	Didier Hiegel Christophe Nadin	del Bosque Vicente	Di Matteo Roberto	Klopp Jürgen

FIFA WORLD COACH MEN'S FOOTBALL 2012

Vote	Country	Name	First (5 points)	Second (3 points)	Third (1 point)
Media	Madagascar	Clément Rabary	Di Matteo Roberto	del Bosque Vicente	Mourinho José
Media	Malawi	Peter Kanjere	del Bosque Vicente	Di Matteo Roberto	Mourinho José
Media	Malaysia	Rizal Hashim	del Bosque Vicente	Mourinho José	Prandelli Cesare
Media	Maldives	Shimaz Ali	Guardiola Pep	Mourinho José	Klopp Jürgen
Media	Mali	Souleymane Bobo Tounkara	Mourinho José	del Bosque Vicente	Prandelli Cesare
Media	Malta	Charles Camenzuli	del Bosque Vicente	Mourinho José	Guardiola Pep
Media	Mauritania	Mohamed Ould El Hacen	Mourinho José	del Bosque Vicente	Guardiola Pep
Media	Mauritius	Azmaal Hydoo	Di Matteo Roberto	Klopp Jürgen	del Bosque Vicente
Media	Mexico	Salvador Aguilera	Mourinho José	del Bosque Vicente	Di Matteo Roberto
Media	Moldova	Sergei Donets	del Bosque Vicente	Di Matteo Roberto	Prandelli Cesare
Media	Mongolia	Erdenebat Baljinnyam	del Bosque Vicente	Mourinho José	Di Matteo Roberto
Media	Montenegro	Danilo Mitrovic	del Bosque Vicente	Klopp Jürgen	Di Matteo Roberto
Media	Morocco	Mostafa Badri	del Bosque Vicente	Di Matteo Roberto	Prandelli Cesare
Media	Mozambique	Alexandre Zandamela	del Bosque Vicente	Ferguson Alex	Mourinho José
Media	Namibia	Sheefeni Nikodemus	del Bosque Vicente	Di Matteo Roberto	Klopp Jürgen
Media	Netherlands	Frans Van Den Nieuwenhof	Mourinho José	del Bosque Vicente	Prandelli Cesare
Media	New Caledonia	Christophe Chohin	Guardiola Pep	Ferguson Alex	del Bosque Vicente
Media	New Zealand	Gordon Glen Watson	Mourinho José	Di Matteo Roberto	del Bosque Vicente
Media	Nicaragua	Osman Rosales Cruz	del Bosque Vicente	Mourinho José	Di Matteo Roberto
Media	Niger	Mohamed Slimane Ganoua	del Bosque Vicente	Di Matteo Roberto	Prandelli Cesare
Media	Nigeria	Samm Audu	del Bosque Vicente	Mourinho José	Di Matteo Roberto
Media	Northern Ireland	Jackie Fullerton Joel Taggart	del Bosque Vicente	Di Matteo Roberto	Mourinho José
Media	Norway	Arild Sandven	Di Matteo Roberto	Klopp Jürgen	del Bosque Vicente
Media	Oman	Saleh Al-barhi	del Bosque Vicente	Mourinho José	Prandelli Cesare
Media	Palestine	Mohamad Iraqi	Mourinho José	del Bosque Vicente	Ferguson Alex
Media	Panama	Campo Elias Estrada	del Bosque Vicente	Mourinho José	Di Matteo Roberto
Media	Paraguay	Ruben Dario Da Rosa	del Bosque Vicente	Di Matteo Roberto	Mourinho José
Media	Peru	Carlos Salinas	del Bosque Vicente	Mourinho José	Mourinho José
Media	Poland	Maciej Iwanski	del Bosque Vicente	Guardiola Pep	Klopp Jürgen
Media	Portugal	Joaquim Rita	Mourinho José	Prandelli Cesare	Di Matteo Roberto
Media	Puerto Rico	Luis Santiago Arce	Mourinho José	del Bosque Vicente	Mancini Roberto
Media	Qatar	Majed M. Alkhalifi	Di Matteo Roberto	del Bosque Vicente	Mourinho José
Media	Republic of Ireland	Paul Kelly Jimmy Magee	del Bosque Vicente	Mourinho José	Di Matteo Roberto
Media	Romania	Emmanuel Rosu	Prandelli Cesare	Klopp Jürgen	Löw Joachim
Media	Russia	Konstantin Kleshchev	del Bosque Vicente	Prandelli Cesare	Di Matteo Roberto
Media	Rwanda	Bonnie Mugabe	del Bosque Vicente	Di Matteo Roberto	Mourinho José

FIFA
WORLD COACH
MEN'S FOOTBALL 2012

Vote	Country	Name	First (5 points)	Second (3 points)	Third (1 point)
Media	San Marino	Elia Gorini	del Bosque Vicente	Di Matteo Roberto	Prandelli Cesare
Media	Saudi Arabia	Rajallah Alsolami	del Bosque Vicente	Mourinho José	Di Matteo Roberto
Media	Scotland	John Greechan	del Bosque Vicente	Di Matteo Roberto	Prandelli Cesare
Media	Senegal	Aliou Goloko	del Bosque Vicente	Klopp Jürgen	Di Matteo Roberto
Media	Serbia	Vladimir Novak	del Bosque Vicente	Klopp Jürgen	Mourinho José
Media	Seychelles	Gérard Govinden	del Bosque Vicente	Mourinho José	Guardiola Pep
Media	Sierra Leone	Mohamed Fajah Barrie	del Bosque Vicente	Di Matteo Roberto	Mourinho José
Media	Slovakia	Peter Surin	del Bosque Vicente	Mourinho José	Klopp Jürgen
Media	Slovenia	Andrej Stare	del Bosque Vicente	Mourinho José	Di Matteo Roberto
Media	Somalia	Abdiaziz Godah	Mancini Roberto	Ferguson Alex	Guardiola Pep
Media	South Africa	Mark Gleeson	Mourinho José	del Bosque Vicente	Mancini Roberto
Media	South Sudan	John Kayanga	del Bosque Vicente	Guardiola Pep	Di Matteo Roberto
Media	Spain	Paco Aguilar	del Bosque Vicente	Prandelli Cesare	Guardiola Pep
Media	Sudan	Muzamil Abu Elgassim	del Bosque Vicente	Di Matteo Roberto	Mancini Roberto
Media	Suriname	Desney Romeo	del Bosque Vicente	Mourinho José	Di Matteo Roberto
Media	Swaziland	Kenneth Dlamini	del Bosque Vicente	Klopp Jürgen	Guardiola Pep
Media	Sweden	Henrik Ysten	Klopp Jürgen	Di Matteo Roberto	Prandelli Cesare
Media	Switzerland	Pierre-alain Dupuis	del Bosque Vicente	Klopp Jürgen	Prandelli Cesare
Media	Tahiti	Olivier Huc	Mourinho José	Mancini Roberto	Di Matteo Roberto
Media	Tajikistan	Alaveddine Bouriev	del Bosque Vicente	Di Matteo Roberto	Mancini Roberto
Media	Tanzania	Boniface Wambura	del Bosque Vicente	Mancini Roberto	Mourinho José
Media	Thailand	Urai Patoommawatana	del Bosque Vicente	Mourinho José	Klopp Jürgen
Media	Togo	Mathias Ayena	del Bosque Vicente	Di Matteo Roberto	Mourinho José
Media	Trinidad and Tobago	Lasana Liburd	del Bosque Vicente	Di Matteo Roberto	Prandelli Cesare
Media	Tunisia	Abdesslam Dhaifallah	del Bosque Vicente	Di Matteo Roberto	Mourinho José
Media	Turkey	Selçuk Manav	Mourinho José	Prandelli Cesare	Klopp Jürgen
Media	Turkmenistan	Alexander Vershinin	del Bosque Vicente	Di Matteo Roberto	Guardiola Pep
Media	Uganda	Fredrick Musisi Kiyingi	del Bosque Vicente	Di Matteo Roberto	Mourinho José
Media	Ukraine	Igor Linnyk	Mourinho José	Guardiola Pep	Klopp Jürgen
Media	United Arab Emirates	Dafrallah Mouadhen	Di Matteo Roberto	Mourinho José	Mancini Roberto
Media	Uruguay	Ricardo Pineyrua	Guardiola Pep	Prandelli Cesare	Di Matteo Roberto
Media	USA	Paul Kennedy	del Bosque Vicente	Di Matteo Roberto	Prandelli Cesare
Media	Uzbekistan	Grigoriy Rtveladze	del Bosque Vicente	Ferguson Alex	Mancini Roberto
Media	Venezuela	Francisco Blavia	Mourinho José	del Bosque Vicente	Di Matteo Roberto
Media	Vietnam	Truong Anh Ngoc	del Bosque Vicente	Prandelli Cesare	Mourinho José
Media	Wales	Paul Abbandonato	Guardiola Pep	Klopp Jürgen	del Bosque Vicente

FIFA
WORLD COACH
MEN'S FOOTBALL 2012

Vote	Country	Name	First (5 points)	Second (3 points)	Third (1 point)
Media	Yemen	Abdel Al Hababi	Di Matteo Roberto	Mourinho José	Mancini Roberto
Media	Zambia	Chapadongo Lungu	del Bosque Vicente	Mourinho José	Di Matteo Roberto
Media	Zimbabwe	Charles Mabika	Di Matteo Roberto	del Bosque Vicente	Mourinho José

FIFA revela fax com voto da federação da Macedônia

Depois da polêmica levantada por Mourinho e Pandev, a FIFA mostrou o fax com o voto de Pandev em Del Bosque. A federação da Macedônia, mais tarde, acabou por admitir que o jogador votou no treinador português, mas que o voto foi para Del Bosque por causa de um "erro técnico".

FROM : F F OF MACEDONIJA   FAX NO. :++389 2 3165448   09 Nov. 2012 08:53   P2

FIFA Ballon d'Or 2012

Zurich *Kongresshaus*, 7 January 2013

Please complete this form In CAPITAL LETTERS

Member association: FYR Macedonia, Football Federation of FYR Macedonia

Voting form (MEN'S FOOTBALL COACHES)

The three best coaches for men's football in 2012 are:

Last name	First name	Country	Team	VOTE OF COACH OF MEN'S NATIONAL TEAM			VOTE OF CAPTAIN OF MEN'S NATIONAL TEAM		
				1st 5 pts	2nd 3 pts	3rd 1 pts	1st 5 pts	2nd 3 pts	3rd 1 pts
del Bosque	Vicente	Spain	Spain national team	x			x		
Di Matteo	Roberto	Italy	Chelsea FC						
Ferguson	Alex	Scotland	Manchester United FC						
Guardiola	Pep	Spain	FC Barcelona (former coach)		x				
Heynckes	Jupp	Germany	FC Bayern München						
Klopp	Jürgen	Germany	Borussia Dortmund						x
Löw	Joachim	Germany	Germany national team			x			
Mancini	Roberto	Italy	Manchester City FC					x	
Mourinho	José	Portugal	Real Madrid CF						
Prandelli	Cesare	Italy	Italy national team						

NAME OF COACH: JANEVSKI Cedomir

NAME OF CAPTAIN: PANDEV Goran

SIGNATURE OF COACH: *(signature)*

SIGNATURE OF CAPTAIN: *Горан Пандев*

Please return this form to us by 15 November 2012 at the latest.
– by fax to the FIFA Special Events & Guest Management Department: +41-43-222 7691
– by e-mail at: fifaballondor2012@fifa.org

Signature of President or General Secretary: *(signature)*

Place and date: Skopje, 06.11.2012

Reportagem do *Sportsmail* sobre escândalo de ingressos

O jornalista Andrew Jennings alega ter estado com torcedores, durante o Mundial de 2006, que tinham adquirido ingressos no mercado negro com o nome de Mohammad Bin Hammam (então um dos membros do comitê executivo da FIFA).

Garantias governamentais exigidas pela FIFA aos países candidatos a receber o Mundial

Holanda e Bélgica formaram uma candidatura conjunta para receber o Mundial de 2018. Os holandeses revelaram um documento secreto com as exigências da FIFA. Os países que querem receber o Mundial têm de concordar com estes termos. Este documento é sobre isenção fiscal para todos os membros e parceiros da FIFA. Os holandeses não gostaram porque consideraram que estas garantias são uma violação das suas próprias leis. Portugal e Espanha (outra das candidaturas conjuntas para 2018) aceitaram estas garantias governamentais, assim como todos os outros candidatos. O Mundial de 2018 acabou indo para a Rússia.

Government Guarantee No. 3

[The Government Declaration (including letterhead) to be provided in English]

Fédération Internationale de
Football Association (FIFA)
Attn. Mr. Joseph S. Blatter
President
FIFA-Strasse 20
CH-8044 Zurich,
Switzerland

[Place/date]

Government Guarantee No. 3 ("Guarantee")
Tax Exemption

Dear Mr President

In relation to *[FIFA Confederations Cup 2017 and the 2018 FIFA World Cup™] [FIFA Confederations Cup 2021 and the 2022 FIFA World Cup™]* taking place in the Netherlands on a joint basis together with Belgium, the Government of the Netherlands, represented by the undersigned who are duly authorised to act and provide this Guarantee on behalf of the Netherlands, hereby represents, warrants, ensures and guarantees to FIFA the following:

A. **Definitions**

For the purposes of this Guarantee, the following definitions shall apply:

Competitions – the *[FIFA Confederations Cup 2017 and the 2018 FIFA World Cup™] [FIFA Confederations Cup 2021 and the 2022 FIFA World Cup™]*;

Events – the Competitions and any and all events or activities directly or indirectly related to the Competitions officially organised, sanctioned or endorsed by, or under the auspices of, FIFA, the LOC, or the Hosting Association, including, without limitation, the following:

a) the FIFA congress, banquets, opening, closing, award and other ceremonies, the preliminary draw, the final draw and any other draws, any mascot launch and other launch activities;
b) any seminars, meetings, conferences, workshops and press conferences;
c) any official public viewing or other fan-related events;
d) any cultural activities, in particular concerts, exhibitions, displays, shows or other expressions of culture;

e) any events, activities, projects and/or programmes for social and human development as well as environmental protection, other corporate social responsibility, humanitarian or similar charity projects;
f) any football matches and training sessions; and
g) any other activities that FIFA considers relevant for the staging, organization, preparation, marketing, promotion or winding-up of the Competitions;

FIFA – Fédération Internationale de Football Association (FIFA), a Swiss private law association, being the world governing body of the sport of association football, as well as any FIFA Subsidiaries;

FIFA Commercial Affiliates – any entity which has been or will be granted any media, marketing, sponsorship, licensing or other commercial rights of whatever nature in connection with FIFA and/or the Events and/or or any other FIFA competitions.

FIFA Commercial Affiliates – any entity which has been or will be granted any media, marketing, sponsorship, licensing or other commercial rights or opportunities, of whatever nature in connection with FIFA and/or the Events and/or or any other competitions organised by, or under the auspices of, FIFA.

FIFA Contractors – any individuals and legal entities which have, directly or indirectly, entered into any sort of contractual relationship with FIFA, and/or any individual or entity, directly or indirectly authorised by FIFA, in relation to the Events, including, without limitation, FIFA Commercial Affiliates, FIFA Service Providers, FIFA Host Broadcaster and any other appointees, licensees or agents of FIFA, as well as sub-contractors of such legal entities.

FIFA Confederations – any confederations representing a group of FIFA Member Associations, including, without limitation:

a) Asian Football Confederation (AFC);
b) Confédération Africaine de Football (CAF);
c) Confederation of North, Central American and Caribbean Association Football (CONCACAF);
d) Confederación Sudamericana de Fútbol (CONMEBOL);
e) Oceania Football Confederation (OFC); and
f) Union des Associations Européennes de Football (UEFA);

FIFA Host Broadcasters – any legal entities licensed or appointed by FIFA, or by FIFA's licensees or appointees in connection with the production of any content and/or material being subject to any media rights, including, without limitation, (i) any still or moving visual-only images, (ii) any audio-only material, including dubbing and commentary, (iii) any audio-visual material, including the basic audiovisual feed (or any supplemental feed), (iv) any text and data in relation to any Events, and (v) any official film or Event-related documentaries in connection with the teams or individuals being involved in the Events;

FIFA Listed Individuals – any individuals accredited to the Events by FIFA, and/or appointees of FIFA, and/or any individuals listed by FIFA, or by any entity formally appointed by FIFA to prepare such list, to participate in any way in any of the Events (no including the general public);

FIFA Member Associations – any national football association officially affiliated to Fédération Internationale de Football Association (FIFA), whether or not participating in either or both the Competitions, and including the Hosting Association;

FIFA Service Providers – the following legal entities licensed or appointed based on any other contractual relationship, by FIFA, or by FIFA's appointees or licensees, in relation to the organization and staging of the Events:

   a) FIFA's accommodation inventory coordinators, which shall be one or more general coordinators with the obligations to create, extend, manage, intermediate or resell any inventory of hotel rooms, office space and other facilities offered by several accommodation providers;
   b) FIFA's transportation inventory coordinators, which shall be one or more general coordinators with the obligations to create, extend, manage, intermediate or resell any inventory of transportation services offered by several transportation providers;
   c) FIFA's tour operator programme coordinators, which shall be one or more general coordinators with the obligations to manage the tour operator programme designed by FIFA and to select, appoint or license entities to sell a package of certain travel or accommodation services or products in combination with any right to attend an Event;
   d) FIFA's ticketing inventory coordinators, which shall be one or more general coordinators with the obligations to produce, manage or sell any rights to attend an Event or to administer ticket allocations as determined by FIFA or to enforce any ticket-related rights by FIFA;
   e) FIFA's hospitality providers, which shall be one or more service providers, with the obligations to produce, manage or sell a package of certain hospitality services or products provided inside or outside of an Event venue in combination with any right to attend an Event;
   f) FIFA's IT solution providers, which shall be one or more general coordinators or providers with the obligations to develop, manage, implement, operate, maintain and deliver the hardware or software components of the information technology specifically designed for FIFA in relation to the organization and staging of the Events; or
   g) providers of services or goods that are required for the Events, whenever the respective agreements provide for a compensation structure under which FIFA contractually at least bears the actual or budgeted costs necessary for providing such services or goods;

FIFA Subsidiaries – any legal entity, resident in the Netherlands or not, in which FIFA owns at least 50% (fifty percent) of its capital or voting interest;

Hosting Association – "Koninklijke Nederlandse Voetbalbond", being the national football association officially affiliated to FIFA in the Netherlands.

Individuals Tax(es) – any Taxes which are directly or indirectly levied from or fully or partially borne by individuals in the Netherlands by federal, state, municipal or local authorities or by any other authorities or bodies in the Netherlands on any level including, but not limited to Taxes in relation to income, wealth, capital, property, social security, gainful activity, dividends, capital gains, pension funds, retirement schemes, import and export, value-added taxes, sales taxes, turnover taxes, ad valorem taxes as well as any interest, penalties, costs and expenses reasonably related thereto.

LOC – the local organizing committee established by the Hosting Association which is responsible for the hosting and staging of the Competitions and certain other Events, recognised by FIFA, as well as any and all legal entities in which the LOC owns at least 80% (eighty percent) of their respective capital or voting interest;

Tax(es) – any forms of current or future direct and indirect taxation and statutory, governmental and state duties, charges, fees, levies or other assessments, imposts and contributions, which are or will be levied in the Netherlands by federal, state, municipal or local authorities or by any other authorities or bodies in the Netherlands on any level including, but not limited to, income taxes (personal or corporate), capital taxes, property taxes, wealth taxes, stamp duties (both on the issuance and on the transfer of securities), gains taxes, withholding taxes, dividend taxes, source taxes, real estate taxes, betterment taxes, value-added taxes, turnover taxes, sales taxes, ad valorem taxes, customs duties, import and export taxes or duties, environment taxes, taxes on financial transactions, social security contributions, pension fund obligations, retirement scheme obligations as well as any interest, penalties, costs and expenses reasonably related thereto.

B. **Full Tax Exemption of FIFA and FIFA Subsidiaries**

1. FIFA and/or FIFA Subsidiaries, irrespective of whether resident in the Netherlands or not, will be fully exempt from any Taxes in the Netherlands. FIFA and/or FIFA Subsidiaries will be treated as fully Tax exempt entities. The full Tax exemption is not limited to the Events and is not limited time-wise.

2. The exemption stated in this section shall encompass all revenues, profits, income, expenses, costs, investments and any and all kind of payments, in cash or otherwise, including through (i) the delivery of goods or services, (ii) accounting credits, (iii) other deliveries, (iv) applications, or (v) remittances, made by or to FIFA and/or FIFA Subsidiaries.

3. This shall, in particular and without limitation, mean:
    a) No Taxes will be levied on any profits made by FIFA and/or FIFA Subsidiaries;
    b) No Taxes will be levied, charged or withheld on any payments in cash or otherwise, including through (i) the delivery of goods or services, (ii) accounting credits, (iii) other deliveries, (iv) applications or (v) remittances, made to FIFA and/or FIFA Subsidiaries;
    c) No Taxes will be levied, charged or withheld on any payments in cash or otherwise, including through (i) the delivery of goods or services, (ii) accounting credits, (iii) other deliveries, (iv) applications, or (v) remittances, made by FIFA and/or FIFA Subsidiaries;
    d) No Taxes will be levied on any services rendered or goods delivered, transported, imported or exported by FIFA and/or FIFA Subsidiaries;
    e) No Taxes will be levied on any services rendered or goods delivered, transported, imported or exported to FIFA and/or FIFA Subsidiaries;
    f) Where in exceptional cases for practical reasons in a first phase Taxes are levied on services rendered or goods delivered to FIFA and/or FIFA Subsidiaries (value added taxes, sales taxes or the like), FIFA and/or FIFA Subsidiaries are entitled to full refund of such Taxes based on an easy refund procedure.

4. The exemption stated in this article includes any Taxes, presently existing or to be created in the future.

C. **Events Related Full Tax Exemption of LOC, FIFA Confederations, FIFA Member Associations, FIFA Host Broadcaster, FIFA Service Providers**

1. The entities listed below, irrespective of whether resident in the Netherlands or not, will be fully exempt from any Taxes in the Netherlands related to any and all taxable events, carried out in the Netherlands or abroad, to the extent that they are directly or indirectly related to any of the Events. Related to the Events, the entities listed below will be treated as fully tax exempt entities. The Events related full Tax exemption is not limited time-wise. The entities are the following:

    a) LOC;

b) FIFA Confederations;
c) FIFA Member Associations, including Hosting Association;
d) FIFA Host Broadcaster; and
e) FIFA Service Providers.

2. The exemption stated in this section shall encompass all revenues, profits, income, expenses, costs, investments and any and all kind of payments, in cash or otherwise, including through (i) the delivery of goods or services, (ii) accounting credits, (iii) other deliveries, (iv) applications, or (v) remittances, made by or to the entities listed in this section.

3. This shall, in particular and without limitation, mean:
   a) No Taxes will be levied on any profits made by the entities listed in this section;
   b) No Taxes will be levied, charged or withheld on any payments in cash or otherwise, including through (i) the delivery of goods or services, (ii) accounting credits, (iii) other deliveries, (iv) applications or (v) remittances, made to the entities listed in this section;
   c) No Taxes will be levied, charged or withheld on any payments in cash or otherwise, including through (i) the delivery of goods or services, (ii) accounting credits, (iii) other deliveries, (iv) applications, or (v) remittances, made by the entities listed in this section;
   d) No Taxes will be levied on any services rendered or goods delivered, transported, imported or exported by the entities listed in this section;
   e) No Taxes will be levied on any services rendered or goods delivered, transported, imported or exported to the entities listed in this section;
   f) Where in exceptional cases for practical reasons in a first phase Taxes are levied on services rendered or goods delivered to the entities listed in this section (value added taxes, sales taxes or the like), the entities listed in this section are entitled to full refund of such Taxes based on an easy refund procedure.

4. The exemption stated in this section includes any Taxes, presently existing or to be created in the future.

D. Limited Tax Exemption of FIFA Contractors

1. Any FIFA Contractors established, incorporated or organized in a foreign country which carries out activities or operations in the Netherlands related to the Events or which has an Event related presence in the Netherlands before and/or during the Events, in accordance with an agreement with FIFA, a FIFA Subsidiary or any entity appointed by FIFA, will neither be deemed as having set up a permanent establishment in the Netherlands nor as qualifying for any other sort of Tax residency in the Netherlands.

2. Without any precondition, an exemption is granted to the FIFA Contractors from any and all Taxes levied on importation or exportation or transportation of goods, services or rights related to the Events, to the extent such goods, services or rights are imported for (i) consumption or use in the Netherlands by the FIFA Contractors themselves, or (ii) for use in the Netherlands by the FIFA Contractors with subsequent re-export, or (iii) for use in the Netherlands by the FIFA Contractors with subsequent donation to sports entities or other legal entities whose purposes are related to the practice of sports and social development or to charity institutions.

3. The exemption stated in this section includes any Taxes, presently existing or to be created in the future. The Tax exemption is not limited time-wise.

E. **Individuals Tax Exemptions**

1. Individuals employed or otherwise hired by FIFA, a FIFA Subsidiary, the LOC, FIFA Confederations, FIFA Member Associations, FIFA Host Broadcasters, FIFA Service Providers, regardless whether these individuals are deemed as Tax residents in the Netherlands or not, shall not be subject to payment of Individuals Taxes on payments, fringe benefits, reimbursements and any other sort of compensation received from one of the entities above which is not resident in the Netherlands, but only as regards to payments, fringe benefits, reimbursements and any other sort of compensation received until December 31 of the second year following the year of the Competitions.

2. A full Individuals Tax exemption is granted to the FIFA Listed Individuals, contemplated or not in paragraph 1 of this section, who enter and leave the Netherlands within the period commencing 60 (sixty) days before the first match of, and ending 60 (sixty) days after the final match of any Competition, for Individuals Taxes levied on the compensation received by them, in cash or otherwise, including through the delivery of services or goods, from entities which are not residents of the Netherlands, provided that such individuals have not expressed the intention to permanently reside in the Netherlands.

3. Any contribution in kind, fringe benefits or reimbursement of expenses (including allowances) to volunteers who assist in the organization or realisation of any of the Events shall not be deemed as taxable income for any purpose in the Netherlands.

4. The exemption included in this section includes any Individuals Taxes, presently existing or to be created in the future.

F. **Miscellaneous**

1. Whenever there is a reference in this Guarantee to any exemption of Taxes, any corresponding ancillary, declaration or reporting obligation of the Tax exempt party shall also be waived (in particular, but not limited to the filing of Tax returns, audited accounts, etc.).

2. FIFA will notify on an ongoing basis the Tax authorities of the Netherlands about the individuals and legal entities which shall be entitled to the exemptions under this Guarantee.

3. The provisions containing specific exemptions in this Guarantee shall in no way be interpreted as to limit the other exemptions set forth in other provisions of this Guarantee.

4. Any refund contemplated in this Guarantee in relation to Taxes shall be based on a simple request procedure to be presented at one single point of contact to the Tax authorities of the Netherlands.

5. The exemptions contemplated in this Guarantee shall apply to taxable events and activities occurring as of the signing of this Guarantee.

G. **Indemnification**

Should any of the parties listed in this Guarantee suffer any direct and/or indirect imposition of Taxes as envisaged herein pursuant to the non-compliance with this Guarantee, the Netherlands shall indemnify and hold them harmless up to the amount of such Tax.

H.   General Undertakings

The Government Declaration and the Government Guarantees No 1-8 shall be read together and interpreted as a whole. When the meaning, interpretation, scope and intent as set out in Chapter F of Government Guarantee No. 8 differs from or conflicts with a provision in this Guarantee, Chapter F of Government Guarantee No. 8 shall be given absolute priority and will prevail as the only applicable, valid and binding obligation, undertaking, guarantee or assurance by the Government of the Netherlands.

Nothing in this Government Guarantee may lead to or be interpreted as leading to a breach of Constitutional rules and principles or rules and principles of public policy applicable in the Netherlands, such as for example but not limited to the state structure, the separation of powers, the non-discrimination principle and the prevalence of international law.

The Government of the Netherlands represents and guarantees to FIFA and ensures that all special laws, regulations and ordinances necessary to properly fulfil the obligations under this Guarantee have been enacted or shall be enacted and enter into force in due time.

This Guarantee shall be valid and binding as of the date of its execution and shall remain valid and binding regardless of the fact that certain laws, regulations and ordinances will be enacted at a later stage. The necessary legal framework is in place to allow FIFA to impose enforcement of this Government Guarantee. The government of the Netherlands understand that all obligations under this Government Guarantee must be fulfilled and will take all necessary steps to ensure this.

If required, the government of the Netherlands, together with the LOC, will make all necessary arrangements to provide FIFA with an English translation of the relevant laws, regulations, ordinances (including circulars), other legal instruments and practice.

The government of the Netherlands confirms that all relevant correspondence and discussions shall be conducted in English language.

The signatories confirm to be competent to issue this Government Guarantee. Under the laws of the Netherlands, this Government Guarantee is and shall remain binding and valid against the Netherlands and its government and all other relevant authorities and bodies, up to, during and following the Competitions, irrespective of any change in the government of the Netherlands or in its representatives, or any change in the laws and regulations in the Netherlands.

the Netherlands

Processo da MasterCard contra a FIFA

A FIFA perdeu esta ação judicial e ficou ainda provado que Jérôme Valcke atual secretário-geral da FIFA) mentiu à MasterCard enquanto negociava com a Visa.

```
UNITED STATES DISTRICT COURT
SOUTHERN DISTRICT OF NEW YORK
-------------------------------------------------------------X

MASTERCARD INTERNATIONAL
INCORPORATED,                                        06 Civ. 3036 (LAP)

                              Plaintiff,             AMENDED
                                                     FINDINGS OF FACT AND
          v.                                         CONCLUSIONS OF LAW

FÉDÉRATION INTERNATIONALE DE
FOOTBALL ASSOCIATION,

                              Defendant.
-------------------------------------------------------------X
```

Introduction

Fédération Internationale de Football Association ("FIFA") is the worldwide governing body of soccer and the organizer of the FIFA World Cup, a once-every-fourth-year tournament that its president calls "the world's largest and most beloved sporting event." As befits a sporting organization of this stature and renown, FIFA's slogan is "fair play."

MasterCard, the payment card services provider, has sponsored the World Cup in the financial services category for the last four cycles or sixteen years. Section 9.2 of MasterCard's most recent sponsorship contract with FIFA gave MasterCard the first right to acquire the FIFA World Cup sponsorship for the next cycle. As is set out in detail below, FIFA breached its obligation under Swiss contract law to give MasterCard the first right to acquire the next round of sponsorship. In addition, FIFA's conduct in performing its obligation and in negotiating for the next sponsorship cycle was anything but "fair play" and violated the heightened obligation of good faith imposed by the applicable Swiss law (as well as FIFA's own notion of fair play as explained by its president). For example:

> FIFA's negotiators lied repeatedly to MasterCard, including when they assured MasterCard that, consistently with MasterCard's first right to acquire, FIFA would not sign a deal for the post-2006 sponsorship rights with anyone else unless it could not reach agreement with MasterCard.
>
> FIFA's negotiators lied to VISA when they repeatedly responded to the direct question of whether MasterCard had any incumbency rights by assuring VISA that MasterCard did not.
>
> FIFA's negotiators provided VISA with blow-by-blow descriptions of the status of the FIFA-MasterCard negotiations while concealing from its long-time partner MasterCard both the fact of the FIFA-VISA negotiations as well as the status of those negotiations – an action FIFA's president admitted would not be "fair play."
>
> FIFA's marketing director lied to both MasterCard, FIFA's long-time partner, and to VISA, its negotiating counterparty, to both of which FIFA, under Swiss law, owed a duty of good faith. When, pursuant to his engineering, VISA raised its bid to the same level as MasterCard's, he declined his subordinates' suggestion to give MasterCard the opportunity to submit a higher bid based on his concern for his own reputation with the FIFA Board. He also declined his subordinates' recommendation that he recommend to the FIFA Board that it continue with its prior approval of MasterCard as the post-2006 sponsor. Instead, he told the board it was difficult for him to make a recommendation and never mentioned MasterCard's first right to acquire the post-2006 sponsorship.
>
> On the morning of the first of March 2006 FIFA board meetings and after all three FIFA boards had previously approved MasterCard as the post-2006 sponsor, FIFA's marketing director called VISA to say that if VISA increased its cash bid by $30 million to the level of MasterCard's bid, VISA "would be the partner."
>
> Even after MasterCard had signed the "FINAL version" of the post-2006 sponsorship agreement and returned it to FIFA, FIFA's negotiators delayed telling MasterCard that the FIFA Board had chosen VISA; instead they waited for the VISA board to ratify the VISA agreement.

> After the FIFA boards had approved MasterCard as post-2006 sponsor and after MasterCard had agreed to FIFA's asking price and agreement had been reached on all other terms and after FIFA's in-house counsel had solicited FIFA members for items that might be used to claim that MasterCard breached the Agreement, FIFA pointed to a trademark issue that had been present since 2000 or 2001 to justify granting the post-2006 sponsorship to VISA and sent a letter to MasterCard -- after the commencement of this lawsuit -- purporting to terminate the Agreement and thus MasterCard's first right to acquire.
>
> After MasterCard and FIFA waived, under Swiss law, both the 90-day time periods set out in section 9.2 by their "conclusive conduct," FIFA now seeks retroactively to revive one of the 90-day periods, but not the other, to justify its choice of VISA for the post-2006 sponsorship.
>
> While the FIFA witnesses at trial boldly characterized their breaches as "white lies," "commercial lies," "bluffs," and, ironically, "the game," their internal emails discuss the "different excuses to give to MasterCard as to why the deal wasn't done with them," "how we (as FIFA) can still be seen as having at least some business ethics" and how to "make the whole f***-up look better for FIFA." They ultimately confessed, however, that "[I]t's clear somebody has it in for MC."

Thus, as set out in detail below, FIFA has breached its obligation under section 9.2 to give MasterCard the first right to acquire the post-2006 sponsorship, both under the applicable Swiss contract law and the applicable Swiss law requiring good faith. Because section 22 of the parties' Agreement permits the Court to grant equitable relief upon a finding of breach, the only equitable result is that FIFA be prohibited from proceeding with the subsequent FIFA-VISA agreement and be required to proceed with the 2007-2014 MasterCard Agreement that the parties agreed to and MasterCard signed and returned to FIFA.

The Parties

1. MasterCard is a corporation organized under the laws of the State of Delaware and having its principal place of business in Purchase, New York. (Complaint ¶ 5; Answer ¶ 5). MasterCard provides an inter-face for credit, deposit, electronic cash, business-to-business and other payment transactions between the over 25,000 financial institutions in its

211. Mr. Blatter then did his part to steer the FIFA Board's decision in favor of VISA. Addressing the FIFA Board, he "clearly stated that he was not aware that FIFA had a partner that was attacking the organization, and that FIFA should not accept threats" (Pl. Ex. 8; Fischer Tr. 57/21-57/24) – this, despite admitting in testimony that he had been aware of the trademark dispute between MasterCard and FIFA since "about the year 2000 or 2001" and that the dispute was no obstacle to his signing the sponsorship agreement with MasterCard in 2002 for the 2006 FIFA World Cup. (Blatter Tr. 158/6-159/14). Urs Linsi, the General Secretary of FIFA, then interjected "that MasterCard has not always been an easy partner" and that he expected MasterCard to cease its challenges to FIFA's marks "when entering negotiations." (Pl. Ex. 8).

212. Based on these proceedings, the FIFA Board decided on March 14, 2006: "Subject to contract, a deal with Visa in the financial services category will be signed." (Pl. Ex. 8). Neither Mr. Valcke nor anyone else on his team informed Mr. Stuart of MasterCard of the FIFA Board's decision.

213. Chuck Blazer, a member of the FIFA Executive Committee and the FIFA Marketing & TV AG Board (Trial Tr. p. 230, l. 20-22), testified as to the March 14, 2006 FIFA Marketing & TV AG Board meeting. Mr. Blazer's testimony was generally without credibility based on his attitude and demeanor and on his evasive answers on cross-examination.[9]

---

[9] For example:
Q. So it was okay in your view for Mr. Valcke to string John Stuart along for a few weeks until VISA ratified the deal?
A. I think it was okay for us to come back and make a determination at some point as one might have been needed again if the circumstances had turned out differently.
Q. Okay
A. It's too early to know the answer to that question. I'm not pressing it.
Q. I have no idea what you just said, Mr. Blazer.
A. Well, then, let me try it again for you.
Q. Let me try the question again.
A. I don't think I need it over again. I understood it. What I'm saying to you is, without

214. More particularly, Mr. Blazer testified on direct to comments that he supposedly made at the Marketing & TV AG Board meeting about FIFA's trademark issue with MasterCard to the effect that proceeding with MasterCard with the trademark issue outstanding was "unacceptable." (Trial Tr. p. 249, l. 7). Not only do Mr. Blazer's comments not appear in the official minutes of the meeting (Pl. Ex. 362, Bates # F15778-15801), but they do not appear in the handwritten notes from which the meeting secretary, Ms. Petra Fischer, prepared the minutes. (Pl. Ex. 362, Bates # F15802-15822). Mr. Blazer's supposed comments were serious and substantive and not the kind of remark that would have been omitted from the minutes,

> knowing the course of events over the ensuing days, it is impossible to determine how that would have turned out. For example, had VISA not –
> THE COURT: How does that answer the question?
> THE WITNESS: How does it answer the question? Because he wanted to know --
> [THE COURT: "Question: So it was okay in your view for Mr. Valcke to string John Stuart along for a few weeks until VISA ratified the deal?"
> THE WITNESS: Because I don't believe --
> THE COURT: "Answer --
> THE WITNESS: I don't think he was stringing him along.
> THE COURT: Do you want to hear your answer or not? "I think it was okay for us to come back and make a determination at some point as one might have been needed again if the circumstances had turned out differently."
> THE WITNESS: What I'm saying is I don't believe we were stringing him along. Is that it quite possibly could have been that the matter itself would have been up for discussion had it been that VISA did not approve.
> Q. Mr. Blazer –
> THE WITNESS: In other words, the concept of stringing somebody along is that there is nothing at the end, and I don't presume that we did something bad by not telling him that VISA was in and they were going to be out based on the decision that had been taken at that point in the meeting by the executive committee.
> Since until the deal with VISA would be concluded, there was no closure on any of these issues. So it would have been required that the deal be closed for the category A to be closed and if not the category to be closed, then for any other category alternatively, but no decision had been taken with regard to any alternatives. So you start out first, the objection I have with the problem that he's referring to it as stringing him along. I don't believe we were stringing him along. I believe we were dealing fairly, given the circumstances, and that's why I answered it in that way. (Trial Tr. p.278, l. 11 – p.280, l. 11). (See also Trial Tr. p.256, l. 20 – p.259, l. 17) (where Mr. Blazer initially stated he did not "feel competent to answer" whether he considered a signed contract by a proposed sponsor as an offer that the Executive Committee is free to accept or reject but eventually conceded after being confronted with his deposition testimony).

particularly by a careful and competent secretary, as Mr. Blazer testified Ms. Fischer was. (Trial Tr. p. 261, l. 11-22).[10] Indeed, Mr. Blazer testified that he does not recall having made any corrections to any of the minutes Ms. Fisher prepared. (Trial Tr. p. 262, l. 1-3). Thus, for that reason and based on his evasive answers and his attitude and demeanor, Mr. Blazer's testimony as to the March 14, 2006 Marketing & TV AG Board meeting is rejected as fabricated.

215. The next day, on March 15, 2006, the FIFA Finance Committee was scheduled to meet. At that time, however, FIFA had not agreed on a long-form contract with VISA and had no commitment from VISA to pay the $180 million asking price other than Mr. Shepard's telephone call with Mr. Valcke the preceding day. The two sides thus devoted much of the day to confirming and documenting VISA's commitment to do the deal that the FIFA Board had just approved.

216. To that end, Mr. Rodrigues called Mr. Blatter to personally assure him that VISA had accepted the discussed terms. (Pl. Ex. 92).

217. Mr. Houseman, who the day before acknowledged "the urgency involved" and his willingness to "remain on stand-by to deal with any last minute" drafting changes (Pl. Ex. 418), and Mr. McCleary, in-house counsel of VISA, continued to negotiate the terms of the long-form agreement. (Pl. Exs. 43 & 46). Mr. Houseman was reluctant to agree to VISA's proposed changes, however, because, as he wrote in an e-mail to his team, FIFA's "ability to get promotional value out of the $15m MIK is doubtful" and, as drafted, the marketing in kind commitment was "pretty meaningless." (Pl. Ex. 46).

---

[10] Given the serious nature of Mr. Blazer's supposed remarks, a review of the remarks that were recorded by Ms. Fisher in her notes confirms that if Mr. Blazer had made the remarks he testified to, they certainly would have been recorded.

Relatório de Hans-Joachim Eckert sobre o caso ISL

O relatório do presidente do comitê de ética da FIFA mostra que João Havelange, RIcardo Teixeira e Nicolás Leoz receberam subornos da empresa de marketing ISL em diferentes momentos. Esta empresa faliu, de forma inesperada, em 2001 e começaram as investigações que revelaram o nome destes três dirigentes da FIFA.

29.04.2013

<u>Statement of the Chairman of the FIFA Adjudicatory Chamber, Hans-Joachim Eckert, on the examination of the ISL case</u>

As the chairman of the adjudicatory chamber of the FIFA Ethics Committee, I have examined in detail the report dated 18.03.2013 presented to me in the matter of ISL. In July 2012, the FIFA Executive Committee asked the newly elected chairman of the investigatory chamber of the Ethics Committee, Michael J. Garcia, to examine the so-called ISL case. The reason for this request was the Order on the Dismissal of the Criminal Proceedings ("ODCP") by the Department of Public Prosecutions of the Canton of Zug following the investigations against FIFA, Ricardo Terra Teixeira and Jean-Marie Faustin Havelange on account of breach of trust. The ODCP was dated 11.05.2010 and became public by a decision of the Swiss Federal Court dated 11.07.2012. A letter communicating the Executive Committee's referral explained that although "the ISL case is closed from a legal point of view," Mr Garcia was being asked "to examine the non-prosecution order from a mere moral and ethical standpoint."

My examination refers to the material regarding ODCP and the Report of Examination of Michael J. Garcia ("Report of Examination") and the attached documents, as more fully described below. As explained in the Report of Examination, the FIFA Code of Ethics sets the parameters of the Ethics Committee's jurisdiction and authority. The ethics rules that are currently valid (i.e. the FIFA Code of Ethics) date from July 2012. The first FIFA Code of Ethics was dated 6 October 2004. Prior to that date, there were no ethics rules whatsoever. The ethics rules were revised in 2006 and again in 2009.

The Code of Ethics reaches conduct by football officials. Under Article 3, past conduct that would violate current Code of Ethics provisions may give rise to sanctions only if it violated a Code of Ethics in effect at the time of the infringement. Article 3 also provides that regardless of whether sanctions may be issued, the Ethics Committee may consider and draw appropriate conclusions concerning past conduct. In the current preamble of the FIFA ethics rules, it states, inter alia, that FIFA endeavours to prevent all illegal, immoral or unethical practices within the association.

I have established the following findings consistent with the Report of Examination:

FIFA is an association registered in the commercial register of the Canton of Zurich pursuant to article 60ff. of the Swiss Civil Code (ZGB) with headquarters in Zurich. Its statutes have been supplemented and/or amended several times. Reference is made to the currently applicable statutes. Fundamentally, the Congress acts as the highest legislative body, the Executive Committee as the executive body and the general secretariat as the administrative body. The President represents the association and is responsible for the implementation of decisions.

The Report of Examination spans approximately 30 pages, and the documents obtained during the course of the examination, including the transcripts of testimonies, comprise approximately 4,200 pages. The Report of Examination was transmitted to the chairman of the adjudicatory chamber on 18.03.2013. The other documents (approximately 4,200 pages) were made available to him on 20.03.2013.

During the examination, a significant number of witnesses, lawyers acting in the proceedings and FIFA employees were interviewed, and many different kinds of documents were obtained. Among other persons, the President of FIFA, Joseph Blatter, was interviewed by Mr Garcia, as was current Executive Committee member Nicolas Leoz.

I)

Preliminary remark:

With regard to all of the established facts and circumstances, reference can be made to the statements in the ODCP. Considering these investigations and those of Mr Garcia, I have no doubt about the objective findings made there with regard to the companies and persons involved and to the contracts and cash flows established, as far as these could be ascertained.

In order to understand the so-called ISL case, it is necessary to at least give a rough description of the cash flows and their purpose, based not only on the Report of Examination but also on the ODCP.

It is clear that ISMM/ISL was, at the end of 2000, one of the most important media and marketing enterprises in the field of sports, and therefore from FIFA's point of view also seemed an appropriate business partner in the field of marketing of media rights for FIFA. ISMM AG acted as an umbrella organisation. Many of its subsidiaries performed different activities worldwide in the field of sports through independent media, marketing and service companies. The group acquired event rights from international sports federations with a general licence or on an agency basis ("rights-in"), developed integrated sports marketing concepts and "sold" these to sponsors, television channels or licensees ("rights-out").

From December 1997 to July 2000, FIFA concluded a number of contracts with ISL and various of its affiliates, through which licences and broadcast rights were transferred.

In this context, three-figure million sums in CHF and USD were agreed upon as compensation for FIFA. Among other persons, the current President Mr Blatter, but also various other former FIFA officials were authorized signatories for FIFA. ISL used a series of affiliated companies and foundations to make commission payments. It appears that in the late 1990s, ISL established a trust and a foundation under Liechtenstein law. Other purported ISL affiliates transferred funds to the foundation, which distributed the money to certain "beneficiaries."

Essentially, this money was to be used for the acquisition of rights. The money was meant for commissions, fees, finders-fees or additional acquisition payments and for "contributions to personalities and decision-makers in world sport, and also for the new acquisition or the extension of worldwide marketing rights".

Note:

From my point of view, this showed that the ISL Group had already made preparations before or at the same time of the first contractual agreements between FIFA and the ISL Group in order to cover up the expected payments and the cash flows, and thus to be able to direct unauthorised payments, i.e. payments without any genuine legal basis, via a network of companies and bank accounts. In this context, it must be considered that CHF 650 million was to be paid by ISMM to FIFA as a minimum fee between FIFA and ISMM for the award of the commercial rights for the 2002 World Cup, and CHF 750 million for the 2006 World Cup.

The documents revealed that upon conclusion of the contract with ISMM AG/ISL, FIFA had agreed that all revenues which arose from ISL's exploitation of the radio and television broadcasting rights were to be paid by ISL into a so-called special account at the Bank Nationale de Paris (BNP) in Basel. In my view, this is a common and appropriate practice among business persons for controlling cash flows, especially because FIFA stipulated that the BNP forward a copy of all transaction receipts to it.

Note:

From the objective occurrences established by the Swiss investigatory authorities, criminal structures within the ISMM/ISL Group started to circumvent the originally clear agreement with FIFA. The conduct of the responsible parties at ISMM/ISL and of the other subsidiaries and affiliates involved is to be seen as typical of a creative mixture of legal, i.e. contractually admissible activity, and deliberately fraudulent and disloyal conduct.

From money that passed through the ISMM/ISL Group, it is certain that not inconsiderable amounts were channelled to former FIFA President Havelange and to his son-in-law Ricardo Teixeira as well as to Dr. Nicolás Leoz, whereby there is no indication that any form of service was given in return by them. These payments were apparently made via front companies in order to cover up the true recipient and are to be qualified as "commissions", known today as "bribes".

Known payments in this regard were made between 1992 and May 2000.

A legal opinion from an independent Swiss attorney retained by Mr Garcia concludes that the acceptance of bribe money by Havelange, Teixeira and Leoz was not punishable under Swiss criminal law at that time. I agree with that determination.

However, it is clear that Havelange and Teixeira, as football officials, should not have accepted any bribe money, and should have had to pay it back since the money was in connection with the exploitation of media rights.

This does not change anything with regard to the morally and ethically reproachable conduct of both persons.

I agree with Mr Garcia's legal view that the Code of Ethics does not reach their conduct. As noted above, FIFA operated without a Code of Ethics until 2004. The known payments from ISL to Havelange and Teixeira occurred no later than 2000. Moreover, neither Havelange nor Teixeira held an official position within FIFA at the time the new ethics rules came into force. Mr Teixeira resigned from all football-related positions in March

2012, while Mr Havelange has long held solely an honorary position, which does not qualify him as an "official" under the Code of Ethics. Further, Mr Havelange resigned his position as Honorary President effective 18.04.2013.

As to Dr. Nicolás Leoz, he claimed that all of the money he received from ISL was donated by him to a school project, but only in January 2008 – eight years after he received it. In any case, Dr. Nicolás Leoz was not fully candid with the FIFA Executive Committee in a meeting held in December 2010 and with Michael J. Garcia when interviewed in this examination. By letter dated 24.04.2013, Dr. Nicolás Leoz informed FIFA about his resignation from the FIFA Executive Committee and the relevant Standing Committees, as well as President of CONMEBOL.

II)

An essential point of the examination by Mr Garcia was FIFA's conduct and that of President Blatter in the time after the events surrounding ISL had become known.

On 21.05.2001, ISMM and ISL went bankrupt.

In a chronological context, the persons responsible at FIFA, from my point of view, reacted promptly and also correctly to the bankruptcy of ISL and to the imminent or actual loss of money to which FIFA was entitled from the marketing of media rights.

As set forth in the ODCP, due to a complaint filed by FIFA on 28.05.2001 against persons named as being responsible for the management of ISL and against persons unknown, preliminary proceedings were instituted as early as 29.05.2001, and these proceedings were concluded on 18.03.2005 by the investigatory authorities in Switzerland. Nevertheless, on 08.08.2005 the Examining Magistrate's Office in Zug initiated criminal investigations against persons unknown on account of disloyal management to the detriment of FIFA. The opening of these proceedings was based on findings from the proceedings mentioned above.

According to the ODCP, there are no indications that President Blatter received any commission payments from ISL, its former Chief Executive Officer Jean-Marie Weber, or others.

There are also no indications whatsoever that President Blatter was responsible for a cash flow to Havelange, Teixeira or Leoz, or that that he himself received any payments from the ISL Group, even in the form of hidden kickback payments.

It must be questioned, however, whether President Blatter knew or should have known over the years *before the bankruptcy of ISL* that ISL had made payments (bribes) to other FIFA officials.

During the examination by Mr Garcia, FIFA itself produced a UBS bank record, which showed that on 03.03.1997, an amount of CHF 1.5 million was transferred into a FIFA account by ISL along with a note that the payment related to a guarantee for Mr Havelange. According to the payment notice, the recipient was Havelange c/o FIFA. It is undisputed that the former chief accountant of FIFA brought this to the attention of then-General Secretary Blatter, and the former arranged for the return transfer to ISL. President Blatter stated during his interview with Mr Garcia that he "couldn't understand that somebody is sending money to FIFA for another person," but at that time he did not suspect the payment was a commission.

President Blatter's conduct could not be classified in any way as misconduct with regard to any ethics rules.

The conduct of President Blatter may have been clumsy because there could be an internal need for clarification, but this does not lead to any criminal or ethical misconduct.

Note:

In this context and with regard to the refusal of certain former employees to give information to Mr Garcia, a paragraph should be included in FIFA's contracts of employment that there is still a duty to cooperate with the investigatory chamber even after termination of employment. Certainly all separation agreements should include such a clause and provide for penalties should there be a breach.

III)

Settlement 2004

1)

The ODCP was based on the opening of an investigation in August 2005 by the investigatory authorities in Zug.

The subject matter of the investigation was, *inter alia*, the payment of CHF 2.5 million into the ISL bankruptcy estate in March 2004 and other agreements related thereto. In 2003, the bankruptcy administrators of ISL started a "recall action" from a number of companies which had facilitated the "commissions", but also from shareholders of ISL. One of the accused in this regard was Mr Weber, the former ISL Chief Executive Officer.

Within the scope of his investigations, Mr Garcia obtained a legal opinion from the independent Swiss lawyer he retained on whether

- ➢ the FIFA officials who received commissions had been obliged to repay that money to FIFA, and
- ➢ whether FIFA had been obliged to demand such repayments.

In the opinion of the independent Swiss lawyer, the FIFA officials had been obliged or would have been obliged to repay the wrongfully received commissions (author's note: legal basis of undue enrichment on grounds of a special position of trust).

In the absence of clear statutory requirements, FIFA was, however, under no obligation to demand the repayment of this money. It was within FIFA's discretion in applying its business judgment to decide whether to seek repayment.

2)

In 2003, the bankruptcy administrators for ISMM AG and ISL Worldwide began an attempt of judicial pursuit and enforcement of repayment claims against the companies/persons or shareholders that were involved in the commission payments. Consequently, the administrators proceeded against the Liechtenstein foundation, an entity that had transferred money to the foundation, and shareholders of ISMM AG. The subject matter of the action was the transfer of funds in May 1999 from an ISL affiliate as generally described above.

One of the accused in these proceedings was Mr Weber.

After many written drafts from various law firms for a possible financial settlement, the bankruptcy administrators and Weber reached a settlement on 27 February 2004, with the latter undertaking to pay CHF 2.5 million into the bankruptcy estate.

Part of the settlement was an agreement that "the direct and final recipients of the payment at issue, the latter to the extent that they are directly or indirectly linked with the football business, will not be made subject to any further actions for repayment".

On 17.04.2004, the sum in question, CHF 2.5 million, was paid by Teixeira and Havelange into an account of a Swiss lawyer, who then transferred the money into the bankruptcy account of ISL.

From a reasonable perspective, it seems obvious that the then highest officials at FIFA would have been involved in these settlement negotiations, and all the more so since a kind of final line could then be drawn with regard to the transgressions of Teixeira and Havelange, and in fact all football officials, whereby these persons had to repay to ISL part of the bribes they had received.

Even after the very intensive attempt of the investigating magistrate in this matter, Mr Hildbrand, and all further attempts of Mr Garcia to shed light on the facts and circumstances, parts remain in the dark. This is in particular attributed to the fact that a representative of the private bankruptcy estate of ISL stated that the Swiss lawyer involved in the 2004 settlement had indicated that he represented FIFA, and that FIFA had a legitimate interest in not being involved in unjustified speculation.

President Blatter in turn stated that he had not signed a power of attorney to authorise the Swiss lawyer to act either on behalf of FIFA or him personally, nor was he instructing the lawyer in the efforts related to the 2004 settlement.

As the then investigating magistrate saw possible criminal offences by persons in charge at FIFA, he did all he could to clarify the origin of the CHF 2.5 million. Therefore, he searched FIFA headquarters, interviewed President Blatter and, as a result, was only able to determine that the CHF 2.5 million had come from Havelange and Teixeira, but he was not able to gain complete transparency about the network of persons and companies.

In this regard, it must be taken into consideration that a state investigator has vastly more power and authority, including compulsory measures, available to him than the investigatory chair of the Ethics Committee.

I agree with the analysis of Mr Garcia that the accomplishment and the contents of the settlement may very well be seen to have been affected by a conflict of interest. FIFA used its attorney to settle with the ISL bankruptcy trustees through Mr Weber, using money that came in part from a current Executive Committee member, Mr Teixeira, who had received a substantial portion of the commissions. In return, FIFA obtained a release of potential further action against all football officials. Then, apparently as part of the settlement, FIFA filed a "declaration of disinterest" dismissing the claim it initiated against ISL in 2001 to recover money for FIFA. It could not be determined with certainty whether the Swiss lawyer who helped coordinate the 2004 settlement had involved Mr Blatter in the deliberations and decisions.

At the time of negotiation of the settlement, the conclusion of the settlement and the realisation of the settlement, there were no ethics rules, even though these were being drafted (autumn of 2004).

Therefore, from a formal point of view, there are also no offences which have to be pursued further.

Once again, in this regard, these actions did not prompt any criminal prosecutions, and under civil law the negotiation of settlements is covered by freedom of contract, even with unusual clauses. In making its assessment, the company also has to consider whether to further pursue possibly justified claims and the ensuing risk of damage to its public image. It is not the Ethics Committee's role to second-guess those types of business decisions.

IV)

With regard to whether the investigations conducted by the investigatory authorities in Zug were dropped or not pursued further against a monetary condition, it cannot be established that President Blatter acted alone on his own authority when making any form of decisions to the detriment of FIFA and/or that the assets of the association were therefore at risk. The consent to an offer made by the investigatory authorities, namely to drop the proceedings against payment of a monetary condition in accordance with Swiss law pursuant to article 53 of the Swiss Criminal Code, was examined by several renowned law firms which advised FIFA. This provision corresponds to a stipulation under criminal procedural law which exists in almost all of Europe, and which serves the purpose of concluding major proceedings with a sense of proportion.

The basic decision to consent to such an agreement, even if it is linked to not inconsiderable monetary conditions, is a business-policy decision, as part of which the advantages and disadvantages must be assessed.

Summary:

It may well be the case that ethics rules could have been introduced earlier at FIFA and that there were no sufficient control mechanisms in earlier years, but this does not lead to any violation of ethical standards, which only existed as rules from October 2004.

As became evident in major corruption proceedings regarding significant commercial enterprises in Germany or in the USA after in-house bribe payments for obtaining contracts had become known, control mechanisms were introduced, compliance departments were set up, and the employees in question were also removed from the enterprise by way of termination agreements.

Since the occurrences surrounding ISL have become known, various high-ranking FIFA officials have resigned from their positions.

I find as follows:

1. The ISL case is concluded for the Ethics Committee.

2. I note that Mr. Havelange resigned from his position as Honorary President effective from 18.04.2013 and that Dr. Nicolás Leoz resigned from his positions as a FIFA Executive Committee member, as a FIFA standing committee member and as CONMEBOL President effective from 24.04.2013. Hence, any further steps or suggestions are superfluous.

3. No further proceedings related to the ISL matter are warranted against any other football official.

Bibliografia

Pesquisa geral

David Yallop, *How They Stole The Game*, Poetic Publishing, 1999.

Andrew Jennings, *Foul! The Secret World of FIFA: Bribes, Votes Rigging and Ticket Scandals*, HarperSport, 2006.

John Sugden e Alan Tomlinson, *FIFA and the Contest for World Football: Who Rules the People's Game?*, Polity Press em associação com a Blackwell Publisher, 1998.

Declan Hill, *The Fix: Soccer and Organized Crime*, McClelland & Stewart, 2008.

Steve Menary, *Outcasts! The Lands That FIFA Forgot*, The Score Books, 2007.

David Goldblatt, *The Ball is Round: A Global History of Soccer*, Penguin Group, 2006.

Jon Spurling, *Death or Glory! – The Dark History of the World Cup*, Vision Sports Publishing, 2010.

Simon Kuper, *Football Against The Enemy*, Orion, 1994.

Barbara Smith, *Pitch Invasion: Adidas, Puma and the Making of Modern Sport*, Penguin Books, 2007.

Tom Bower, *Broken Dreams: Vanity, Greed and the Souring of British Football*, Simon & Schuster, 2003.

Thomas Kistner, *FIFA Mafia*, Droemer Knaur, 2012.

Outras fontes de pesquisa

"England miss out to Russia in 2018 World Cup vote", BBC Sport, 2 de dezembro de 2010.

"FIFA: lucro de 930 milhões com Mundial 2014", *Correio da Manhã*, 19 de janeiro de 2013.

"Mundial de 2018: Corrida renhida a três e no meio de suspeitas", *Público*, 2 de dezembro de 2010.

"World Cup Votes for Sale", *Sunday Times*, 17 de outubro de 2010.

"FIFA's Dirty Secrets", BBC Panorama, 29 de novembro de 2010.

"FIFA hits out at Sunday Times despite Adamu and Temarii bribery bans", *The Guardian*, 18 de novembro de 2010.

"FIFA inocenta candidatura de Portugal/Espanha, mas pune seis membros", *UOL Esporte*, 18 de novembro de 2010.

"FIFA Chief's World Cup Ticket Scandal", *Daily Mail*, 12 de setembro de 2006.

"England 2018 bid chief brands BBC as "unpatriotic"", *BBC Sport*, 17 de novembro de 2010.

"Lord Triesman alleges Fifa corruption in World Cup bidding process at Commons committee hearing", *The Telegraph*, 10 de maio de 2011.

"FIFA Thief Nicolas Leoz Takes The Road To Nowhere", *Transparency in Sport*, 31 de maio de 2013.

"Fifa president Sepp Blatter plans to strip disgraced João Havelange of honorary president title", *The Telegraph*, 15 de julho de 2012.

"Havelange quer Blatter em sua festa", *Estadão*, 20 de junho de 2013.

"Warner asked me to make a cheque out to his personal account. I said we don't do that", *Sunday Herald*, 24 de dezembro de 2007.

"FIFA and Coe", *BBC News*, 29 de outubro de 2007.

"Caborn hits back at Warner attack", BBC Sport, 10 de agosto de 2007.

"What I Told The FBI About The FIFA Crooks", *Transparency in Sport*, 27 de março de 2013.

"Qatargate", *France Football*, 28 de janeiro de 2013.

"FIFA Works Just like a Little Mafia", *All About Angles*, 3 de fevereiro de 2013.

"Qatar 2022 "whistleblower" in corruption U-turn", *BBC Sport*, 10 de junho de 2011.

"How Did We Get It So Wrong", David Yallop blog, 7 de dezembro de 2010.

"FIFA Bribery Scandal: Why Sepp Blatter Needs to Be Fired Immediately", *Bleacher Report*, 31 de maio de 2011.

"Platini? Aqui mandam os ucranianos", *Record*, 10 de junho de 2012.

Entrevista a José Mourinho, RTP, 18 de março de 2013.

"Pandev: "Yo voté a Mourinho, aquí han pasado cosas muy raras", *La Sexta*, 21 de março de 2013.

"Thiago Silva nega manipulação em seus votos", *Lancenet*, 13 de janeiro de 2013.

"Ramón Quiroga: "En aquel 6 a 0 vimos cosas raras"", *La Nación*, 8 de outubro de 1998.

"Kevin-Prince Boateng speaks exclusively to CNN's Pedro Pinto", *CNN*, 4 de janeiro de 2013.

http://transparencyinsportblog.wordpress.com/

Agradecimentos

À minha mulher, por toda a paciência. Por todo o amor. Por toda a força que me transmite. Sem ti, isto não tinha graça nenhuma.

Aos meus pais, pelo apoio que sempre me deram. Nas linhas dos livros. E nas linhas da vida.

Aos meus amigos que gostam de futebol e me incentivaram a escrever uma história para torcedores como nós. Uma história sobre o outro lado do jogo. Um lado obscuro que é preciso divulgar.

Ao meu agente, pelos bons conselhos, pela tranquilidade e por ter estado sempre comigo desde o início desta aventura. És o meu Jorge Mendes.

À minha editora, *A Esfera dos Livros*, pela coragem, dedicação e profissionalismo que revelou durante este projeto.

A todos os grandes mestres do futebol que me proporcionaram (e proporcionam) momentos de grande emoção. No estádio e no sofá.

Aos senhores da FIFA, pelo grande contribuição que deram para as histórias que aparecem neste livro.

Obrigado a todos!

Este livro foi composto na tipologia Minion Pro, em corpo 12/15,
e impresso pela Gráfica Edelbra, em papel offset 90g/m^2
e a capa em papel cartão supremo 250g/m^2.